厦门大学广告教育丛书

我与中国广告教育四十年

(1983—2023)

陈培爱　著

40 Years

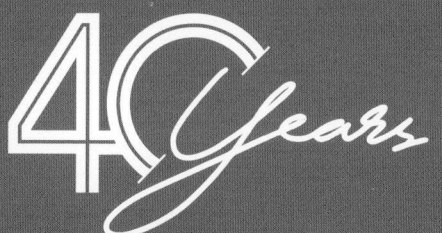

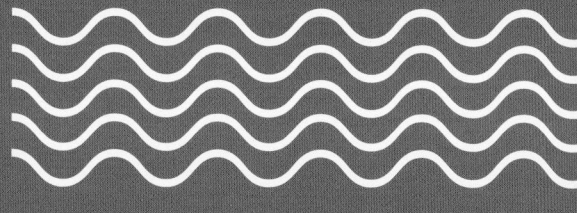

厦门大学出版社
XIAMEN UNIVERSITY PRESS
国家一级出版社
全国百佳图书出版单位

图书在版编目（CIP）数据

我与中国广告教育四十年：1983—2023 / 陈培爱著.
厦门：厦门大学出版社，2024.11. -- （厦门大学广告教育丛书）. -- ISBN 978-7-5615-9576-3

Ⅰ．F713.80-4

中国国家版本馆 CIP 数据核字第 2024SL4818 号

责任编辑　王鹭鹏
美术编辑　李夏凌
技术编辑　朱　楷

出版发行　厦门大学出版社
社　　址　厦门市软件园二期望海路 39 号
邮政编码　361008
总　　机　0592-2181111　0592-2181406（传真）
营销中心　0592-2184458　0592-2181365
网　　址　http://www.xmupress.com
邮　　箱　xmup@xmupress.com
印　　刷　厦门集大印刷有限公司

开本　720 mm×1 020 mm　1/16
印张　18.5
字数　275 千字
版次　2024 年 11 月第 1 版
印次　2024 年 11 月第 1 次印刷
定价　98.00 元

本书如有印装质量问题请直接寄承印厂调换

厦门大学出版社
微信二维码

厦门大学出版社
微博二维码

作者简介

陈培爱，厦门大学特聘教授，博士生导师。曾任厦门大学人文学院副院长兼新闻传播系主任、教育部新闻学学科教学指导委员会委员、中国新闻史学会副会长、中国广告协会学术委员会主任、中国广告教育研究会创会会长、福建省传播学会创会会长。日本龙谷大学高级访问学者，我国第一套高等教育广告学系列教材"21世纪广告丛书"十本总主编，教育部高等教育"十五"国家级规划系列教材十五本总主编，中宣部、教育部国家马工程广告学教材首席专家。

1983年参与国内首创的厦门大学广告学专业的建立，并首任广告学教研室主任。在四十多年的教学与科研生涯中，他总共培养了四十二名博士与博士后，并担任国内三十二所高校的兼职教授与客座教授。主持并完成了三十多项国家级、省部级和各类社科研究课题，其中包括四项国家社科基金课题（其中一项重点课题）主持人。他把一生的精力奉献给了我国品牌强国与品牌出海事业，是我国广告教育的开拓者与先行者之一，被媒体誉为"中国广告界泰斗"。

主要著作有《广告原理与方法》《广告学概论》《广告策划》《中外广告史新编》《广告传播学》等二十多部著作以及两百多篇相关论文。多次荣获全国及省部级各类奖项。

自 序

中国广告教育已经走过四十年的历程。四十年来，中国广告教育从一张白纸开始，发展到有六百多所高校开设相关专业的局面，显示出蓬勃的生机，对社会经济发展做出重大贡献。厦门大学是中国广告教育的开创者，四十年来积累了丰富的教学资源与办学经验，这些不仅是厦门大学的，更是中国广告教育的，共同财富，是中国高等教育的珍贵遗产。它开创了中国高等教育史上一个崭新的学科，为国家广告传播、品牌强国与用公益广告参与治国理政，培养了大批优秀的学子，贡献了广告人的智慧与力量。我本人是这段历史全过程的见证者，有必要把这些历史资料回馈给广告学科，以利于中国广告教育的发展。

在广告教育专业创立四十周年来临之际，我作为国内第一个介入广告教育的教师，亲身经历了从零至今的整个过程，无限感慨于国家与社会的大踏步快速发展，也自豪于中国广告学人三代学者的不懈努力，他们成就了全国广告院校庞大的教学科研团队。广告教育必将在中国众多学科之林中找到自己应有的位置。

进入中国广告教育下一个四十年，厦门大学广告学科要坚持激流勇进，继续占领学科的鳌头。本系列丛书基于这个目的，希望重塑厦大广告学科的辉煌。本丛书计划出版四部：《我与中国广告教育四十年》《陈培爱教授博士生优秀广告论文选》《陈培爱教授广告论文自选集》《陈培爱教授广告书序选》。通过这一丛书，展示厦大及中国广告教育的历史风貌与发展轨迹。

《我与中国广告教育四十年》主要收集本人四十年来对中国广告教育的历史回顾与故事，共有二十四篇回忆文章，较全面地记录中国广告教育从厦大开始的从无到有的发展历程，展示中国广告教育历尽坎坷而辉煌壮大的轨迹，是中国广告教育不可多得的珍贵史料。希望以此铭记学科创建之不易，共享事业发展之精彩，共同在历史的长河中探索前进，为未来的进路提供借鉴。

本书对中国广告史研究、广告教育研究、广告理论研究及此过程中相关历史人物的点评，都有精到之处。书中附有一百多幅难得一见的历史照片，更增加了历史感与厚重感。

这是撰写这些回忆文章的初衷。

目 录 CONTENTS

记忆中国广告教育

- 003 | 我与厦大广告教育四十年
- 015 | 余也鲁教授极力推动厦大广告学科创建
- 023 | 余也鲁教授是厦大新传建系功臣
- 032 | 厦大广告教育暨中国广告教育发展四十年回望与展望
- 042 | 首创中国广告教育研究会
- 050 | 首创"中国广告协会学院奖"
- 054 | 我与《中国广告》结缘
- 059 | 用大爱浇灌莘莘学子
- 065 | 七十五岁博士毕业的熊润珍
- 075 | 余也鲁教授开创华夏传播本土化研究
- 084 | 我与华夏传播研究
- 092 | 任教澳门科技大学,汲取差异化的教育理念
- 099 | 狮岛鹭岛 一生中华情

广告学科建设回顾

- 111 | 中国广告学科建设沿革
- 116 | 广告学科为何纳入传播学范畴
- 121 | 厦门大学新闻教育的历史与特色
- 128 | 我的广告学术生涯的三个重要阶段
- 133 | "马工程"《广告学概论》编写揭秘
- 144 | 在中国高等教育学会广告教育分会监事会履职回顾

152	广告学国家一流本科专业建设密码解读
161	我与厦大国家级一流本科广告教师团队
170	大力推进"中国新闻学"教材建设
176	厦门大学数字化转型中的广告教育探索
187	公益广告的时代使命与发展

印象与访谈 ▼

196	深爱无音品激流　博学有声德静厚
208	创新中国广告教育的广告教育家 ——我认识的陈培爱教授
211	我对陈培爱老师的印象
213	静水深流　生命长青 ——我的厦大老师陈培爱
217	在广告教育的荒原上开拓 ——访我国广告教育的开拓者陈培爱教授
232	到中流击水　浪遏飞舟 ——访中国第一个广告学专业创办人之一陈培爱
244	在中国广告教育的荒原上探索前行 ——对话厦门大学广告学专业创立者、中国广告教育第一人陈培爱
248	中国广告学科的五大战役
254	师生缘　广告情
257	广告学永远年轻
264	二十六年前的考研
268	我与厦大广告的故事
275	培时代东风，图南强大爱 ——专访"中国广告教育第一人"陈培爱教授
283	陈培爱：奋斗点灯，培育中国广告百花园

我与中国广告教育四十年
(1983—2023)

我与厦大广告教育四十年
余也鲁教授极力推动厦大广告学科创建
余也鲁教授是厦大新传建系功臣
厦大广告教育暨中国广告教育发展四十年回望与展望
首创中国广告教育研究会
首创"中国广告协会学院奖"
我与《中国广告》结缘
用大爱浇灌莘莘学子
七十五岁博士毕业的熊润珍
余也鲁教授开创华夏传播本土化研究
我与华夏传播研究
任教澳门科技大学,汲取差异化的教育理念
狮岛鹭岛　一生中华情

我与厦大广告教育四十年

　　网络上对我有许多溢美之词,如"中国广告教育第一人""中国广告界泰斗"。但真正让我心安的评价是"参与我国第一个广告学专业的建立",确实如此,我还把广告教育作为终身的事业,一辈子从未离开过这个行业。

　　2018年是中国改革开放四十周年,2019年是中国广告业恢复发展四十周年。2023年是中国广告教育开创四十周年。

　　四十年筚路蓝缕,四十年风雨兼程。改革开放成就了中国广告事业的巨大变化和丰硕成果,中国广告事业从侧面充分展现了改革开放的伟大意义。在四十年的伟大变革中,广告从单一商业价值发展到拥有多元社会价值,发生巨大的变迁和价值的升华。由于广告兼具经济和文化双重属性,广告业的发展水平成为衡量国家或地区市场经济发展程度、科技进步水平、综合经济实力和社会文化质量的重要标志。中国的广告教育诞生在这片希望的土地上，注定有旺盛的生命力。

一、广告是厦大原创性专业

2016年以来，我在中国广告业重要机构获得几项有历史意义的奖项：

2016年，被中国商务广告协会评选进入"第二届中国广告名人堂"；

2017年，被《广告人》杂志社主办的ADMEN国际大奖选为广告"功勋人物"；

2017年，在中国广告协会学术委员会成立三十周年大会上被评为"中国广告学术发展终身贡献人物"；

2019年，在中国广告协会主持的中国广告发展四十年纪念大会上被评选为"中国广告四十年广告学人代表人物"；

2019年，被评为2019改革开放与广告业恢复四十年"卓越媒体、广告与品牌奖"的十大杰出贡献人物，该奖由《中国广告》杂志社主持评选；

2020年，获由清华大学和人民日报社主持颁发的中国新闻教育最高奖"第八届范敬宜新闻教育良师奖"。

这些奖项的背后，凝聚着厦大广告人艰辛的奋斗历程。

我们应该清楚地记住这个具有历史意义的一天，1983年6月30日，我国第一个广告学专业在厦门大学新闻传播系创办，其意义不言而喻，它使我国广告专业人才培养和广告理论研究走上规范和科学的发展轨道。当时的《文汇报》曾这样报道："厦门大学新闻传播系开设的广告学专业，是我国高等院校中首创的新专业。"

我从厦门大学中文系毕业后留校任教，当时的研究方向是现代文学。新闻传播系创办时，由于工作需要，组织上把我从中文系调到筹建中的新闻传播系,交给我负责广告学专业的新任务。应该说,自"受命之日"起,就"寝不安席,食不甘味"。当时我三十出头,还处于懵懂状态,其实并不是很主动地去接受这个工作,只是为了完成组织交办的任务。现在想来当时还真有点糊涂,书生意气,但这条路总算走过来了。

厦大广告学专业不仅是厦大自己创立的本科专业,也是全国高校中首创的新专业。无论是在厦大还是在全国,都有开创性意义。但当时我们并不知道此项工作意义重大。有人问起厦大当时为何要设立广告学专业,回忆起来,很多细节至今仍历历在目。实际上,厦门大学的广告学专业从1982年便开始筹办,除了校内老师的共同促进,还有外因的推动:世界传播学大师施拉姆的学生余也鲁教授,把正在发展中的西方传播学理论引入到香港中文大学后,生发了将其从弹丸之地传播到更广阔土壤上去的愿望。几经选择,最终落定厦门。作为传播学非常重要的组成部分,广告学与新闻学、广播电视学和编辑出版学同属一个范畴。厦门大学广告学专业的创立,极大填补了传播学发展过程中的空白,使其完整。起初,在选择中国内地的广告学第一土壤时,学者们多把目光投向北京和上海这样市场广阔、媒体丰富且影响力更大的城市,这些优势,厦门并不具备。然而,1980年,中国宣布设立四大经济特区,彼时深圳只是个小渔村,珠海和汕头一片荒芜,只有厦门经济尚好,且拥有四大特区中唯一的重点大学——厦门大学,重任从此加于肩。果然,这些超前的理论和概念与1921年便设立新闻学部的厦门大学很快交融。于是,在改革开放的浪尖上,厦门大学率先于国内命名"新闻传播系",新闻传播教育得以在厦大重新复苏,走向兴盛。

另一个动因,要归于改革开放的大潮。1978年中国改革开放兴起,1979年广告业开始恢复。可以明显感受到市场上商品竞争力度加剧,很多企业开始推广产品,计划经济运行模式日渐式微。产品销量不断扩大,不断涌现的竞争使其想要树立自身品牌,广告传播便成为企业塑造品牌的重要手段。在这一点上,中国和西方具有共性。顺势而为,高层次广告人才培养自然而然提上议事日程。

二、培育广告教育品牌

《中国广告》杂志曾这样评论厦大广告学专业:"第一个吃螃蟹的人,当然从未吃过螃蟹,也不知蟹味,但什么都不能阻止他们去做这件事。"对我和我的团队来说,创建属于中国自己的广告学专业和思想体系,可谓白手起家,从零起步,点点滴滴都始于一砖一瓦的构想。自此,我们开始用心打造中国高等教育的第一个广告学专业。

开办初期遇到很多困难。当时没有广告专业教师,没有课程设置模式,没有专业教材,除了一番热情,其他一片空白,而且第二年就开始招收本科生,广告学教育面临巨大的压力。作为教研室主任的我,压力更大。那应该是最为困难的时候,我们只好"一路摸索着走过来"。当时广告教研室算上我只有两个教师,而那位新教师刚分配进来就外出进修,我感到担子很重。在广告教育模式确立以后,厦大广告教育并不是马上就顺风顺水地展开,开办初期连教材都没有。为了摸索出一套适合中国式广告教育的课程,我开始了南征北搜的调研过程。当时马不停蹄跑遍国内的大型图书馆——从北京到上海,从福州到广州,再到杭州……本就是无米之炊,外加内地的资料少之又少,一圈跑下来,有时稍有收获,便激动不已。遍访当时已小有知名度的广告界人士及有关广告单位,由此获取大量第一手资料。又从港台地区引进一些与广告相关的材料。我们还尽可能聘请相关人士来厦授课,如香港浸会学院张同教授,工商出版社唐忠朴、黄震尧编审等,每门课程由一名教师跟班听课并整理。就这样,边上课边梳理出符合中国实际的教案,在一无师资、二无课程模式、三无教材的情境下白纸作画,开疆拓土。

1992年,邓小平到南方视察,发表讲话,这成为影响历史进程的重要节点。广告的发展也受影响,"讲话"进一步促进了中国的改革开放,中国经济呈现蓬勃之势,市场愈发成熟,品牌竞争也愈发激烈。品牌显现出巨大威力,广告的应用也越来越广泛。适逢中国高校内部也开始了体制改革,作为交叉学科,广告在社会实践中日见频繁,广告学得到的关注变多。

1984年12月，香港浸会学院张同教授来厦授课

厦大之后，也有一些学校开始设立广告学专业。1988年，北京广播学院（现中国传媒大学）也获准设立广告学专业；1989年，深圳大学紧接着创办广告学专业，大规模兴办广告学专业的热潮出现在1993年之后。彼时，武汉大学、华中科技大学等很多高校开设广告学专业，其中不少都来到厦门大学"取经"，我们亦毫无保留地分享了自己投石问路的摸索经验，还为刚刚开设广告学专业的高校提供无偿的师资培训和思维滋养。随着专业学生数量剧增，广告教育逐渐进入蓬勃发展的繁盛期。

按时间划分，中国的广告教育大致历经五个阶段：

1983—1992年为起步期。此一阶段，中国广告教育起步，广告学要在中国立足，艰难筹备教学资源、教学模式，培养教师队伍。此一阶段，全国共有六所院校开设广告学专业，教育部仅批准了厦门大学、北京广播学院（现中国传媒大学）和深圳大学三所。

1993—1998年为缓慢发展期。在邓小平1992年南方谈话之后，中国市场经济日趋成熟，中国广告教育蓬勃发展，设立广告学专业的高校从几所发展到上百所。先发展，再规范，实现了速度和数量扩张的广告学教育体系，广告教育开启了发展的新步伐，这一时期开办的广告专业院校达到九十所左右。

1999—2005年为快速发展期。1999年，大专院校招生规模迅速扩大，从这一年开始，开设广告学专业的学校每年以大约20所的速度增加，截至2005年，共有232所高校开设广告学专业。

2006—2012年为转型发展期。2010年，中国加入世界贸易组织，进入世界经济框架，高校更加注重广告教育的质而非量，从量到质体现了一种规律。此时新媒体和数字技术的发展突飞猛进，给传统广告传播带来颠覆性的影响。广告教育面临转型，亟须找到新的发展方向，这一系列的问题都亟待广告教育实践相关部门形成共识并摸索解决。

2013年至今为调整发展期。2012年之后，广告业更加重视引入新媒体技术，广告教育在中国历经从站稳脚跟到批次发展、逐步提高再到融入国家战略的漫漫路途。此时教育部在广告学下新设网络与新媒体专业，其中2013年有38所高校获批，2014年有28所获批，目前共有100所以上获批。这些新专业的设置预示着广告教育调整的方向。

近四十年来，从1983年厦门大学首创广告教育，到2021年，中国开展广告教育的院校已达600多所。在此期间，涌现了中国传媒大学、北京大学、武汉大学、复旦大学、暨南大学、上海大学等一批广告教育的重镇，为中国广告行业培养了大批适用性人才，在传媒、广告、营销、品牌、公关等领域大放异彩。

三、打造坚实的学术殿堂

为了学术上的更快提高，1986年9月至1987年1月，我来到香港中文大学进修传播学、广告学、公共关系学等课程。余也鲁教授亲自给我们传授"传播学概论"，使我们对信息传播规律有豁然开朗之感，坚信广告学研究应该融入传播学的大框架中。1984—1987年，历时三年，我结合传播学的知识，融合港台有限的广告书籍及自己对广告的初步认识，出版了开创性的《广告原理与方法》，这本影响多代广告人的有中国特色的广告学教材，厦大有了第一本自己的广告学教材，稍解了燃眉之急。该书第一次提出以传播学原理研究广告的理论框架，颠覆了传统的市场学框架下的广告研究模式，由此奠定了中国广告理论研究的科学基础。这是我国广告学科"厦大学派"的发轫,产生了较大的社会影响。此理论架构获得教育部相关部门的认可,2004年"普通高等教育'十五'国家级规划教材"编写广告教材时就以之为主要框架,2018年出版的国家"马克思主义理论研究和建设工程"重点教材《广告学概论》也采用了这一理论框架,充分证明广告学科"厦大学派"的存在和巨大影响。

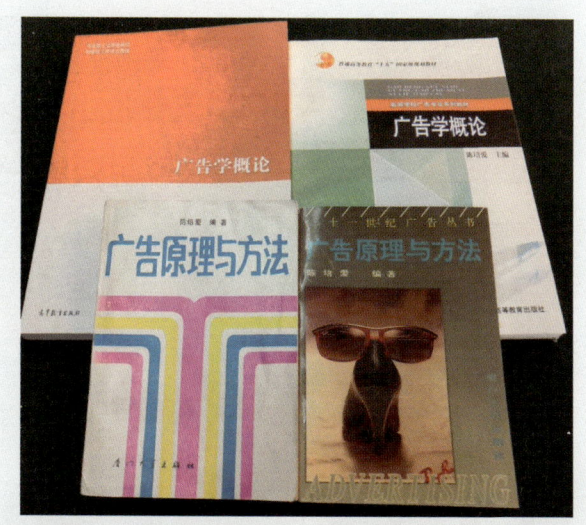

《广告学概论》1987年版、1990年版、2004年版及集体编写的"马工程"教材

从解决教材入手,培养一支高水平的教师队伍。

厦门大学广告学专业的创办和相关教学实践的开展,实现中国大陆广告教育零的突破。受之引领,20世纪90年代,随着市场经济的发展,全国各高校的广告教育如雨后春笋出现并迅速发展,但缺乏统一而权威的专业教材。由此,厦门大学广告学专业推出中国第一套广告学教材——"21世纪广告丛书",为中国广告教育的大发展奠定了扎实基础,储备了充足条件。"21世纪广告丛书"由我牵头主编,由厦门大学出版社出版,一共十本,包括《广告原理与方法》《如何成为杰出的广告文案撰稿人》《广告策划与策划书撰写》《印刷广告艺术》《广告调研技巧》《广告攻心术》《企业 CI 战略》《商标广策略》《广告经营管理术》以及《公共关系的基本原理与实务》。该系列教材是自1983年厦门大学首创广告学专业十年后,由全体专业教师推出的全国同类院校中第一套广告学教材,为全国百所以上高校所使用,至今仍是国内为数极少的有影响的广告学丛书之一。该教材涵盖的广告教育的知识较为全面,充分地指导了广告实践,是厦门大学广告学专业在全国几百所院校中学科地位曾经第一的见证,为培养适应中国市场的广告人才做出贡献。

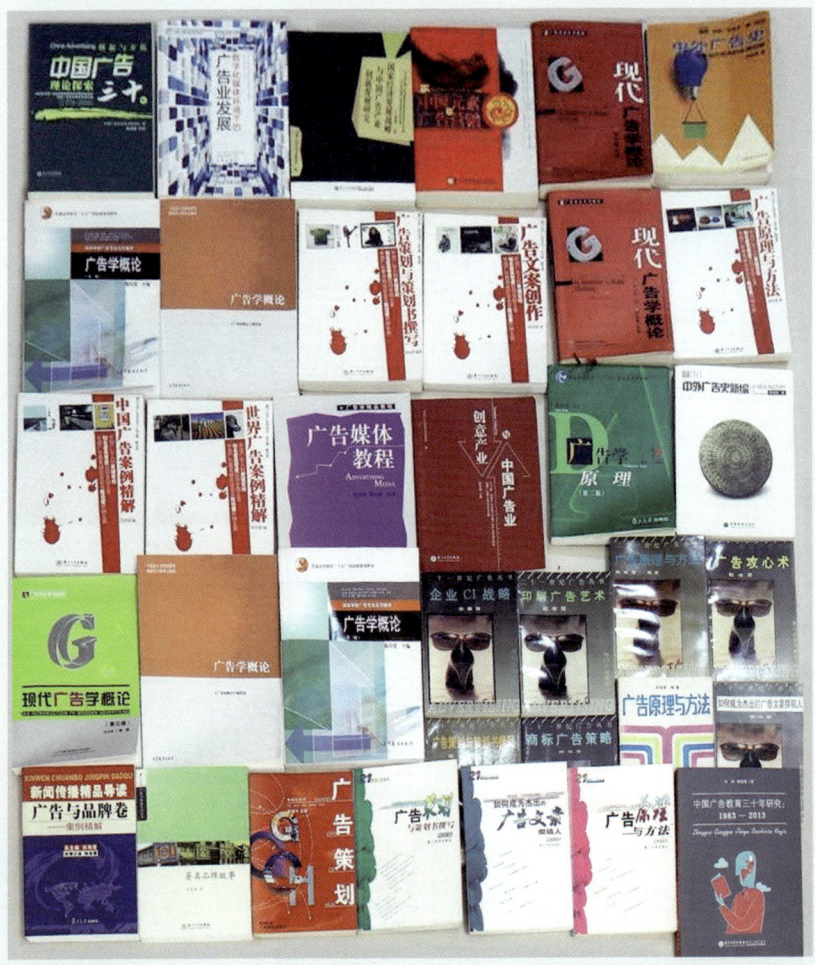

"21世纪广告丛书"及相关著作

厦大广告学专业不懈努力，在全国同类学科中脱颖而出。1997年，中国广告协会学术委员会组成专门课题组，对全国广告教育单位进行历时一年多的调查，结果显示，厦门大学广告学专业在广告业界和广告教育界的知名度、美誉度在所有同类院校中名列前茅。1998年，新闻传播系广告学教研室集体获得厦门大学最高奖"南强奖"一等奖。2003年，由我主编的国家"十五"规划广告学系列教材十五本陆续出版。此后几年，厦大广告著作已从厦大出版社走向全国各出版单位，分别在中国对外经济贸易出版社、中国经济出版社、中国商业出版社、中国物价出版社、中国财政经济出版社、中央广播电视出版社、北京大学出版社、复旦大学出版社、高等教育出版社等处出版。此外，在上海东方出版中心我们也出版了一套广告学丛书。

厦大广告学团队还于1983年开创"广告学人才培养模式"，三十多年来沿着"量的发展—质的提升—国际接轨"的路子发展，对我国近百所高校的广告教育产生巨大的影响，提供了借鉴。由我牵头的此项成果于2005年10月获得"福建省本科教学优秀成果一等奖"及"国家本科教学优秀成果二等奖"。这是迄今为止该学科唯一的国家级奖项的最高奖，代表了厦大广告学科在同类学科中的最高地位。

1999年10月，"中国广告教育研究会"成立大会在厦大克立楼报告厅召开，由厦门大学牵头，联合中国传媒大学、中国人民大学、武汉大学、深圳大学，共五所院校搭建广告学术研究交流平台，团结全国百所以上高校进行定期学术交流，使新生的广告学科加快发展步伐。

我的"广告学概论""广告策划"两门课程获得福建省精品课程奖，"广告理论研究"课程获得福建省优质硕士课程奖。2005年，学院以广告学科建设的丰硕成果为底气获批"传播学博士点"。

1994年，我获得广告学科第一个国家社科基金课题"我国电视广告社会效益及其改进对策研究"；2006年，我的课题"广告传播研究"获得国家社科基金立项，本人获得福建省第二届教学名师奖；2010年，我的课题"中国近代广告史研究（1840—1949）"获国家社科基金立项；2013年，我的课题"中国广告教育三十年研究：1983—2013"又申报成功国家社科第一个重点课题。至此，我总共获得包括重点课题在内的四项国家级课题，成为全国同类教师中获得国家课题最多的教师，为厦大挣得了荣誉。

四十年来，厦门大学创设的广告学专业为中国的广告教育、为中国广告理论的提升以及中国广告业的发展做出突出贡献。四十年来，厦门大学广告学专业以"21世纪广告丛书"的编撰和使用为核心，建立了一套较完整的广告人才培养模式，得到了教育部的认可，向广告界输送了一大批栋梁之材，为起飞中的中国广告业添砖加瓦。在广告理论方面，提出以传播学理论来贯穿广告研究的整体思路，不仅开创了新的课程模式，也开创了以传播学视角研究广告的先河。

中国新闻教育最高奖"范敬宜新闻教育良师奖"给我的颁奖词写道：

> 作为先驱者，陈培爱披荆斩棘，从培养第一批学生，制定第一个教学方案，到创办第一个中国学院类广告的奖项，他完成了一个又一个从无到有的开创之举；作为育人者，陈培爱呕心沥血，专注于将教书育人与知识传播相结合，积累毕生学术为学生搭建进步的阶梯。

四、厦大广告教育的思考

厦门大学是中国广告教育的摇篮。从1983年创办开始，厦大广告人筚路蓝缕，艰苦创业，为中国广告教育培养了第一批学生，制定了第一个培养方案，编写了第一套教材。厦门大学确立了中国广告教育的基本模式，课程设置成为国内许多兄弟院系广告专业的参考模板，所编写的"21世纪广告丛书""现代广告学教程系列""普通高等教育'十五'国家级规划教材"被国内广泛采用，还为兄弟院系培训了大量的广告专业教师。目前，"厦大广告人"已经成了中国广告界的著名品牌，许多毕业生成功地创办自己的广告公司，有的担任中央以及省、市级媒体广告部门的负责人，还有许多毕业生担任企业市场营销部门的主管。

教育部1998年12月24日制定的《面向21世纪教育振兴行动计划》中指出，高等教育要"瞄准国家创新体系的目标，培养造就一批高水平的具有创新能力的人才"。广告学是研究广告事业发展及其规律的科学，是应用性很强且不断创新的学科，是高等教育中有发展前景的应用型学科之一。广告教育要把学生的能力培养放到主导地位，使培养的学生由知识型转变为能力型，把广告学专业办成有前景的专业。1983年我们创办新闻传播系时，确定设三个专业——国际新闻、广播电视学和广告学。当时"新闻学"的老大哥是人大和复旦，广播电视学的领头羊是北广，我们就避开"红海"，选择广告学这片独有的"蓝海"，把主要精力投入广告学专业的发展上，以期在竞争中脱颖而出，结果确立了厦大在新闻传播学科中"三分天下"而占其一的地位，事实证明当初的选择是对的。

创办专业容易，但要办出口碑，形成品牌效应很难。我们下决心把广告学专业办成品牌专业，以此带动其他两个专业的发展。2005年我们获得传播学博士点，主要依靠广告学专业的学科影响。近年来确立了"厦大广告人走向世界"的战略目标，把广告教育与中国品牌出海的事业联系在一起，积极推进国际广告的研究与教学，促使厦门大学广告教育再上新台阶。

从厦大广告教育延伸到中国广告教育，未来要做的事情主要有以下三件：

其一，建立广告学自主学科体系。

2016年5月17日，习近平总书记在哲学社会科学工作座谈会上的重要讲话中，明确要求"以我国实际为研究起点，提出具有主体性、原创性的理论观点，构建具有自身特质的学科体系、学术体系、话语体系""不断推进学科体系、学术体系、话语体系建设和创新"，全面阐释了加快构建中国特色哲学社会科学"三大体系"遵循的基本原则。2022年4月25日，习近平总书记在中国人民大学考察时强调："加快构建中国特色哲学社会科学，归根结底是建构中国自主的知识体系。"这为我国广告学科体系的构建指明方向，提出要求。

建构中国自主的广告学知识体系，书写中国广告学知识体系在新闻传播学知识体系中的当代价值与世界意义，也是对当下中国广告业快速发展的国际地位与学术主体性的学理回应。

其二，新媒体背景下专业转型。

新媒体背景下的专业转型发展是广告教育者的紧迫课题，也是全国广告专业面临的共同问题。

本科院校减少，一方面淘汰掉不适应或弱势的广告专业，同时使专科层次的培养更面向市场和社会需求，培养真正适合广告业发展需要的新媒体类型人才。

随着数字技术的快速发展，传媒产业正逐步向数据化、智能化、平台化、融合化转型，这要求广告人才关注理论学习，也重视实践技能，为广告企业的数字化转型和升级提供人才支撑。

其三，注重与社会生活的同频共振。

广告教育与广告事业的发展，要与国家发展同频共振，要与人民生活同频共振，要与历史发展同频共振。在社会主流与国家战略中找到自己的定位，这样学科才能迅速发展，才能立于不败之地。

余也鲁教授极力推动
厦大广告学科创建

中国自主广告学科知识体系的建立，与基础理论研究取得的进展有很大的关系。这些理论基础包括传播学、市场营销学、心理学、社会学、视觉传达原理等，但其中最重要的理论架构来自传播学，因为只有把广告看作人类信息传播的基本手段，其他知识体系的融入才好理解。我1987年从香港学习回来后，出版的第一本著作《广告原理与方法》就坚定地以传播学原理为全书架构，经过多年的实践，这种做法已经得到学界的普遍认可。余也鲁教授向中国内地广撒传播学的种子，其意也是让这片广袤的土地上开出信息传播丰富多彩的花朵。

一、先从余也鲁教授谈起

1983年，我参与创办厦门大学新闻传播系广告学专业。期间，任广告学教研室首任主任，后历任新闻传播系主持工作的副系主任、系主任及人文学院副院长等职务。因而在此后三十年间，同余也鲁教授等早期对建系做出重要贡献的人士多有接触，许多往事历历在目。

余教授译作

2012年9月8日，香港传播学开山鼻祖、浸大传理学系创办人余也鲁教授在香港圣德肋撒医院病逝，享年九十一岁。而使我一辈子感到内疚的是，我未能在第一时间得到先生逝世的消息。1986年9月至1987年1月，我与纪华强老师一起到香港中文大学进修学习。余也鲁教授每周给我们单独开设四课时的"传播学原理"，这是我们在所有课程中最为期待的。余教授优雅的风度、深邃的谈吐、深厚的理论涵养与广阔的学术视野，极大地影响了我们此后几十年的学术生涯与为人处世。

如今，恩师已逝，但其精神风范已深深烙在我们的心头。

余也鲁 (1921—2012)，江西奉新人。获美国斯坦福大学人文科学学院传播学硕士学位。曾任香港浸会学院社会科学院院长兼传理学系主任，香港中文大学讲座教授兼传播研究中心主任，研究院传播硕士班主任及新闻与传播学系系主任，亚洲传播教育及专业设计专门顾问。退休后任香港海天书楼总编辑，海天资讯企业董事会主席，澳门东亚大学、香港理工学院、香港岭南学院及厦门大学学术顾问，浙江大学、江西师范大学客座教授，还在国内其他多所大学任客座教授。

余教授曾随其恩师施拉姆于斯坦福研究传播学。他曾主编英文《传播季报》，著有《传播教育现代》《杂志编辑学》《门内门外——与现代青年谈现代传播》《中国传播资料摘萃》等。其中译著《传播学概论》更是不少传媒人的启蒙之作，成为培养近几十年传媒人的摇篮，现在香港不少传媒主管和记者都是他的"徒弟徒孙"。

二、向中国大陆广撒传播学的种子

1982年，余也鲁和施拉姆到内地进行旋风式访问，走访了多个城市，向学界介绍西方传播学。这次"破冰之旅"，为巨龙点燃传播学术之火。他们在北京与有关领导见面，敲定了在厦门大学筹办传播系的计划。余教授又协助华南师范大学成立教育信息技术学院。1982年于香港中文大学退休后，他即担任两校的客座教授，锐意将传播研究本土化，努力开展传播历史研究。

据余也鲁回忆录《传播学及"中国传"在中国破冰之旅（1982—2002）》及吴雅靖（中国社科院新闻与传播研究所硕士研究生）《1982年施拉姆访华与余也鲁先生纪事》记载，"1982年，我和施拉姆博士访问广州、上海和北京，先后二十天，举办了一个为期一周的教育传播研讨会，作了三次大型演讲，参加了一些小型讨论会，首次踏足长城和故宫，首次和国内关注传媒发展的学人有比较深入和全面的接触。二十多年后的今天，要我追忆当年访华之行，内心是既欣喜又带着战兢的，在这已逝的将近一万天中，传播学的教育和研究，在肥沃的黄土地上的蓬勃发展，无论是专业设立的速度、论文的数量、学术会议的频仍、攻读与从事此专业的人数以及内容的丰富、多样与涉及领域之广，都是空前的。"

我们沿着余教授回忆的线索，还原了传播学登陆中国内地的轨迹，探讨传播学的内涵。

1982年4月21日，时任美国夏威夷大学东西方中心传播学研究所主任的施拉姆应广东省高教厅的邀请，和其学生余也鲁在广州举办了为期一周的全国"电化教育讲习会"，介绍现代传播和媒体教育。后来又顺道访问上海和北京。于是开启"传播学进入中国"的"破冰之旅"。

4月27日结束广州讲习会之后,施拉姆和余也鲁当夜乘坐飞机去杭州,28日下午搭火车去上海。4月29日上午,在复旦大学一间可以容纳三百人的大教室里,施拉姆做了一个半小时的演讲,主题为"报纸的力量和电视的力量",其中也简单介绍了一点美国传播学的情况,由余也鲁担任翻译。施拉姆讲完之后,余也鲁接着演讲。他利用PPT的形式,向复旦大学的师生介绍香港中文大学新闻传播系的教学情况,首次提出"中国传播学的研究"。余教授认为,中国人向来把衣着、饮食与居室列为人生三大需要,科技进步后,交通频繁,"行"也成了生活必需,与衣食住并提。表面看去,好像中国人不太看重个人与社会生活中不可缺少的"传"的需要。其实中国人是十分懂得"传"的民族,可能觉得"传"的行为太容易,又十分普遍,因此一直不把"传"当成人生一大需要。他指出,"传"应列为人生五大需要之一,把它从传统的生活行为和历史的经验中提出来进行研究。

余教授还坚定地认为,从具有悠久历史的中国文化中一定可以找出不少亮光,帮助我们更清楚地认识"传"的行为。就这样,他首次在中国提出研究"中国传"的问题。他建议可从"传"的体制下手,包括"传"的媒介,包括从"传"的媒介的产生、功能与影响观察其在中国社会演变中的作用,找到其原则。他还提出,"中国传"的研究可以从历史着手,但不能止于历史,应继历史的研究找出观念、通则、原理和形式,然后在当代社会与当代人中求证,从而进入国际传学研究的领域,充实并丰富人类的大传播研究。

1982年4月30日晚,他们飞抵北京,住和平宾馆。5月2日上午,施拉姆在北京人民大会堂举办了一场演讲,座无虚席,听众不仅有学界的研究人员,也有来自新闻、出版和宣传部门的政府官员,演讲由安岗(时任人民日报社副总编兼新闻研究所所长)主持。施拉姆的演讲主要围绕传播与国家发展、传播对于社会所产生的变革等内容展开。他在演讲中提到,传播学研究会对中国现代化建设的进程有促进作用。他说,中国是一个文化长青的国家,有着自己悠久的传的艺术传统,恐怕已经经历了一切人的传通经验与尝试,中国人那种深邃的智慧与洞见,要是有一天能用来帮助西方人多了解自己的工艺智识，增深他们在实验方面的体会，该是十分美好的事情。他盼望东西方之间能够加强交流研究所得，彼此能有更深切的了解。

余也鲁也作了简短的报告，介绍了香港各大学近十年来新增传播课程的发展以及传播学研究方面的动向。他指出在中国可以从传播学角度做研究的事例很多，比如王安石变法、运河对国家的贡献、广泛流传的谚语等，没有人做这方面的研究。西方人虽然有传播学理论的功底，但对中国很不了解，因此他们无法研究中国的传播，余也鲁认为这种研究只有国内的学者才可以做。传播学研究是迅速发展中的学科，媒体也在不断发展，引发的问题跟着增多，需要不断地观察、探索，研究因传通不足引发的问题，提出解决的办法，传播研究者与教育工作者肩负的责任一天比一天重。

1982年5月2日下午，在社科院新闻研究所的座谈会上，施拉姆和余也鲁受邀参加。会议上学术讨论气氛热烈，探讨极其深入，出席会议的有甘惜分、徐耀魁、张黎等国内新闻学研究专家，主要讨论了传播理论。据余也鲁回忆，会议中有很长一段时间探讨定量与定性研究方法的利弊，涉及传播效果的几个理论，新闻学与传播学的关系也成为讨论的焦点。对于新闻学与传播学的关系，施拉姆说，新闻现象也是传播学研究的"标的物"，但传播的范围比较广，涉及人与人、人与社会和各种传播媒体间错综复杂和相互的关系。会议期间，施拉姆带来两本书，一本是1973年美国出版的《人、信息和媒介——人类传播初探》，另一本是1982年出版的《传播学概论——传媒、信息与人》，这两本书成为后来召开的第一次传播学研讨会的主要讨论内容和资料。1982年11月，中国内地第一次全国性传播学研讨会在中国社会科学院新闻所召开。1983年，这次会议上散发的介绍性文章汇集成《传播学简介》，由人民日报出版社出版，这是第一本国内出版的关于传播学的书。

5月5日，施拉姆等人又在中国人民大学新闻系作了题为"'传'学的发展状况"的报告。施拉姆和余也鲁在报告中指出："在未来的一百年中，分门别类的社会科学——心理学、政治学、人类学等等，都会成为综合之后的一门科学。在这门科学里面，'传'的研究会成为所有这些基本学科里面的基础,研究讲话、编写、广播,这些技术都同'传'的过程密不可分。因为要牵涉到这些基本技术问题,所以综合之后的社会科学会非常看重"传"学的研究,它将成为综合之后的新的科学的一个基本学科。"此外,施拉姆在会议中第一次将"跨学科"这一术语引进中国新闻学和传播学的视野,他在所作的题为"美国'大众传播学'的四个奠基人"的演讲中,介绍了被称为"传播学之父"的拉斯韦尔、卢因、拉扎斯菲尔德和霍夫兰,他说:"这四个人不是'传'学研究这块沙漠中的绿洲的匆匆过客,而是这块绿洲上辛勤耕耘的园丁……这四人有一个共同特点,就是他们都是'跨学科'的研究者。"

1982年余也鲁和施拉姆到内地的传道式访问,拉开了中国内地传播学三十年发展的序幕,其直接的成果是传播学理论得到弘扬,传播学理论促进中国现代化建设,传播教育在中国高校中得到普及,传播人才培养得到极大重视。1982年年底,在此背景下,中国社科院召开第一次西方传播研讨会,筹备中的厦大新闻传播系派出陈扬明、韦体文两位老师参会。

1982年,社科院新闻所召开第一次西方传播学研讨会

三、在大传播框架中开启广告新纪元

1983年开始招生的厦门大学新闻传播系广告学专业，是中国广告教育的开端。余也鲁是发起人之一，当时任香港中文大学新闻与传播学系系主任。尽管中国广告刚刚恢复没多久，余也鲁已经从广告界蓬勃发展的趋势看到满足人才需求必将成为一大难题。为此，他力主厦门大学拟成立的新闻系应开展对大众传播的研究，在新闻学专业外另设广告学专业。

余也鲁（时任香港浸会学院传理学系系主任），1969年摄于当时办公室门前

余教授自20世纪60年代末学成返港后，先后首创浸会学院传理系、香港中文大学新闻与传播系及广告与公众关系学科。在有关方面和资深报人的支持下，乘改革开放之东风，适应国内传媒发展所需，以深厚的学养和丰富的经验，应厦门大学之邀协助创立中国第一个以"传播"为名的厦门大学新闻传播系，开启中国广告教育先端，余也鲁堪称中国广告教育奠基人。创设专业及具体学科的设置方案，大多也出自余老之手。他提出新闻传播系下设国际新闻及广告学两个专业；设置了中国最早的国际新闻专业；建议创建中国第一个广告学专业；开办广播电视新闻学专业，融入电子传播时代。

从上述回顾可知：第一，中国的广告业发展存在中断和停滞的现象，这对中国的广告学研究有一定的影响。特别值得说明的是，代表性学者对中国广告研究的贡献不只是在学术生产方面，还在实践方面。例如，余也鲁在中国广告刚刚恢复没多久之时，从广告的蓬勃发展趋势看到人才需求。为此，他力主厦门大学从事大众传播研究，设立广告学专业。同时，他收集国外资料、培训师资、联络境外专家讲学，为此付出许多心血。第二，纵使中国广告业在早期的发展举步维艰，学者们也不放弃对广告的研究，对中国广告的未来发展抱有希望。

1984年12月，余也鲁教授到厦大与首届学生见面

余也鲁为此付出的心血难以想象，他事事亲力亲为，乃至为选择一位优秀的英文教师，打越洋电话，同美方候选人倾谈半个钟头，了解对方能力才放心。多年之后的1988年，北京广播学院（现中国传媒大学）才设立国内第二个广告学专业。其后两三年后，广告学专业遍及全国高校。对余也鲁的远见，还有什么话可说呢。

今天，从厦大走出来的广告学子，分布在北京、广州、上海等全国各地的媒体圈与广告圈，他们中的许多人已经成为行业的翘楚。

厦大传播系的种子，四十年后已在中华大地开花结果。

余也鲁教授是厦大新传建系功臣

余也鲁教授为厦门大学新闻传播学系的建立付出极大的心血。虽然建系初期有许多人相助，但无疑余教授发挥了关键性的作用。

一、刘季伯先生的建议

早在1981年1月27日，新闻界老前辈刘季伯先生就提出《关于厦门大学恢复新闻系计划纲要》，这是最早关于厦大复办新闻传播教育的设想。刘先生的建议如下：

厦大曾于1922年7月开办之初，设新闻部，于1924年6月新闻科并入文科，改称学系，至1926年1月新闻系始停办，是大学创办人自始即看到现代新闻事业之重要性。时逾六十年，今日世界之新闻事业更有飞跃之发展，已由报纸扩展至广播，再扩展为电视以及通信卫星，以言编报技术更发展至电脑编报。是本校新闻系之恢复，不仅为适应国家"四化"之需要，也为赶上先进国家之急务。现代西方国家大学之新闻系（例如美国）且多已由新闻系扩张为传播系，所谓传播系系合新闻广播和电视之三个方面。我校如需急起直追，迎头赶上，最好设传播系，以全面地为国家造就新闻人才，为党的宣传事业而服务。唯考虑到我校目前人力、物力以及设备，似以恢复新闻系为较切实际，益电视广播均需要最新设备一时不易办到，而这方面的师资也不容易罗致。

新闻系之目标：本系之目标在培养德智体全面发展的新闻工作者及驻外通讯记者，修业年限定为四年。

新闻系开办时间：1981年秋季招生，招收高中毕业生或具有同等学力者四十名。

二、余也鲁教授为建系呕心沥血

回想厦门大学新闻传播系创办初期的一幕，余教授的心血至今令人难忘。

据余教授回忆，1982年春末，厦大校长曾鸣率团访港，商谈在厦大设立一个以传播为主修的专业系，并于当年6月很快组成建系筹备委员会。当时的福建省委书记项南在百忙之中听了创系的全盘大计之后，决定自己亲自携创立传播系的草案赴京，与有关部门面商。他不久就上京，在短短一周中，便办好了创系的批准手续，而厦大很快也拨出一笔近万元的传播大楼建设启动经费。

1982年6月5日，厦门大学发布《成立新闻传播系筹备委员会的通知》（厦大校办字〔1982〕13号）：

经研究，成立新闻传播系筹备委员会。

徐铸成任主任委员

未力工、刘季伯任副主任委员

郑朝宗 林疑今 刘正坤 潘潮玄 梁敬生 金 坚 卞守耆 许栋梁为委员

陈扬明为秘书。

特此通知。

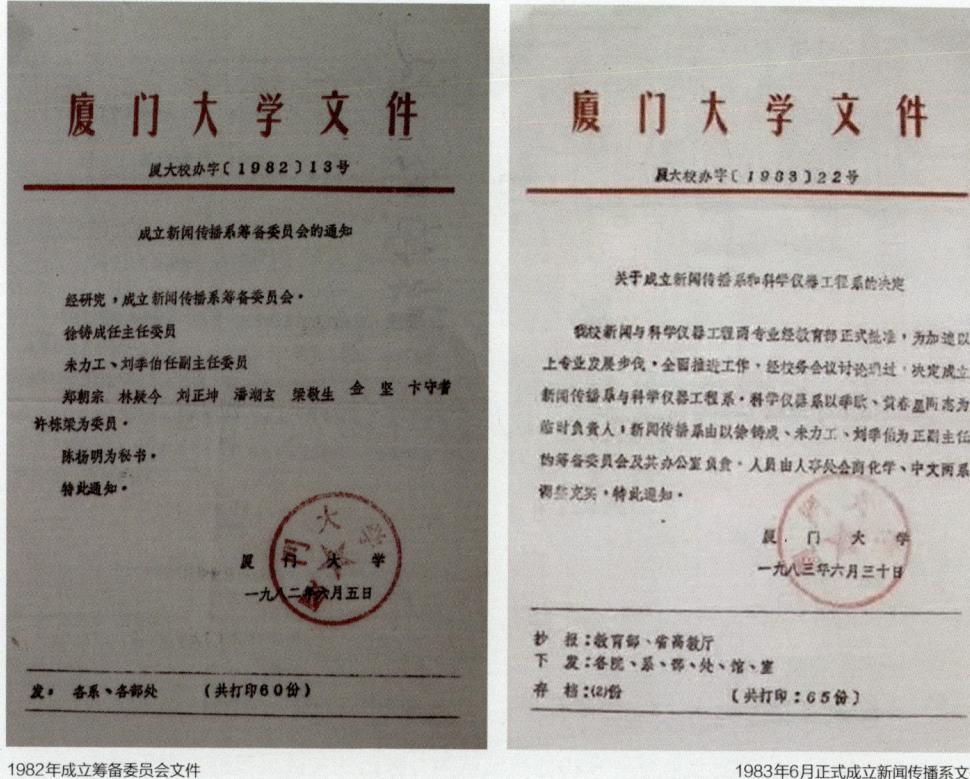

1982年成立筹备委员会文件　　　　　　　　　　1983年6月正式成立新闻传播系文件

　　1983年6月30日，厦门大学发布《关于成立新闻传播系和科学仪器工程系的决定》（厦大校办字〔1983〕22号），正式宣布设立新闻传播系。

　　我校新闻与科学仪器工程两专业经教育部正式批准，为加速以上专业发展步伐，全面推进工作，经校务会议讨论通过，决定成立新闻传播系和科学仪器工程系。科学仪器系以季欧、黄春星同志为临时负责人，新闻传播系以徐铸成、未力工、刘季伯为正副主任的筹备委员会及其办公室负责。人员由人事处会商化学、中文两系调整充实。特此通知。

　　1984年11月，时任福建省委书记的项南同志看望建系初期的教职员工。

前排右起第三人为项南书记，后排左起第五人为本人

关于建系，当时决定设立三个专业：一是国际新闻学专业，为国家培养驻外记者和对外信息刊物的编采人才；二是广播电视学专业，培养电子媒介的制作与编写人才；三是广告学专业，为即将起飞的工商企业与经济部门培养营销策划与品牌传播人才。

接下来组建师资队伍。余也鲁教授认为，教育的关键是教师，由于第二年（1984年9月）面临着招生与教学，因此当务之急是训练与调配教师，而且必须紧锣密鼓地进行。1983年春天，在余教授的资助计划下，厦大选派两位资深教师赴港进修传播及有关课程，为期五个月。同年5月，厦大从中文与外文系各调六位年轻学人组成新系教研骨干。为了让这批教师熟悉传播与媒体，余也鲁教授依托基金会募集经费，从1983年至1990年代中期，分期分批把近三十位教师送往及香港地区和美国学习传播学，虽然后来有近一半教师流失海外，但建系的骨干力量基本保存，得以成就了该系四十年的发展。

1983年，余也鲁教授在香港组织了一个八人教学团，于7月乘轮船来厦门，举办了一个为期十天的学习班。由于阵容强大，吸引了福建省的新闻和电子媒体的注意，要求派人旁听，结果参加这次研习会的人数多达五十。不但为新系教学铺平了道路，也给福建省的媒体带来了新鲜事物，加强了与香港的人际联系。

1984年6月24日—27日，余也鲁教授又带领香港学者及传播专业人士专门到厦大培训教师，研究教学大纲。访问团在厦门作了七场报告，介绍国外传播教育的情况和经验，并就培养国际新闻、广告和广播电视专业人才等问题和厦大新闻传播系的教师交换意见。访问团还参观了厦门日报社、厦门人民广播电台、厦门电视台和湖里工业区。以后十年，余教授曾资送多人赴港进修及往美国修读高级学位。

余教授还从国外邀请外籍老师，来厦大从事国际传播与外语的教学。此后每年在联合基金会资助下，都有一至二位访问教授来厦大授课。来自美国的英健老师在厦大新闻传播系工作了十七年，是他们中的突出代表。厦大不但有一批好的外籍老师，也有十分充实的系办资料室。我们都非常怀念当时的系办资料室，当时与传播与广告相关的外文图书十分齐备，长期订阅专业学术期刊，成为国内同类院校中少有的资料丰富的传播学专业类资料室，得到同行的羡慕。

要办中国内地最好的传播院校，这是余教授坚定的信念。从办系方案的筹划，到教师队伍的培养，从外籍教师的聘请，到图书资料的购买，无不倾注着他的心血。余教授对办系的筹划十分细致，他甚至希望计划中要建造的厦大新闻传播大楼模仿香港中文大学传播系的大楼，由此，他促成厦大建筑设计师到香港考察学习。在香港中文大学"百万大道"旁的四层"碧秋楼"落成后，余教授认为这是当时较为先进的传播教育场所，也是厦大新闻传播大楼未来建设的参照。中大"碧秋楼"一楼有电子计算机中心和六百平方米的电视演播室，传播系课室和办公室设在二楼，二楼设有两间配有当时最新教学媒体的新型课室。余教授希望内地的传播教育与"电化教育"都有这样先进的教学设备。

三、师德师范永记心间

余也鲁教授亲切、谦和、睿智、坦荡，有学者的智慧、神学家的胸怀与普通人的仁爱之心。

余也鲁本名余利民，祖籍江西奉新。他小时聪明乖巧，外祖母因而告诫他做人不要骄傲，由此他后来自取"也鲁"为名。这样听到或写自己名字时，就提醒自己要谦卑，因"鲁"字的意义是"笨拙"。

年轻时的余也鲁喜欢写作和翻译。有志通过办报改革中国，于是考入当时的国立中央政治大学新闻系。毕业后，他与同班同学徐佳士一起到南京《中央日报》工作，后因战乱去了台湾，于台北美国新闻处任翻译员。1950年，美国新闻总署在香港设立分社，余也鲁受邀赴港工作。

十多年后，他得悉一门名叫"传播"的新学科，于是写信给美国的施拉姆，成功拿到斯坦福大学奖学金，成为施拉姆的学生。而此前取得这项奖学金的是台湾的另一传播学者朱谦。

1965年，余也鲁毕业回港，继续在出版界工作，在香港中文大学刚成立的新闻系兼教"杂志编辑学"。这时浸会书院也有意开设新闻传播课程，聘请余也鲁于1968年创立传理系。

1974年，余也鲁应香港中文大学校长之邀，出任中大新闻系的系主任兼讲座教授。他到任后大力改革，将新闻系原来只念两年的课程扩展到四年，加入电台电视、广告公关等科目。1977年，他邀老师施拉姆来港，开设香港首个传播哲学硕士课程，此课程后来孕育了不少传播学的生力军。

余教授在外表上给人最深的印象就是那副厚厚的黑边眼镜。余教授的眼镜深达一千八百度，这是他经常读书、不断学习、不断研究、从不休息造成的。父母爱读书，受家庭的影响，余教授从小就养成爱读书的习惯。父母要他睡觉，他中午时就躲在蚊帐里看书，晚上就钻进被窝里看书。"别人活一生，我就可以活三生"，余教授如是说。

我和纪华强老师于1986年到香港中文大学学习。香港中文大学校园位于沙田西北隅，不但兼拥海山胜景，交通也极为便捷，坐火车从九龙到中大只需三十分钟，到罗湖边境则只需二十分钟。香港中文大学依山而建，从山顶到山脚，由高至低可分成三层，经过几十年的经营，处处花木扶疏，中西风格的建筑掩映于其间。我们每周一次从中大（新界）坐车到港岛的海天书楼余教授的办公室上课，课程从上午九点开始到下午一点结束。我们一般都会提前到达，但未到九点一般不进他的办公室，生怕打扰先生的工作。上课期间余教授每次会为我们准备茶点，让我们补充体力与精力，这在1980年代，对我们来说，简直是一种奢侈的享受。

余也鲁授课中（左起余也鲁、纪华强、陈培爱）

2005年我到香港参加学术会议，其间曾由七十多岁高龄的余师母亲自驾车接我到海天书楼与余教授见面，我代表厦大再次对余教授多年来对厦大办系的支持表示感谢。这是我们师生的最后一次会面。那天中午共进午餐后，余师母又驾车送我去机场。原定傍晚六点半的飞机，由于突然的台风影响，延误到第二天傍晚才起飞，我在香港的机场足足待了二十四小时。那次香港之行，与余教授的最后一次见面及夜宿香港机场的场景，成为我一生中抹不去的记忆。

余也鲁教授一生勤奋，到了九十高龄仍继续出版工作，直至2012年9月8日病逝。他曾对我们说，在海天书楼那幢大厦，没人像他和太太那么大年纪仍在工作。除了清洁工人，也没有谁比他们更早上班。

四、作为传播学者的胸怀

在个人信仰上，余教授信奉基督教，是著名的神学家。余教授作为著名教会学者、传播学一代宗师，开启了华人教会学者的时代。余教授效仿神学哲学家黑格尔教授的做法，婉拒教会牧职，上帝祝福余老的谦卑和温良，兴起了华人教会学者群体，使"教会学者"成为取代覆盖"基督徒知识分子"和"文化基督徒"的新兴概念。余教授在香港中文大学崇基书院时，获得上帝特别的启示和关照，提前退休，隐于山中，组织团队专门从事《中文圣经（启导本）》的编纂工作。这是一本用传播学理论来阐述解释《圣经（中文和合译本）》的工具书，虽然售价贵达五十美元，但在国际上非常畅销。七年的艰辛付出，启导本涵盖古往今来众多圣经神学家的智慧结晶于一体，涵盖所有正统学说，由香港海天书楼和全国基督教协会先后出版，被中国学界誉为传世之作。"只有《哈利·波特》和余秋雨的书的销量能比得上。"余教授在接受《大公报》记者采访时曾风趣地说。此后各种圣经注释本受启导本影响如雨后春笋般涌现，但或多或少带有宗派观念及一家之言，唯有启导本被一些人认为中正平和、不偏不倚，足以承载圣道，被认定是对《圣经》中文译本的标准释义。

除了在不同大学建立学科系所，余也鲁的另一主要贡献是传播基督教。他在20世纪60年代创立海天书楼，一直出版宗教书籍、儿童文艺、翻译名著等。书楼名为海天，意思是"海为墨汁天为纸，共挥彩笔绘神恩"。

纵观余教授低调淡泊而又谦卑温和的一生，无论是在学识上还是为人上，他都是后辈的楷模。

如果说余老的传播学研究像明艳的牡丹，他的神学研究则像圣洁的百合，其一生散发满径花香。

呜呼，我们后辈在这个凡尘再也没有机会聆听宗师的教诲！

寻觅一代宗师（2012年惊闻大师逝世后而作）

香江水一去不回头，
我们到哪里再聆听宗师的教诲？
斯坦福大学的芳林幽谷中，
再也听不到您壮志的呐喊；
夏威夷洁白的沙滩上，
再也见不到您探索的身影；
厦大明媚的校园里，
只留下您匆匆的脚步。

江西奉新的华林山下，
有您幼时的乐园；
灿若星河的香港岛，
有您事业的足迹；
海天书楼的灯光长明，
怀念着您不倦的情怀。

在尘世里您来去匆匆地走了，
只留给我们长长的思念。
华夏大地的传播事业，
必将姹紫嫣红！

厦大广告教育暨中国广告教育发展四十年回望与展望

厦门大学新闻传播教育历史悠久。1921—1926年,厦门大学就有了自己的早期新闻教育,开创了中国人自己办新闻教育的历史。1983年,成立新闻传播系,在国内率先以"传播"冠名,体现厦大新闻传播人"敢为天下先"的开拓精神。同样在1983年,于国内首先设立广告学专业,被誉为"中国广告教育的黄埔军校"。2007年,成立新闻传播学院,标志着厦门大学新闻传播教育进入新的快速发展时期。现在,学院正在全力打造"面向海洋、亚洲一流的现代化新闻传播学院",为中华民族的复兴、世界和谐的构建培养具有国际化胸怀、掌握数字化技能的新闻传播高级人才。

厦门大学1983年首创广告学专业,是改革开放中我国高等教育的一场伟大变革。

四十年,厦大广告教育高举改革开放大旗,坚定不移地沿着正确的方向前进。

四十年,厦大广告教育"摸着石头过河",为中国高等广告教育贡献出可复制的改革创新经验。

四十年,厦大广告教育发展成为广受学生欢迎的新文科建设的样板,引发中国广告教育持续而良性的发展。

一、广告教育为何在厦大诞生

早在20世纪20年代初，厦门大学曾办有"新闻部"本科教育。1926年，新闻部停办。1983年6月，厦大正式建立国内高等教育中第一个以"传播"冠名的新闻传播系，率先设置广告学专业。它使我国广告专业人才培养和广告理论研究走上规范和科学的发展轨道。当时的《文汇报》曾指出："厦门大学新闻传播系开设的广告学专业，是我国高等院校中首创的新专业。"

厦大广告学专业不仅是厦大自己原创的本科专业，也是全国高校中首创的新专业。无论是在厦大还是在全国，都有开创性意义。但当时我们并不知道此项工作意义重大。有人问起厦大当时为何要设立广告学专业，回忆起来，很多细节至今仍历历在目。实际上，厦门大学的广告学专业从1982年便开始筹办，除了校内老师的共同促进，还有外因的推动：世界传播学大师施拉姆的学生余也鲁教授，把正在发展中的西方传播学理论引入到香港中文大学后，生发了将其从弹丸之地传播到更广阔土壤上去的愿望。几经选择，最终落定厦门。作为传播学中非常重要的组成部分，广告学与新闻学、广播电视学和编辑出版学同属一个范畴。厦门大学广告学专业的创立，极大填补了传播学理论在发展过程中的空白，使其完整。起初，在选择中国内地的广告学第一土壤时，学者们多把目光投向北京和上海这样市场广阔、媒体丰富且影响力更大的城市，这些优势，厦门并不具备。然而，1981年，中国宣布设立四大经济特区，彼时深圳只是个小渔村，珠海和汕头一片荒芜，只有厦门经济尚好，且拥有四大特区中唯一的重点大学——厦门大学，重任从此加于肩。果然，这些超前的理论和概念与1921年便设立新闻学部的厦门大学很快交融。于是，在改革开放的浪尖上，厦门大学率先于国内命名"新闻传播系"，新闻传播教育得以在厦大重新复苏，走向兴盛。

另一个动因，要归于改革开放的大潮。1978年中国改革开放兴起，1979年广告业开始恢复。可以明显感受到市场上商品竞争力度加剧，很多企业开始推广产品，计划经济运行模式日渐式微。产品销量不断扩大，不断涌现的竞争使其想要树立自身品牌，广告传播便成为企业塑造品牌的重要手段。在这一点上，中国和西方具有共性。顺势而为，高层次广告人才培养自然而然提上议事日程。

厦大广告学专业的建立，除了历史原因外，还有两点很重要。一是传播学理论从20世纪80年代初引入中国大陆。传播学理论涵盖新闻、广告、公关等研究领域，广告学是应用传播研究的重要组成部分，在美国等发达国家早已进入大学的讲台，大陆引入传播学理论，也有必要开展广告教育。二是自1979年以后，我国市场经济迅猛发展，企业竞争意识加强，广告业随之得到发展。由于我国没有高层次广告人才培养基地，人才奇缺。为了填补广告人才培养的空白，适应广告业发展的需要，20世纪80年代，厦大一批有识之士共同为创办中国自己的广告学专业而努力。

厦大的广告学专业通过不懈的努力，在全国同类学科中脱颖而出。1997年，中国广告协会学术委员会组成专门课题组，对全国广告教育单位进行历时一年多的调查，结果显示，厦门大学广告学专业在广告业界和广告教育界的知名度和美誉度均名列前茅。

四十年来，厦门大学广告学专业以"21世纪广告丛书"的编撰和使用为核心，建立了一套较完整的人才培养模式，得到教育部的认可，向广告界输送了一大批的栋梁之材，为起飞中的中国广告业添砖加瓦。

二、中国广告教育的历史与现状

中国广告教育走过四十年历程，从一张白纸开始，画出最新最美的图画，成为新闻传播学中专业设置最多的学科，为中国社会主义市场经济的发展及国家品牌出海贡献了广告人的智慧与力量。

（一）辉煌的足迹

广告承载了很多人共同的生活记忆，是最直接、最直观反映社会巨变的符号和图像，是改革开放四十年的绚丽财富，记录着改革开放四十年社会所穿越过的惊涛骇浪、跌宕起伏和五彩斑斓。

1983年6月，经教育部批准，厦门大学创办中国大陆第一个广告学专业，在全国率先确立了中国广告教育的基本模式。

1987年，广告学首次进入教育部普通高校社科本科专业目录，成为试办专业。

1993年，广告学正式列入普通高校本科专业。

2014年，广告与传媒经济、新闻学、传播学、广播电视与新媒体等正式成为新闻传播学下属的二级学科。

根据中国广告教育发展的几个关键节点，我国广告教育的发展可划分为五个阶段：

1983—1992年为广告教育的初创期；

1993—1998年，为广告教育的缓慢发展期；

1999—2005年，为广告教育的快速发展期；

2006—2012年，为广告教育的转型发展期；

2013年至今，为广告教育的调整发展期。

第一个阶段是1983—1992年：此阶段是中国广告教育起步阶段，全国共有六所院校开设广告专业，教育部批准的仅有厦门大学、北京广播学院（现中国传媒大学）和深圳大学。

第二阶段是1993—1998年：在邓小平1992年南方谈话之后，广告教育开启发展的新步伐，这一时期开办的广告专业院校达到90所左右。

第三阶段是1999—2005年：1999年，中国大专院校招生规模迅速扩大，从这一年开始，开设广告学专业的学校每年以大约20所的速度增加，截至2005年，共有232所高校开设广告学专业。

第四个阶段为2006—2012年：新媒体和数字技术的发展突飞猛进，对传统广告传播方式造成了颠覆性的影响。广告教育面临转型，亟须找到新的发展方向，这一系列的问题都亟待相关部门形成共识并摸索解决。

第五个阶段为2013年以后，教育部在广告学下新设了网络与新媒体专业，其中2013年有38所高校获批，2014年有28所获批，目前已有100所以上获批。

这五个阶段，揭秘了广告教育发展的密码，提出了值得研究的一些观点，以翔实的数据和生动的案例充分描摹了四十年来中国广告教育从无到有、从弱到强的巨大转变。

（二）业绩

四十年来，从1983年厦门大学首创广告教育，到2021年，中国开展广告教育的院校已达600多所。在此期间，涌现了中国传媒大学、北京大学、武汉大学、复旦大学、暨南大学、上海大学等一批广告教育的重镇，为中国广告行业培养了大批适用性人才，并在传媒、广告、营销、品牌、公关等领域大放异彩。

近些年，我们借助中国教育在线网站的高考专业查询，统计我国广告相关专业的开设情况（见表1），可以看出，从2014年开始，我国广告学本科学院数目开始减少，而专科层次的与广告学相关专业数量持续增长，专科层次相关专业主要命名为广告艺术设计（由广告设计与制作改名而来）、全媒体广告策划与营销（由广告策划与媒体营销合并而来）。这也与我国教育部近几年公布的本科备案和审批结果相符，2018年教育部公布了本科备案和审批结果，全国一共取消六所高校的广告学专业，数量在高校取消的专业里位于前列。2021年8月，国务院发布《关于印发"十四五"就业促进规划的通知》，其中提到，优化高校学科专业布局，及时减少、撤销不适应市场需求的专业。据高教志的统计，2016—2020年，经教育部审批撤销的广告专业院校共有19所。

表1 通过不同年份检索的我国广告相关专业开设情况统计表

单位：所

统计年份	广告学本科院校数目	广告学专科层次院校数目	合计
2014	352	99	451
2019	302	327	629
2021	280	330	610

这些数据变化显示了社会发展对专业人才需求的变化，一方面国家推动部分地方普通本科高校向应用型转型，另一方面也反映我国高校广告专业发展存在质量不高或同质化的问题。

如果从1981年起算，四十年来，广告营业额以近万倍的增长证明中国广告产业发生了翻天覆地的变化，也证明了在这四十年风雨历程中，中国广告产业的发展是改革开放的直接产物（1981年，我国全年广告经营额只有1.18亿元，到了2021年，全国广告营业额首次突破1万亿元，达到11 799.26亿元）。

（三）价值

培养创新人才是世界高等教育永恒的话题。基本实现高等教育大众化的中国，更是把培养创新人才作为提高高等教育质量的核心内容。我们必须从高等教育的发展趋势和人才成长的基本规律出发，以培养创新型专门人才为目标，不断完善人才培养方案，优化人才培养"配方"，为社会培养最有价值的高素质的广告创新型人才。

四十年来，广告学科在发展中体现自身的价值。首先，广告学科地位有了极大的提升，从1所发展到600多所，从试办专业到本科、硕士、博士到博士后流动站全覆盖，形成人才培养的完整链条。其次，对广告人才创新能力的培养，体现了广告学科的核心竞争力。再次，极大地融入社会主流，在品牌强国与公益广告传播方面发挥重要作用。最后，开拓国际化视野，为国家经济发展与品牌出海贡献广告人的智慧与力量。

"中国广告教育四十年"通过对这些发展巨变进行记录梳理和学术研究，将在中国广告史上留下重要的一笔，标志着广告的作用和价值又一次得到重大提升。

三、中国广告教育的发展变化

中国现代广告业经过快速发展，已经形成较大规模，由此催生的中国高校广告教育也历经四十个年头。高校广告教育与广告行业的发展息息相关，媒介的进化及广告业态环境的变化不断地对广告人才培养提出新的要求，也在一定程度上引领着高校广告教育模式的改革与创新。当前形势下，模式化的高校广告教育与广告行业一线的快速发展依然存在诸多矛盾，尤其是高校广告人才素质培养与行业需求之间的适应性问题较多，毕业生难以适应行业需求，导致有的广告一线管理者发出感叹："企业落后于时代，行业落后于企业，教育落后于行业。"在经济全球化高速发展的今天，高校广告人才培养如何适应行业的快速发展，已经成为广告教育研究的重要课题。

目前中国社会已进入全媒体时代，传统媒体与新媒体并存，整个媒介环境正处于转型期。以互联网和手机媒体为主的新媒体的出现，丰富了传播形式，广告业与媒介环境息息相关。传播媒介的变化导致广告行业生态的变化，影响了广告表现方式、传播方式与传播效果。全媒体的媒介环境影响广告行业，广告行业的变化进而会对广告专业教育提出新的更高的要求。与大学其他学科专业相比较而言，广告学专业是对社会经济发展、行业发展、科技发展等变化极其敏感的专业，应及时对变化有所察觉，适应市场变化，对人才培养各个环节做出调整。

其一，变与不变的关系。

实际调查发现，无论从岗位类型看还是需要的人才技能看，业界认为新媒体运营能力及数据分析能力都非常重要。高校要根据行业发展及人才需求中的新变化增加相应的新媒体课程，如"新媒体文本编辑""视频剪辑""大数据分析""新媒体运营"。

大数据、智能化和互联网自媒体的到来当然会对传统广告的作业方式产生影响，但不能有意无意夸大这种影响。毕竟，对于传统广告而言，大数据、智能化和互联网自媒体只改变了广告诉求信息的传播方式或者说传播载体而已，而传统广告的核心与灵魂（策划与创意），也就是广告活动的分析思路与广告创意的诉求内容则不可能有大的改变。数字时代带来的变革更多在技术、方法和手段等外在方面，内在的很多东西，诸如洞察消费者、发现需求、满足需求和情感沟通等则较少改变，因而营销人、媒体人正可在这"变"与"不变"之间施展才能,这正是数字营销时代赋予营销人、媒体人的新使命!

其二,核心课程不能丢。

有研究者认为广告教育中一些基本的原则和原理在新媒体日益发展的今天依然没有变。因此无论是最需要的岗位还是最需要的技能,企业依然看重文案撰写、创意策划等传统课程就能培养的能力,核心能力的不变侧面验证了与核心能力相对应的广告教育内容的不变和重要。深度访谈中发现,一些企业特别看重学生的营销敏感度及用户洞察能力。高校文案类课程、策划类课程、市场调研、消费者研究等传统核心课程的地位依然重要,但要继续挖掘此类课程的内容深度及与行业的衔接。

其三,中国广告理论研究的进路发生了变化。

中国广告学走过初期的探索阶段,而今的情况已大不相同,它遭遇了数字传播的解构性冲击。以数字技术为基础的互联网发展不仅改变社会传播的方式,也影响并推进人类对传播行为的认知。中国自己的广告学应该遵循内在的学科逻辑,在推动中国广告产业从粗放型增长到集约化发展、从传统广告向数字广告的双重转型过程中,建构起有中国特色的完整的广告学知识体系。为此,明确广告学研究的文本研究、运动研究、产业研究、广告与关联方的关系研究等四大研究范畴,聚合产学两界、广告与关联专业学者在内的学术共同体,从单一研究范式向多向度研究范式转变进而形成广告学特有的研究范式,这些都是未来可行的研究进路。

其四,综合审视广告专业自身发展之路。

总体上来看,行业对广告人才的需求和高校人才培养的现状存在偏差。对于偏差的解读,需要综合进行:一方面,需要教育者深入而准确地了解行业的人才需求状况,判断人才培养与行业的需求存在的偏差的维度,结合教育规律和目标进行批判性的思考,有针对性地解决;另一方面,广告人才的培养中,高校广告教育仍需结合自身的发展定位、专业特色及地域情况综合审视,寻求适合自身特色也顺应社会潮流的发展之路。高校培养广告人才时,尤其要注意人才培养定位及毕业生去向，制定人才培养大纲时，要十分重视一些核心能力在人才培养中的比重，总体上应有所侧重或考量。

其五，重视技术的颠覆性影响。

相对于传统营销和传统媒体，数字营销给营销市场、媒体市场带来的变革可用"颠覆"两字来形容。中国广告业的发展一直可见明显趋势——互联网平台型广告巨头的崛起，疫情暴发加速了这一进程。拥有抖音和今日头条等产品的母公司"字节跳动"广告收入从2016年的30亿，到2017年的150亿，到2018年的500亿，再到2019年的1 200多亿，呈现几何式的增长态势。

当前，影响广告业的技术、用户、市场规模、市场主体都发生了颠覆性变革。一方面由于传媒业的边界大大拓展，网络广告、网络游戏、知识服务、电竞、直播、大数据服务等新兴传媒产业蓬勃发展，传统传媒单位和企业持续衰落，已经处于边缘地位，新兴的互联网新贵已经成为传媒业的主导力量。另一方面，大数据、人工智能、5G新技术彻底打破不同产业之间的界限，广告业与其他产业快速深度融合，市场规模大大增加，新商业模式和盈利模式不断涌现。在大浪淘沙的行业变局中，行业服务的主体、流程、边界都在发生深刻变化。对于这个颠覆性的时代，有人曾用"变化是当前唯一不变的主题"来形容，这无疑是当前数字营销市场状况的真实写照。

四、中国广告教育未来发展的路径与对策

中国广告教育目前还处于稚嫩期，今后的发展还需经过艰难的探索。

其一，推动教学体制改革，提高广告人的素质。除了专业知识外，未来广告人需要具备更高的素质，如传播力、领导力、创新意识、团队合作能力。

其二，关注国际竞争，加强国际传播能力教育。在经济全球化的背景下，广告行业的竞争已经不仅限于本土市场，还涉及国际市场。因此，广告教育需要关注国际市场的发展动态和趋势，培养具备国际视野和跨文化传播能力的人才。

其三，注重培养数字能力，突出数据驱动思维。随着大数据和人工智能

技术的飞速发展，未来广告人需要掌握数字化技能，包括数据分析、社交媒体、人工智能等领域的知识。广告教育要加强对数据分析和处理的培训，提高学生的数据分析能力。同时，也要注意引导学生以数据驱动的方式进行思考和决策，增强其独立思考和解决问题的能力。

其四，进一步加强高校与企事业单位的合作。广告的边界不断变化，加强与行业企业的联系，提高教育教学实践与实际广告行业应用的能力，推动教学内容和方法的不断更新和改革。高校和行业的合作可以为广告教育提供更多的资源和支持，帮助学生更好地了解行业发展和市场需求。同时，也有利于推动行业与高校之间的互动和对话，促进行业的健康发展。

其五，加强文明互鉴与传承创新。在人类命运共同体背景下，广告教育需要注重创新与文化传承的培养，培养具有创造力和跨文化素养的广告人才。

首创中国广告教育研究会

我是中国广告教育研究会创会会长,与研究会一路走来,有深厚的感情。1999年10月,由厦门大学新闻传播系发起倡议,联合中国人民大学、北京广播学院(现中国传媒大学)、武汉大学、深圳大学等五所高校创办"中国广告教育研究会",同时举办第一届中国广告教育研究会学术年会。厦门会议是中国广告教育学术研究的破局之旅,实现了中国广告教育工作者有自己的学术团队的愿景,由此为中国广告教育交流研究打造出一个好的平台。

该研究会为"中国高等教育学会新闻学与传播学专业委员会"属下的二级分会,在中国大陆有团体会员高等院校近两百所。

研究会成立三十多年来,在团结全国广告教育工作者,推进中国广告教育理论的创新与发展,加强高校与广告业界的联系与互动,为中国广告行业争得更多的话语权,获得更多的社会尊严等方面进行了不懈的努力。

1983年6月,我国高等教育史上第一个广告学专业在厦门大学建立。至2012年年底,我国已有超过400所各类院校办有该专业;至2021年,设有广告学专业的高校发展到610所左右,广告学已成为高等教育中的热门专业。四十年来,我国广告教育随着广告业的逐步壮大而发展,由一张白纸到稳步确立学科地位,取得丰硕的成果。

中国广告教育随着广告业的发展而发展,数据最能说明问题。1983—2012年,三十年间,广告教育院校由1所发展到400多所,此后还在继续增加。在校广告学专业学生近10万人，在新闻传播类传统四个本科专业（新闻学、广播电视学、广告学、编辑出版学）中，广告学专业教学点的数量名列第一。广告学科建设白手起家，拥有基本胜任教学的队伍。已出版广告学系列教材二十多套，各类广告书籍几千部以上。广告教育由大专、本科、硕士到博士，形成较完善的广告人才培养体系。

中国广告教育的发展大体分为四个阶段，即第一阶段酝酿开拓期（1979—1983），第二阶段探索发展期（1983—1992），第三阶段快速发展期（1992—2012），第四个阶段是整合期。事实证明，在第三阶段发展期，中国广告教育的规模已超过传统的新闻学教育，逐步走向成熟，适应了广告业发展的需要，也逐步实现了与国际广告教育的接轨。

我国广告教育在四十年的时间里，从无到有，由新兴的边缘学科发展成为独立而有发展前景的综合性学科，形成艺术型、经贸型、新闻传播型三类教育模式。为了促进广告教育的发展，1990年，我们与中国广告协会学术

时任中国广告协会学术委员会主任的洪一龙先生出席1990年首届研讨会

委员会合作，在厦大召开首届全国广告教育研讨会，来自学界与业界的代表第一次认真地坐在一起，共同回顾与总结中国广告教育初期的经验，为后来的大发展进行了思想储备，其实当时只有厦门大学、北京广播学院与深圳大学的广告学专业在教育部挂号，来自业界的代表衷心希望中国广告业有源源不断的高素质人才予以支撑。

会议合影，前排右四为徐百益，右三为洪一龙

中国广告教育研究会正式成立之后，持续召开广告教育研讨会，对中国广告教育的健康发展发挥了重要作用。

第一届

1999年10月，由厦门大学承办的第一届中国广告教育研究会学术年会在厦门召开。中国广告教育研究会挂靠中国新闻教育学会，厦门大学为会长单位，同时举办第一届中国广告教育研究会学术年会，制定了研究会的章程。

1999年10月中国广告教育研究会在厦大成立

第二届

2001年10月，由中国广告教育研究会主办、深圳大学承办的中国广告教育研究会第二届学术年会在深圳召开。本次会议进一步明确中国广告教育的发展思路，充分肯定蓬勃兴起的中国广告教育，鼓励有条件的院校利用现有资源，因地制宜发展广告教育，先做大再做强，建议各兄弟院校广告教育要有自己明确的定位。

第三届

2003年11月，在武汉大学召开中国广告教育研究会第三届学术年会。当时全国有近80所院校的130多位代表参加。会上就广告教育、人才培养、课程设置、学科建设等问题进行了充分的研讨。此次会议开幕式在武汉大学举行，闭幕式在湖南大学举行。代表们了解了两所大学的办学情况，开阔了眼界，交流了办学思路，取得良好的效果。

第四届

2005年10月，在河南大学召开中国广告教育研究会第四届学术年会，与会代表共同探讨"中国广告迈向国际化的前景"的问题。本次会议由河南大学新闻传播学院与郑州工业大学新闻传播学院承办。本次大会的背景特殊——在中国广告教育已经历过由"量的发展"到"质的提升"的阶段，现在又到"质的提升"的关键转折时期。年会的主题是"中国广告迈向国际化的前景"，在这个总体框架下，代表们各抒己见，充分结合本单位的情况与广告业发展的现状与趋势，发挥聪明才智，贡献了自己的见解，都希望沿着国际化的道路继续提高中国广告教育与广告业的水平。

第五届

2006年10月，在西北大学召开中国广告教育研究会第五届学术年会，会议由西北大学新闻传播学院承办。本次会议共同探讨了广告研究与教育中的"创新与和谐"问题，力求在更广阔的社会背景下思考广告教育的相关问题。代表们结合自己的理论关注，在更深远的视野中把握广告运作与广告教育问题。

第六届

2007年11月，由上海大学影视艺术技术学院承办的"新媒介、新营销时代下的广告与广告教育国际研讨会暨广告教育研究会第六届学术年会"在上海隆重召开。我在开幕式上讲话并作主题演讲《中国广告教育的社会危机与对策》，指出中国广告人的社会地位与话语权，必须要靠广告业界与学界的共同努力去争取。希望广告教育界的同仁奋发努力，正本清源，使广告人在社会上抬起头来，真正树立自己的品牌形象。

本次会议共有全国广告教育院校120多所的160人参加，邀请国际相关专家参会与代表们共享对中国广告教育问题的看法。会议上代表们敞开思路，深入沟通，抓住主题，各抒己见，提出建设性意见。

第七届

2008年8月15日，由内蒙古科技大学承办的第七届学术年会在草原钢城包头市隆重召开，会议全称是"成就·检视·展望——中国广告教育25年·中国广告业恢复发展30年暨中国广告教育研究会第七届学术年会"。来自全国100所院校的135位教师代表以及有关媒体、出版机构、广告公司的代表出席此次盛会。会议开幕式由内蒙古科技大学文学院副院长兼广告学系主任袁川峰教授主持，内蒙古科技大学副校长赛音德力根教授、内蒙古科技大学文学院院长邢雁林教授分别致欢迎辞，我在开幕式上致辞，简要阐述本届年会议题和中国广告教育二十五年的历程，充分肯定广大广告教育工作者二十五年来为广告这一新兴学科的创立所付出的辛勤劳动。

本届会议进行了换届选举，由武汉大学张金海教授担任新一届研究会会长。他在闭幕式致辞中说："谢谢大家的抬爱。本届常务理事会当不负厚望，尽心尽力做好研究会工作。本研究会是自发、自愿性学术团体，全国高校均表现出持久的热情，年会持续了七届，一年比一年火热，这是研究会发展的良好基础。在研究会发展过程中，陈培爱教授倾注了大量的心力。请允许我代表所有会员单位，代表本届理事会、常务理事会，并以我个人的名义，向陈培爱教授表示深深的敬意。

历届年会上，各高校的专家学者交流了许多成功的办学经验。经验可以借鉴，模式却不可复制。各高校应依据各自的资源优势，寻求个性化发展，形成各自不可替代的竞争优势和专业特色。新的营销传播环境向广告学专业的人才培养提出新的挑战，也启发高校的广告学专业捕捉和抓住发展机遇，全国广告高等教育的格局将发生新的改变。没有永恒的最好，只有动态发展中的更好。"

新一届常务理事会表示：将秉承历届常务理事会"以广告学专业发展为己任"的精神，努力营造专业发展的外在环境，寻求专业发展的外在机遇，提高广告学专业的学科地位；组织办好每年一届的学术年会，吸引更多高校的加入，共商专业发展的大计，谋求共同发展；加强研究会内部的信息沟通与交流，办好研究会网站，建立常务理事会制度、简报制度；做好一年一度的暑期师资培训，不断创造条件，搭建新的师资培养平台，为改善师资知识结构和学历结构尽力；谋求搭建新的学术交流平台，力图实现学术交流的制度化。

发展是硬道理。中国广告教育研究会在第七届之后，经历张金海、陈刚两任会长，一直沿着健康的道路发展，为广告教育研究工作者相互联系、研究提供了融洽的平台。

附：中国广告教育研究会历届学术会议

1990年，在"中国广告教育研究会"成立之前，厦门大学新闻传播系与中国广告协会学术委员会合作，已组织召开过首次全国广告教学研讨会。

第一届，1999年，厦门大学（正式创立）

第二届，2001年，深圳大学

第三届，2003年，武汉大学

第四届，2005年，河南大学

第五届，2006年，西北大学

第六届，2007年，上海大学

第七届，2008年，内蒙古科技大学（换届大会，张金海接任会长）

第八届，2009年，暨南大学

第九届，2010年，兰州大学

第十届，2011年，安徽师大

第十一届，2012年，福建师大

第十二届，2013年，江西师大

第十三届，2014年，武汉大学（湖北恩施，换届，陈刚接任会长）

第十四届，2015年，青岛科技大学

第十五届，2016年，华南理工大学

第十六届，2017年，北京大学

第十七届，2018年，深圳大学

第十八届，2019年，兰州大学（创办三十周年纪念大会）

第十九届，2020年，厦门国际会展中心

2020年11月14日，以"数字世界 全新启航"为主题的2020全国广告学术研讨会暨中国广告教育学术年会在厦门圆满完成。第27届中国国际广告节将长期在厦门举办，2020全国广告学术研讨会暨中国广告教育学术年会是本届广告节的第一个会议。

同时，本届全国广告学术研讨会与中国广告教育学术年会正式合体，更名为"中国广告协会学术与教育工作委员会"，标志着国内广告学术与广告教育迈上了一个新台阶。

首创"中国广告协会学院奖"

"学院奖"1999年由厦门大学创办,中国广告协会协办。创办之初即引发行业内的普遍关注和大学生们的创作热情。1999年、2001年两年分别举行第一、二届作品大赛,均由厦门大学主办。"学院奖"获得巨大成功,奠定了该奖项在业界的地位。

创办"中国广告协会学院奖"时,全国已经有中国广告协会主办的每年一次的中国广告"长城奖"和"黄河奖",但厦门大学广告专业却认为还需要一个奖,"旨在促进我国广告事业的发展,推动广告教育与广告实践的结合,加快广告新生代人才的成长"。参赛者主要为广告院校的师生,也鼓励毕业后走上广告工作岗位不久的年轻人参赛。而且,该奖对参赛作品没有"必须已经发表"的要求,这项规定不仅有别于"长城奖"和"黄河奖",为在校学生提高展示创意策划能力提供窗口。

"学院奖"首先是针对年轻人的奖项,鼓励广告院校在校学生及毕业不久(三年以内)的年轻人参赛。作品无论发表与否,均可参赛。因此,可以为了参赛而创作,可以随意选择商品或虚构商品进行自由发挥。其次,鼓励学生原创作品,鼓励学生培养创新能力,提倡课堂学习与社会实践相结合。最后,本奖项特别适合公益广告创作,可以结合社会现实,充分发挥想象力,涌现许多优秀的公益广告作品。

1999年首届"学院奖"的评选共收到800多件作品。经过评委会认真评选，评选出平面商品广告类金奖作品2件，银奖作品4件，铜奖作品6件；影视商品广告类金奖作品1件，银奖作品2件，铜奖作品3件；公益广告类最佳公益广告奖15件，最佳广告语奖2件，入围奖120件。由于评选标准严格掌握，当时获奖的作品，即使放在现在来看，也有相当水准。

2001年11月，两年一届的"学院奖"又由厦门大学如期举办。这一届修改了参评条件，创意设计人员的身份规定从"毕业三年内"改成"28岁以内"。本届"学院奖"共收到各类广告作品近300件。经过评委会认真评选，共有84件作品获奖。其中：平面作品商业类金奖1件，银奖3件，铜奖5件，入围奖24件；平面作品公益类最佳公益广告奖5件，入围奖39件；电视广告商业类金奖2件，银奖1件，铜奖3件；网络广告公益类只有铜奖1件；其他类别空缺。

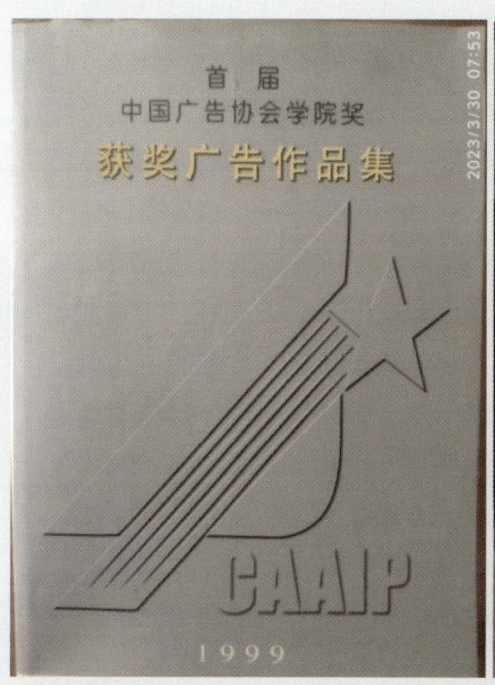

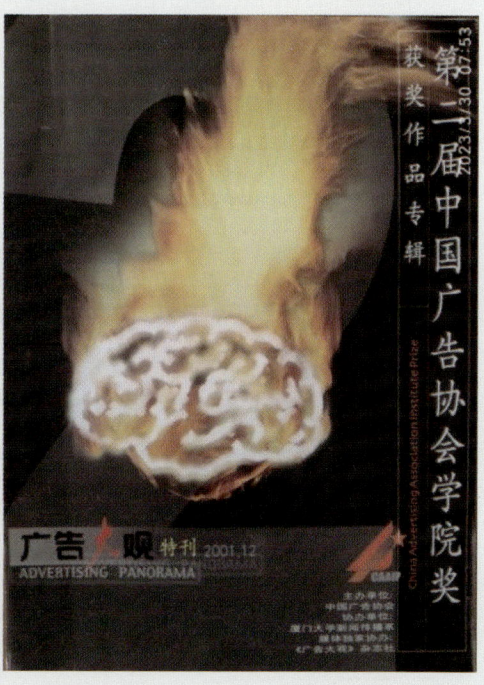

第一届"学院奖"作品集　　　　　　　　　　　　　　第二届"学院奖"作品集

第二届"学院奖"同样强调原创，倡导创新精神，选题自由宽泛，不要求作品被采用或发表，对制作技术的要求较为宽松，这一点吻合"学院奖"的主旨，适应了院校师生重在创意设计的参赛要求，也为参评者提供了广阔的创作舞台。与第一届相比，第二届"学院奖"获奖作品的创意水平有明显提高，艺术表现上有较大进步，公益广告的视野更开阔了。

2003年第三届"学院奖"，中国广告协会将该项竞赛交由南京财经大学承办，同时增加电视辩论赛、广告教育论坛、广告人才交流洽谈会三项内容。

2004年，第四届"学院奖"由江苏广播电视总台（在南京）承办。增设影视广告、网络广告、广播广告、形象代言人四个项目。

2005年，第五届"学院奖"由中国传媒大学和校园先锋公司合作承办，减去广播广告、形象代言人两项。

2007年，第六届中国大学生广告艺术节学院奖由《广告人》杂志社承办，比赛历时八个月，创意作品总数超20 000件，成为全国范围内规模最大的大学生广告艺术盛会。此后，《广告人》杂志社专门成立运营团队，一直坚持把这项赛事办成有影响力的品牌，在全国广告院校中产生巨大的影响。

《广告人》杂志社接手"学院奖"后，非常重视公益广告创作的创新与开拓。如2019年，"学院奖"首次尝试举办漫画故事类别的公益传播大赛，尝试将"传播"步骤引入创意创作赛事，给参赛学生带来丰富的实践。2020年，"学院奖"组委会和广告人文化集团联合50家企业和全国大学生共同发起"你好，中国就好"大型公益行动。在抗击疫情期间，学院奖号召广大创意学子，用创意思维和视听语言表达年轻人的公益态度，传递当代大学生的家国情怀。同年，学院奖开设线上创意公开课，将线下进校园巡讲转化为线上课程直播，为居家学习的众多高校学生带来云端创意课程。大赛正式设立社会化传播赛道，将"传播"列入创意创作的重要环节，引导学生在实际的传播环境中，有目的性地进行传播实操，既是对"学院奖"内容价值的考核，也是对学生传播能力的锻炼和检验。

厦门大学首创"学院奖"，得到广告院校师生与广告界同仁的一致赞赏，被认为是院校师生提高社会实践能力的契机。有的评委认为，如果说我国的广告业是枝叶繁茂的大树,那么"学院奖"就像生机盎然的幼苗,那么清新,那么富有朝气。更值得一提的是,"学院奖"的评选规则特别适合公益广告创作,也适合院校师生自由发挥。如第一届获公益广告最佳广告语奖的作品《生活不是一出戏,生活比戏更精彩》,整个文案言简意赅,富有哲理,体现了作者在广告文案方面的功力。

"学院奖"激发了年轻人活跃的思维,他们敢于创新,敢于接受挑战。坚信"学院奖"会越办越好,中国广告业的希望在年轻学子身上。

我与《中国广告》结缘

八十年代初的中国，当大多数人还不知广告为何物的时候，中国广告界发生三大事件，至今影响深远——1981年4月15日，第一个为中国广告行业发声的专业媒体《中国广告》诞生；1983年6月30日，第一个中国高校广告学专业在厦门大学创办；1983年12月27日，"中国广告协会"在北京正式成立。这三大事件，预示着中国广告事业在传播媒体、人才培养及行业交流平台建设上拥有超前的战略眼光及坚实的基础。

《中国广告》创刊于新中国改革开放之际。2021年4月，《中国广告》迎来四十岁生日。四十载风雨历练，《中国广告》亲历广告业在传统媒体与新媒体变易之际的整个历程，自身也历经蜕化和蝶变。从第一本广告行业专业杂志，到第一届国内大型广告高端论坛，到第一个广告行业大奖，再到新时代下的融媒体营销传播平台，《中国广告》勇于创新，与时俱进，以勇立潮头的精神，为中国广告业改革开放后的迅速崛起献计献策，为广告行业同仁呐喊助阵，为近乎白纸的中国广告学术研究提供源源不断的食粮。在这个重要的历史时刻，我深深祝福《中国广告》历经四十年而不断成长壮大。正是《中国广告》的首创精神、学术精神、育人精神，催化了中国广告业的发展，向中国广告业的过往岁月献上一份厚礼。我作为厦门大学广告学专业创办者之一，与《中国广告》在八十年代初结缘，更深切体会到《中国广告》在中国广告业恢复和发展过程中的重要地位和作用。在广告资料十分缺乏的年代，《中国广告》的创办给我们的教学与科研送来及时雨。

与《中国广告》结缘于首创精神

首创精神是社会前进的火车头。第一个举起石斧扑向猛兽的人,第一个制造火药的人,第一个吃螃蟹的人,第一个环球航行的人……每个"第一",都把人类带进新的纪元。也正是这种"敢为最先"的精神,推动着人类文明前进,鼓舞人们奔向明天。尽管改革开放初期的上海是当时中国最繁华的商业大都市,但那个时期的广告也只有零星,绝未发展成为产业。当时的上海只有少数广告公司为了外贸出口而进行广告宣传,就全国而言,广告还非常鲜见。在这样的历史背景下,1981年《中国广告》率先吹响未来征程的号角,我们不得不佩服先行者的睿智。可想而知,当1983年厦大创办广告学专业时,孤独前行,知音难觅,我们很自然地在《中国广告》中找到丰富的源泉,由此结伴四十年。广告教育需要丰富的知识宝库,而《中国广告》的历史贡献也在推动学术进步与教育发展,在当时的广告界,共觅知音,相互结缘,都是很自然的事。历史的重大转折,往往发生于无声之中,波澜不惊。《中国广告》是成功者,它被历史的洪流造就,它也推动行业的变革和前进,参与造就中国广告的历史。

与《中国广告》结缘于学术精神

1979年重新恢复广告业以来,广告实践的发展促进了广告理论的探索。20世纪80年代初,我国先后翻译出版日本、美国广告方面的著作,又将大批台湾广告论著介绍到大陆,业内学者专家开始进行广告理论研究,出版了许多有很高学术价值的广告专著、教材。我的第一篇广告学术文章《广告学与传播学》就是发表在《中国广告》1985年第2期上(第3期连载)。当时国内学者研究广告,基本是以市场经济理论为主导,我根据当时有限的传播学知识及办学实践,在文章中阐述了广告学与传播学的关系,分析了广告学的研究对象、任务和理论基础,广告学与相关学科的关系等。未曾想到,区区小文,奠定了日后中国广告理论的基石。

《中国广告》上刊发的本人的文章

  1986年，我到香港中文大学学习，在较系统地接受了余也鲁教授亲授的传播学理论后，更明晓广告学与传播学之间的关系，并于1987年8月在厦门大学出版社出版以传播学原理为构架的广告理论著作《广告原理与方法》。毫无疑问，该书是国内第一本从传播学原理研究广告的理论著作，颠覆了传统的市场学框架下的广告研究模式，也是广告理论本土化的早期成果。书中提出要以信息传播为主线贯串阐释广告原理。该书以传播学理论为主线，较全面地论述了广告的原则和规律，阐述了广告运作的一般程序与基本规律，在国内奠定以传播学原理研究广告的理论框架。这一理论构架的确立和主要观点的阐发，就发生在《中国广告》1985年第2期上的《广告学与传播学》这篇论文身上。以传播学原理研究广告的理论框架获得教育部相关部门的认可，2004年出版的"普通高等教育'十五'国家级规划教材"中广告相关教材即采用这一框架。2018年出版的国家"马克思主义理论研究和建设工程"重点教材《广告学概论》也采用了这一框架。这一框架，获得国内广告教育机构的共同认可。

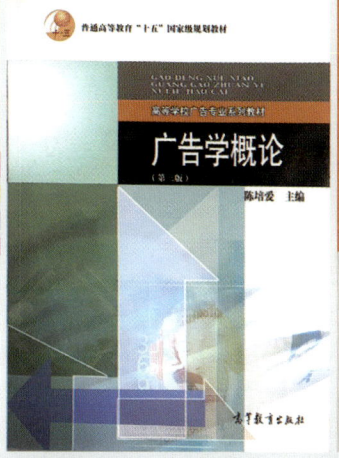

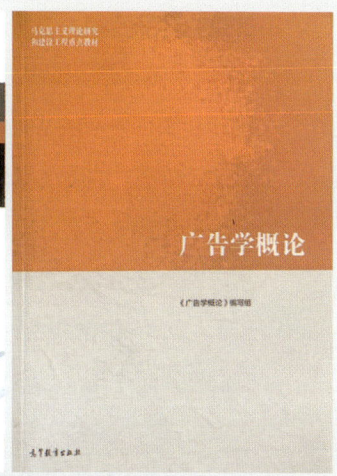

厦大出版社1987年版　　　　高教社2004年版　　　　高教社2018年版（"马工程"集体编写）

与《中国广告》结缘于育人精神

《中国广告》杂志曾这样评论厦大广告学专业："第一个吃螃蟹的人，当然从未吃过螃蟹，也不知蟹味，但什么都不能阻止他们去做这件事。"对我和我的团队来说，创建属于中国自己的广告学专业和思想体系，可谓白手起家，从零起步，点点滴滴都始于一砖一瓦的构想。厦大广告学专业开办初期处于三无状态——无教学模式，无课程教材，无专业教师。我们在最艰难的环境下白手起家，当时的《中国广告》就是我们最重要的知识宝库。《中国广告》致力于广告学科、广告理论、广告实践及与广告相关学科的研究和探讨，研究各类广告的创意、设计、制作，交流国内外成功广告案例和优秀作品，报道国内外广告动态，介绍广告新技术、新材料、新方法。这些丰富的较新颖的见闻，自然成为当时我们年轻教师教学最为宝贵的资料，也是广告学专业学生重要的课外补充。1985年，我在《中国广告》第3期上发表文章《厦大广告专业育才新措施》，阐述了厦大新开办专业的学科发展措施，前瞻性地提出必须把广告学科"从市场学的体系中摆脱出来"，"以突出信息传达为主"，应将传播学理论作为广告学专业的基础理论，为广的研究开辟新的道路。这篇文章的观点,至今还影响广告学科的办学理念。

《中国广告》杂志办刊四十年,为宣传、普及广告理论与实践知识,为推动我国广告业的成长与发展,做出突出贡献。《中国广告》四十年的发展,见证了中国广告业的筚路褴褛与腾飞。

回望历史,四十年风雨奋进,中国广告已走出属于自己的恢复之路、探索之路、奋进之路,为这奋进提供源源不竭动力的众人中,无疑有《中国广告》。正是《中国广告》的首创精神、学术引领与对中国广告教育的不竭推动,共同构筑起中国广告事业的大厦。

(该文原载《中国广告》2021年4期,有改动。原有副标题"纪念《中国广告》创刊四十周年")

用大爱浇灌莘莘学子

这篇文章记我的几个学生。

学校的"产品"是学生，对学生的评价有学校与社会两种标准。我认为不能完全桎梏于学校的标准，而要站在社会、业界的高度来培养人才。要以科学发展观开展教育，使广告教育与广告业界协调发展，与社会协调发展。以学生的整体素质提升为培养目标，以专业特色与优势为重点，培养业界需要的人才。

为了使理论与应用这两个教育领域、两项教育功能彻底深入融合互促，培养出真正合格、符合市场需求的人才，再通过这一批批理论功底与实践应用都极为扎实的人才来壮大广告教育的主体，真正实现良性、快速的增长，我们厦门大学打破传统的广告专业教育模式（广告教育由广告院校来完成），建立全新的大广告教育观念。所谓"大广告教育理论"，就是充分利用社会资源，实现广告教育的合理分工——由高等院校侧重于理论研究教育，由广告公司与企业完成应用与实践教育——融合理论与应用教育，为中国培养合格的广告人才。我认为广告是应用型学科，广告教育不仅是高等院校的责任，也是专业广告公司和企业的责任。专业广告公司及企业与高等院校一样，也肩负着广告教育的责任。

1999年，我们倡议主办"中国广告学院奖"，面向全国各地高校学生征集作品，为广告专业学生社会实践提供平台。筹备第一届的时候，我亲自电话邀请广告系的毕业生参加大赛，带动高校的同学们。几年下来，大赛越来越热闹，参赛作品越来越多，影响越来越大，成为全国高校广告学学生的"奥斯卡"，无形中也让厦大成为中国广告教育活动的中心。后来中国广告协会要求主办这项大赛，当时我们认为这是一件好事，可以把大赛推向另一个高度。这件事，虽然有些老师心疼了很久，可我看得很明白，我们心中装的应是全国的广告教育！

四十年来，我们培育出一批又一批的学生，一年复一年，一届复一届。不知不觉间，学生遍布中国的每一个角落，真可谓桃李满天下！许多知名企业的品牌负责人，如招商银行、平安集团，著名媒体的广告负责人，如原中央电视台广告部主任、武汉电视台广告部主任等，还有北上广许多著名广告公司咨询公司的负责人，如艾奇奖总负责人贾丽军博士、天进传播咨询公司的冯帼英董事长、英扬传奇广告公司的领军人物吕曦等，都是我们的学生！近年来，毕业的博士生中有不少人成为教授或博士生导师。

两千多年前，孔子就提出"有教无类"，其以"性相近也，习相远也"的人性论为基础。"性相近"说明人皆有成才成德的可能，"习相远"说明了实施教育的重要。正是基于"人皆可以通过教育成才成德的"的认识，孔子才做出"有教无类"的决断。"有教无类"思想的实施，扩大了教育的社会基础和人才来源，对于全体社会成员素质的提高无疑起到积极的推动作用。因此，孔子"有教无类"的思想在教育发展史上具有划时代的意义。

在这里，我举几位自己带的学生为例。

熊润珍博士，台湾籍。她六十八岁时以硕士身份进入厦门大学艺术学院美术系油画专业学习，2007年硕士毕业后，她还要继续入我门下攻读博士学位，当时她已七十一岁。望着年龄比我还大而有强烈求知欲的学生，我有些忐忑。最终在对台政策的框架下，当年通过考试并获得学校的同意招收她为博士。博士阶段四年时间，她免费举办"快乐画画"培训班，实践"一天可以成为画家"的承诺，把学生的油画作品进行义卖，善款捐给慈善基金会，得到了各方好评。她认真撰写《日据时期台湾西方现代绘画的传播研究

（1895—1945）》，于2011年七十五岁时从厦大顺利毕业，引起当时媒体的竞相报道，成为中国年龄最大的博士毕业生。

贾丽军，2007年入学在我门下攻读博士，当时他已四十五岁，达到厦大招收博士生的年龄限高。他原来在上海交通大学船舶及海洋工程系就读，是工科学生，美国留学期间，看到中国的好商品都在美国的地摊上摆着，爱国心受到猛烈的冲击。回国后独立创办广告传播公司，发誓要把中国的产品品牌传播到海外。有一次，我到他在南京公司的办公室，看到他办公桌后面的墙上挂着一面鲜红的五星红旗，我顷刻读懂他的意思。他是国际IAA会员、国际IAA中国分会副秘书长，美国俄亥俄州立大学(OSU)艺术设计院特邀研究员，2014年南京青年奥运会申办组委会特聘专家顾问，北京奥运会广告创意评审专家。2012年，他创办了中国第一本跨创意界与财经界的双语期刊《创意经济》，推动中国创意产业与创意经济的发展。他是艾奇奖创办人，他的博士论文《品牌美学》已于2014年出版。目前兼任北京大学、中国传媒大学、南京大学等多所院校MBA、广告、设计等学科的客座教授及研究员、硕士生导师和授课讲师，授课内容涵盖营销、广告、品牌、设计等各方面。在多所院校设立"卓越奖学金"，积极培养广告新生代。

与贾丽军合影　　　　　　　　　　　　　　在贾丽军的办公室

夏洪波，我指导过的硕士研究生，1996—1999年在厦门大学新闻传播系攻读广告学硕士。1999年毕业后加入中央电视台广告部，2001年任中央电视台广告部业务科科长，2003年任中央电视台广告部副主任，2004年被评为中央电视台"十优青年"，2005年7月开始担任中央电视台广告部主任。他主政时经营业绩突出，2007年，全年广告收入突破100亿元，这是中央电视台广告收入的历史性突破，也是中国单一媒体广告收入首次突破百亿。他创新中央电视台黄金资源广告招标理念，从"黄金段位"延伸到"黄金资源"，将营销运作方式由"招标"转变为"全面预售"。

右一为夏洪波

冯帼英，1985年以佛山顺德文科状元的成绩考取当时中国唯一的广告专业——厦门大学广告学，1989年厦大广告学专业本科毕业，是第二届本科毕业生。她是中国品牌营销女杰，现任广州市天进品牌管理有限公司董事长。1989年毕业后即从事品牌策划，1998年创办自己的公司——广州市天进品牌管理机构。历经三十多年的策划生涯，她在实践中积累了丰富的中国本土品牌建立及推广实战经验，形成天进独特的专业体系及理论——"天进品牌资产地球模式"，跨越营销与传播的界限，为中国本土品牌管理创立全新的模式。

冯帼英

林升栋，1997—2000年随我攻读硕士，获传播学硕士学位，2005年获中山大学社会学博士学位。现任厦门大学新闻传播学院院长、教授、博士生导师，2000—2008年在中山大学管理学院任教，2020—2023年在中国人民大学新闻学院广告与传媒经济系任教。2008—2019年在厦门大学新闻传播学院任教，为副院长。其间曾任民进厦门市委副主委、厦门市政协委员、全国新闻与传播专业研究生教育指导委员会委员、中国广告协会学术分会副主任等职。2007—2008年作为佛雷曼访问学者访问伊利诺伊大学香槟分校。2013—2014年作为中美富布莱特访问学者访问罗德岛大学。林升栋迄今在《新闻与传播研究》《国际新闻界》《新闻大学》《现代传播》《传播与社会学刊》《社会学研究》《心理学报》《心理科学》《现代广告》等刊物上发表论文多篇，出版专著多本，并牵头翻译美国最流行的广告学教材《当代广告学》（第16版）。

林升栋

谢清果，哲学博士，历史学博士后（传播史方向），是我挂靠厦大历史系招收的唯一的博士后，现任厦门大学新闻传播学院副院长、教授、博士生导师，国家社科基金重大项目首席专家，美国北卡罗来纳大学访问学者，福建省高校新世纪优秀人才。兼任华夏传播研究会会长，华夏老学研究会副会长兼秘书长，福建省高校人文社科研究基地——中华文化传播研究中心主任，福建省传播学会常务副会长，厦门大学传播研究所所长，厦门大学新闻传播学院华夏文明传播研究中心主任。主要从事华夏传播研究、中外文明与媒介学研究。谢清果的主要贡献在于创新拓展了华夏

谢清果

传播研究新境界，提出建构"华夏传播学"的学术研究目标，在建构理论体系方面已有建树，在学科建设方面已大有进展，形成本、硕、博三个层次的教材和教辅建设体系。他主编《中华文化与传播研究》《华夏传播研究》《中华老学》三本集刊，主编"华夏传播学文丛""经典与传播研究丛书""华夏传播研究论丛""华夏文明传播研究文库""华夏传播学读本丛书""中华文化与传播研究丛书"等六套丛书，已出版著作三十余部，在《新闻与传播研究》《国际新闻界》《新闻大学》《现代传播》等刊物上发表论文两百多篇。主持国家社科基金重大项目一项，国家社科基金一般项目两项，国家社科基金重大项目子课题一项，教育部青年项目一项，其他项目十余项。

看到已毕业的学生在各个岗位上有所建树，这是作为教师的最大欣慰。教育的根本任务是铸魂育人，铸造优良品质、高尚灵魂，培育可用之才、有为之人。许多教育专家都认为，铸人比铸金重要，故而"问铸人，不问铸金"。教育使得"人化"和"文化"得以实现。通过"文化化人"，教育将人从自然蒙昧状态中解放出来，实现人的"社会化"，成为能够继承人类文化成果，最终具有智慧与力量，能够担当社会主体责任的人。我们非常注重学生在社会上的表现，帮助学生成才，这是高校教育水平的体现，也是导师辛勤浇灌的结果。

从这些学生身上，我们坚信，厦大广告学专业虽然起源于原创，但秉承厦大教育理念，致力于帮助学生拥有扎实功底，有雄厚的发展后劲。我们用"大爱"，用赞许与鼓励，用默默的行动，不断推动学生们走向成功。我们用"自信"，给学生以走向社会的底气，让他们可以在高山之巅大声呐喊"我来自厦大广告学专业"，让他们在天地之间"铸天铸地，铸人铸魂"，共同成就中国广告教育事业的一片天！

七十五岁博士毕业的熊润珍

来自台湾的熊润珍2007年在厦门大学艺术学院获得硕士学位,同年考入厦门大学历史系攻读专门史(传播史)方向博士研究生,师从当时在该方向招生的我。通过四年辛勤苦读,于2011年顺利获得博士学位。这是迄今为止于厦大毕业的最年长的博士。

一、熊润珍的艺术人生

熊润珍,1936年生于苏州,十五岁随家人赴台,在台湾长期从事儿童教育工作。从十七岁起,就在台湾当小学老师,当了四十八年,2001年暑期退休。师范中专毕业的她一直没停止过学习。当老师后,又陆续考本科学位,进修心理学。她当初到厦门来,其实是为了女儿。她女儿从台湾到厦门一家合资宾馆当管理人员，带着三个孩子。她想自己当了这么多年老师，带孩子肯定有经验吧，于是就来了。

到厦门后，熊润珍想继续读硕士，原打算回台湾考，后来打听到厦门大学有专门招收台湾学生的专业，于是报考厦门大学。2004年，她在澳门参加港澳台考生的入学考试，以六十八岁高龄成为厦门大学美术系油画专业首位来自台湾的硕士研究生，且是最年长的。这一学，一发而不可收。

2005年，女儿要回台湾了，熊润珍决定独自留在厦门继续当学生。2007年，读完厦门大学艺术学院的美术硕士后，接着又成为人文学院历史系传播史方向博士生。

2011年，熊润珍顺利通过博士论文答辩。她的博士论文得到了答辩主席（华中科技大学舒咏平教授）的很高评价，厦门媒体纷纷采访报道。毕业时，在台湾的女儿专程来厦参加熊润珍的典礼，记得熊润珍当时很认真地说："学术研究也是很有意思的哦。"

二、厦大"最年长博士"

记得2006年6月的一天，熊润珍在我的博士生的陪同下来到我在人文学院的办公室，提出要报考博士生。我以为她只是试探式的说说而已，没想到她是认真的。当时她已七十一岁，望着年龄比我还大而有强烈求知欲的学生，我有些忐忑。熊润珍开导我说："传播学是一门信息科学，与人类社会的所有活动都有关系。我长期从事艺术教育，艺术作品也是一种传播符号，如果我把艺术与传播结合进行研究，在学科的融合上应该是一种创新。"她认为，用传播的方法来研究艺术，会很有趣。我觉得她说得很有道理，就鼓励她认真备考，提醒她进入厦大的学生都得通过考试选拔，没有其他捷径可走。厦大当时对招收港澳台学生极为重视，加上熊润珍考试达到要求，经征求我的意见后，校方最终予以录取。

熊润珍入学后，非常珍惜宝贵的学习机会。她每天早上四点起床读书。她选择"日据时期台湾西方现代绘画的传播研究（1895—1945）"为研究题目。论文写作开始后,她更加努力。最后的博士论文,修改了十二遍,历时一年多,她毫无怨言。她表示,每次拿回稿子来修改,即使改得"遍体鳞伤",也不会沮丧,反倒很高兴,她觉得自己又收获了一点东西。熊润珍的心态,让那些年龄比她女儿还小的博士同学佩服得五体投地,同学们说:"她是真的在享受学习的乐趣。"她认真撰写博士论文,终于在七十五岁高龄时从厦大顺利毕业,引起当时媒体的竞相报道,成为当时中国年龄最大的博士毕业生。

博士毕业后,熊润珍始终认为博士并不是她的终点,曾想继续去清华大学学习现代艺术,后来改变想法。她说自己发现在厦门也可以学习现代艺术。她会在这里一边教大家随心所欲地画画,一边自己创作,再开个画展,拍卖作品。

《厦门日报》2011年6月4日的报道

"厦门网"2011年6月19日报道上的熊润珍

熊润珍与博士班同门

三、热衷于海峡两岸艺术交流

2006年3月11日—17日，主题为"学院风格—探索展"的展览在厦门市图书馆开展，共展出七天。这是厦门大学艺术学院油画专业王鹭、林攀科、徐文军、王强、孙晓勇五位硕士生面向社会自费举办的个人油画作品展。画展的成功举办，离不开熊润珍的帮忙推动，她跑前跑后热情联系，让自费参展的五位同学非常感动。熊润珍热心推动厦门大学艺术学院美术系油画硕士生走出"校门"，衷心希望自己的付出能让厦门这座艺术之城更加繁荣，也希望更多的台湾的艺术家来交流。

2006年3月12日《厦门晚报》的报道　　　　　　　　　　　五位硕士生画展海报

2007年5月15日上午，熊润珍个人毕业作品展览在厦门大学艺术学院美术馆开展。这个题为"好岁月"的毕业作品个展，展出熊润珍2000—2007年创作的33幅作品。包括在厦大读研期间创作的人物写实作品、风景写生作品以及人体素描。她的众多作品，不仅饱含对艺术、对生活的真挚热爱，还流露出对两岸生活场景的眷念。创作于三年前的《向前奔跑》，是其后立体派画法的代表作。她打算把这幅画印在自己的名片上，激励自己不断向前。

在厦大学习期间，熊润珍经常与学弟学妹们下乡写生，厦门周边的乡村，如角美、海门、崇武一带，她都去过。在那里，她尽情享受闽南独特的自然风情，把愉悦的心情融入创作中。此外，她的不少作品是在厦门大学校园附近创作的，她希望能把厦大从"东"画到"西"。她从小生活在台湾，对海有特别的感情，来到同样具有海洋特性的闽南，仿佛回到台湾一样亲切。

获得艺术硕士学位的报道（2007年5月22日《厦门晚报》） 代表作《向前奔跑》

《厦门商报》2007年7月2日 《厦门日报》2007年5月16日的报道

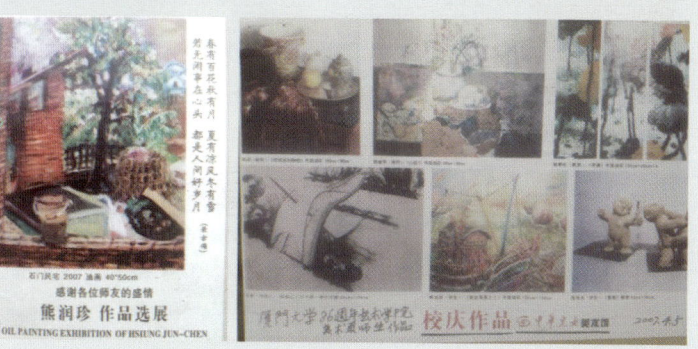

熊润珍作品选展 熊润珍参展作品

2007年6月19日，"南腔北调"画展在厦门中华儿女美术馆隆重开幕，这是一次非常有益的风格探索。参展的硕士生同窗闫卓与熊润珍，在厦大美术系历届研究生中是最具代表性的。除了来自的地域相距遥远、年龄差距大外，两人的艺术风格更是充满对比，各有所长。闫卓三十六岁，来自中国北部边疆内蒙古，其作品明显糅和中国画因素，一律以灰色调出现，极度压缩色彩关系，使观赏者自然联想到中国水墨画中"墨分五色"之说。熊润珍则来自祖国宝岛台湾，年已古稀，却和年轻人一样拥有追求的心，她将目光直望欧洲，陶醉于法国20世纪初的色彩大师博纳尔灿烂无比的色彩幻境中，这种痴迷使得她的作品处处充满斑斓。因此，画展命名为"南腔北调"，真是恰如其分！

2007年6月19日，"南腔北调"画展开幕式

《中华儿女美术馆》第5期第4版上的相关报道

参观画展

四、举办"快乐画画"培训班

读博期间,熊润珍做了一件很有意义的事情——举办"快乐画画"培训班。她一边研究学术,一边"捡"回丢了四年的油画。她说研究历史的这几年一直没时间画,"憋得太难受了"。她想教成年人画画,而她的学生大多是博士班的同学。她的教学理念是从未拿过画笔的成年人,可以在一天之内完成一幅绘画处女作并感到快乐与轻松。2008年,她开班"招收"了第一批学员。

熊润珍的画画课很好玩。她给课程的第一单元起名字为"相见欢"。她笑着对大家解释道:"今天各位第一次与颜料、色彩见面,多开心呀,所以是相见欢嘛。"她设计了十个小游戏,穿插在课堂上,增加"相见欢"的活泼气氛。研修过心理学的熊润珍认为,这些心理调适的游戏,不管上什么课都可以用,尤其适合陌生人多的小团队活动。

画画课堂上,熊润珍一边放音乐,一边让大家画画。她认为,画画就是要让自己开心。在这种开心的氛围中,学生们按她的方法"随便画",结果每幅作品都很有现代艺术感。对于学员的作品成果,熊润珍热心予以传播推介,为此举办了两期"快乐画画"画展。在现场居然也有买主,她非常开心。

第一届画展于2008年5月1日—10日在厦门市古城东路闽台特色食品街举行,共展出作品42幅。

2008年5月第一届"快乐画画"画展（古城东路）

2008年5月第一届"快乐画画"画展上的合影

陈培爱导师与熊润珍

第二届"快乐画画"画展在2008年10月31日至11月5日举行，在厦门大学三家村自钦楼一楼展厅展出，共有作品64幅。

第二届"快乐画画"画展开幕式　　　　　　　　　　　　　　在开幕式上讲话

熊润珍与学员作品　　　　　　　　　　　　　　　　第二届"快乐画画"部分学员作品

博士入学时，熊润珍就有一个愿望，希望毕业论文能结合绘画专长，借助传播学的原理，在理论与实践上做出创作，"快乐画画"的实践是她迈出的重要一步。画册中有临摹的作品，有在大自然中创作的作品，有抒发个人情意的作品，有回味自己人生感悟的作品……这些绘画的处女作，使人们看到艺术并非"可望而不可及"，艺术完全可以进入日常生活！

我不懂得如何细细品味绘画作品的艺术价值，但我会深深地陶醉于绘画作品的社会哲理中。绘画是传播符号，同样可以深邃直观地用于对社会的交流，直抒胸臆。对于这些绘画处女作，我同样被其深深地感染，有时真想与作品中的某一意境融为一体。

成人画画与小朋友一样，应该是非常快乐的。熊润珍的奇妙之处就在于激发这批成年人的童心，让他们像小朋友一样快乐！你不能对他们的作品要求过高，不要指责他哪儿画得不像，而要在他快乐作画的过程中予以真诚的鼓励！熊润珍在指导时尽量不打断他们的思路，尽量参与他们的想象。

喜欢画画是每个人的天性，在纸上留下的每一根线条，每一个色块，都是他们表达情感的结果。有一种快乐可以感染人的一生——自己完成作品的成功，自己能表达心中感受到的勇气，自己能展示独特创意，更何况在一天之内就被领进绘画艺术的大门！只要绘画时的成年人把画画看作快乐的游戏，能充分发挥个人的想象力，表达自己的心灵感受，展示自己的个性，这时绘画本身就有意义！

绘画还应该是大胆的。只要坚信每个人都是画家，坚信艺术可以"平价化"，坚信艺术是可以普及的，才有信心办好"快乐画画"实践班。熊润珍的成功指导与鼓励直接激发了成年班学员们的信心。在没有心理压力的情况下，学员们常常在各场合自发地、旁若无人地作画，长时间陶醉于充满乐趣的想象中。他们作意愿画的时候，很投入。让这些学员们"在一天之内当画家"，是熊润珍最值得骄傲的地方。

纵观熊润珍的艺术人生与博士学习生涯，我始终认为她是传奇式的女性。她对海峡两岸相似山河的热爱，她对儿童艺术教育与成年人艺术熏陶的独特理念，她不追求功利、乐于享受学习过程的人生态度，她的励志与对生活永远充满激情，是年轻人永远的榜样与楷模。我作为她的博士生导师，由不解到佩服，她的经历使我相信事物都可能发生从"不可能"到"可能"的转变。

余也鲁教授开创华夏传播本土化研究

厦大新闻传播系创办伊始，余也鲁教授就高瞻远瞩，为该系在学科建设方面打造了两个亮点，一是在全国高校中首创的广告学专业，二是传播学本土化研究。他积极推动传播学本土化，认为要将西方传播理论中国化，为我所用，方法就是，结合中国现有社会的特征形态和媒介特征形态，研究属于中国传播学的本土社会的问题。

我国的传播学研究最早从台湾地区开始，台湾的传播学研究主要在美国经验学派和部分批判学派研究的影响下进行。大陆的传播学研究起步较晚。1956年大陆首次接触"communication"（传播）一词。1978年后较大规模介绍传播学的主要学说、概念、范畴和方法，同时进行了一些自主的传播学研究，这些研究项目多是利用量化方法对我国传播实践进行的实证研究。研究中所用的范畴、范例、方法等均引自西方的传播学，基本上是传统学派。建立自己的理论范式，关注本土传播实践，这才是我国传播学进一步发展的根本动力和方向。

本土化是传播学发展的趋势。传播学研究要与一定社会历史文化条件相吻合，与所在国家的传播实践相结合并为其服务。对西方传播学要采用舍其糟粕取其精华的拿来主义，针对本国国情，联系当今传播实际，从本国传统文化和现代学术中吸取营养，要适应本国的社会特征、文化积淀和受众心理态势、意识取向等条件，形成有民族特色的传统文化。

一、提出传播学本土化的命题

1978年9月出版的《新闻学与大众传播学》一书中写道:"香港中文大学传播研究中心主任余也鲁先生,目前正积极主持该中心的一项工作——'传播研究的中国化',大力整理我国的传播遗产,以期能够推出一套完备的'中国的'理论,并将我国的传播经验'回馈'给外国人。"余也鲁认为:"中国的传学可以回溯到数千年,例如战国时代,七雄争霸,苏秦说服六国联合抵抗秦国,他们用了什么说服的策略? 郑和七下南洋,没有发过一枪一炮,而威震番邦,所用的传统技巧在哪里? 运河的建设,沟通了中原与南方,建立了文化的交流……也许从这些历史文化的成就上,可以探讨出中国传播学的脉络。"

中国传播研究起步较晚,而"传播学研究本土化"的提出则更晚。在台湾地区,第一部传播学著作是徐佳士教授于1966年出版的《大众传播理论》。在香港地区,余也鲁教授于1978年首次译述出版施拉姆的《传学概论:传媒、信息与人》,于1980年出版《门内门外:与现代青年谈现代传播》。在大陆,虽然刘同舜、郑北渭、张隆栋三位先生分别在1956年和1958年翻译发表介绍西方传播学的文章,但研究性的文章直到1978年才出现。这一年7月,郑北渭发表《公共传播学的研究》和《美国资产阶级新闻学:公众传播学》两篇文章,引起大陆新闻学界的兴趣。第一次全国传播学研讨会的论文集《传播学(简介)》于1983年面世。1988年,戴元光、邵培仁、龚炜出版大陆第一部传播学专著——《传播学原理与应用》。但是,这些还都不是本土化的传播学研究,本土化研究有一个复杂而艰难的过程。

二、举办学术会议推动传播学本土化

余也鲁教授于1978年3月主办第一次中国传播研讨会(香港),作了题为"中国文化与传统中传的理论与实际的探索"的演讲。余教授认为:"我们除了可以在中国的泥土上学习与实验这些(西方传播)理论外,以中国人的智慧，应该可以从中国的历史中找寻到许多传的理论与实际，用来充实、光大今天传学的领域。"因为，"传的艺术已深潜于中国文化中，流漾在中国人的血液里，只差做系统性的与科学性的发掘与整合。现在该是开始的时候了"。

1978年6月，香港中文大学传播研究中心在台北政治大学主办第二次中国传播研讨会，台湾政治大学新闻系协办（系主任为徐佳士教授）。余也鲁、徐佳士、朱立等三十余位来自新闻学、传播学、社会学、心理学、文学、历史学的学者参加了会议，向会议提交了十四篇论文，大家用一周时间共同探讨传播学研究中国化问题。会上，余也鲁、徐佳士分别宣读论文《环境与传播》《中国传统中人际传播特征初探》；会后，朱立教授在《报学》（1978年）上发表了其在香港会议上的论文《开辟中国传播研究的第四战场》。在此之前，台湾地区已有相关论文面世，例如，阎沁恒的《汉代民意的形成与其政治之影响》（1971年），方鹏程的《先秦合纵连横说服传播研究》（硕士论文，1973年），张玉法的《先秦时代的传播活动及其对文化与政治的影响》（1975年）。

1993年5月在厦大，左起徐佳士、余也鲁、陈培爱

1993年5月在厦门大学召开的"首届海峡两岸中国传统文化中传的探索座谈会"可以看作第三次中国传播研讨会。同前两次一样，余也鲁和徐佳士两位教授仍然是会议主办者和主席。各地文学、历史、哲学、语言、民俗、人类学、经济学、新闻学、传播学学者二十二人向会议提交了专门论文，最后以"从零开始"为题结集，于1994年7月由厦门大学出版社出版。会议还决定在两三年内集中力量写一本《中国古代传播概论》（1997年正式出版时定名为《华夏传播论》，37万字），编一套《中国历史上传播理论与实践资料选辑》。

1997年11月，在厦门大学召开第四次中国传播研讨会。中国、新加坡、澳大利亚、韩国的社会科学学者三十八人与会，其中正教授（研究员）和具有博士学位者二十一人，博士导师四人，其余大多为副教授职称。会议收到三十余篇论文和十余篇书稿提纲。会议回顾和总结了以往的传播研究，集中探讨了中国历史上的传播活动和传播观念，试图从中归纳出有中国特色的传播理论，为建立科学的有时代意义的"中国传播学"创造必要的条件。会议要求在1993年"中国传播研究资助项目"学术招标的基础上，进一步扩大研究范围，争取在1999年之前，由香港海天基金会赞助编写出版一套"中

1997年在厦大召开的中国传播研讨会

国断代传播史"和一套"中国传播问题史"（或"中国传播观念史"），共计约二十本。

左一为余也鲁教授

三、通过项目立项落实传播学本土化

对传播学本土化研究的推进，我们是通过具体项目一步步来进行的。

首先，是出版"华夏传播研究丛书"。

"华夏传播研究丛书"自1993年初议，1995年正式立项，1999—2000年首批书稿完成。自1993年初议八年之后的2001年5月，第一批三本著作在北京文化艺术出版社出版，分别是郑学檬教授的《传在史中》、黄鸣奋教授的《说服君主》、李国正教授的《汉字解析与信息传播》。本套丛书原计划有"五史六论"，共十一本，后因各种原因未能出齐。当时为了出版，组建了"华夏传播研究学术委员会"，团队五人，成员有余也鲁教授（香港中文大学传播学讲座教授，厦门大学客座教授）、徐佳士教授（台湾政治大学文理学院院长）、郑学檬教授（厦门大学常务副校长，厦门大学传播研究所名誉所长）、孙旭培研究员（原中国社会科学院新闻研究所所长）、陈培爱教授（厦门大学人文学院副院长，新闻传播系主任）。"华夏传播研究丛书编委会"也由上述五人组成。

该丛书的出版，主要目的在帮助中国学者进一步从中国传统文化中探索并整理出已有的传播思想，建立中国自己的传播理论，促进传播研究中国化，丰富人们对传播的行为的认识，为社会科学的研究提供更准确的分析和解决问题的思考方法。

其次，设立厦大传播研究所。

厦门大学传播研究所成立于1993年3月18日，是厦门大学校批机构。该研究所致力于建构传播学的中国话语体系、学术体系和学科体系，推动这一以"华夏传播研究"为内涵的传播学中国化重要研究领域不断发展。所内设有三个研究中心——传播与社会研究中心、华夏文明传播研究中心、老子道学传播与研究中心。研究所致力于探讨中国传播理论创新研究和中华文化传播研究，传播理论创新研究目标在于关注中国和世界的传播研究前沿，立足中国社会现实，着重在环境传播、风险传播、情感传播、传播政治经济学、传播社会学、传播媒介史、媒介批评学、说服学、跨文化传播、小团体传播等方面开展质性研究和实证研究。中华文化传播研究则努力在礼乐传播论、风草论、中庸传播论、华夏媒介史、华夏传播观念史等方面做些具有中国特色的传播理论研究，其目的在于促进华夏传播研究，竭力打造能够与传播学欧洲学派、北美学派相媲美的中华学派。

研究所成立三十多年来，举办了多次有影响的学术研讨会，出版了《从零开始》《华夏传播论》《华夏礼乐传播论》《华夏圣贤传播论》等近四十部著作，推出"华夏传播研究丛书""华夏文明传播研究文库""华夏传播学文丛""经典与传播研究丛书""华夏传播研究论丛"等七套丛书，还主编《中华文化与传播研究》《华夏传播研究》《中华老学》三本集刊。此外，研究所还发起成立"华夏传播研究会"，团结学界和业界有志于传播中华优秀传统文化的朋友，共同为中华民族的伟大复兴贡献自己的力量。目前，研究所正努力朝着成为海内外从事中华文化传播研究的重要研究机构迈进。

再次，吸引著名教授加盟华夏传播研究。

厦大相关学科的教授相继加入传播学本土化研究，为这一学科的发展添砖加瓦。

三十多年前，郑学檬教授就参加了华夏传播的创始工作。他与余也鲁、徐佳士等人一起开启了传播学中国化的探索之旅。时任厦门大学常务副校长的郑学檬教授支持成立厦门大学传播研究所，任荣誉所长。

除平台建设外，郑学檬教授也亲力亲为地投入华夏传播的研究中，参与主编《从零开始——首届海峡两岸中国传统文化中传的探索座谈会论文集》，参与主编"华夏传播研究丛书"，是华夏传播研究的第一代学者。郑老汇集了一批传播历史资料，采取评析的形式来阐释中国传统社会的若干传播原则与原理，最终出版了《传在史中——中国传统社会传播史料选辑》一书，为华夏传播研究的发展起到奠基性的作用。在郑学檬教授这样的前辈学者的关心和支持下，华夏传播研究才不断成长壮大。

谢清果，现任厦大传播研究所所长。

谢清果，哲学博士，历史学博士后（传播史方向），厦门大学新闻传播学院副院长、教授、博士生导师，国家社科基金重大项目首席专家，美国北卡罗来纳大学访问学者，福建省高校新世纪优秀人才。兼任华夏传播研究会会长，华夏老学研究会副会长兼秘书长，福建省高校人文社科研究基地·中华文化传播研究中心主任，福建省传播学会常务副会长，厦门大学传播研究所所长，厦门大学新闻传播学院华夏文明传播研究中心主任。主要从事华夏传播研究、中外文明与媒介学研究。

谢清果主编有《中华文化与传播研究》《华夏传播研究》《中华老学》三本集刊，主编"华夏传播学文丛""经典与传播研究丛书""华夏传播研究论丛""华夏文明传播研究文库""华夏传播学读本丛书""中华文化与传播研究丛书"等六套丛书，已出版著作三十余部，在《新闻与传播研究》《国际新闻界》《新闻大学》《现代传播》等刊物上发表论文两百多篇。主持国家社科基金重大项目一项，国家社科基金一般项目两项，国家社科基金重大项目子课题一项，教育部青年项目1项，其他项目十余项。

谢清果大力拓展华夏传播研究新境界，提出建构"华夏传播学"的学术研究目标，在建构理论体系方面有所建树，在学科建设方面有所进展，已形成本、硕、博三个层次的教材和教辅建设体系。他还提出建设"华夏文明传播研究"这一新的研究领域，希望系统梳理华夏文明的传播特质，以推进中西文明和谐交流，提供"中国方案"，并阐述了作为传播观念的"中国"，提出了华夏传播理论的特质在于"心传天下"。

四、传播学本土化必将结出硕果

传播学对我们来说是一个"外来学科"，很多经典典籍都是国外的，但国外的经验不一定就适合我们。本土化最大的意义，是让我们不唯西方至上。中国经验有中国经验的价值，传播学研究的本土化让我们更加客观真实，不妄自菲薄。人类的传播活动有共有的规律可循，不同的地方有不同的特色，从各个地方的古代典籍中都能寻找到说服的规律。传播学只有和一定的历史、社会、文化条件相适合才能发展。传播学最先出现在美国，对于引进这门学科的其他国家来说，传播学是舶来品。但引进不是照搬也不是移栽，而只是手段、途径，最根本的是通过引进达到系统了解、分析研究、批判吸收、自主创造、为我所用的目的。如果传播学不与一定的历史、社会、文化条件相适应，不在民族土壤上生长出来，不与所在国家传播实践相结合并为其服务，而只是简单地贩卖和照搬，那必然不会有长远的发展，甚至会遭到人们的拒绝和反对。因此，中国传播学研究的本土化，既不是一概排斥西方传播学，也不是照抄照搬西方传播学，它实际上是迎新不迎旧，排污不排外，努力把内面和外面两个世界的优点和精华都收归己用。

中国传播学研究的本土化应针对中国国情，联系传播实际，从中国传统文化和现代学术中吸取营养。只有适应中国的社会特征、文化积淀和受众的心理态势、意识取向等条件，才能在中国大地上生根、开花、结果，才能真正融入中国的主流文化，成为有机组成部分，也才能参与国际传播研究的沟通与交流，取得与国外学者平等对话的地位与权利，为国际传播学术做出贡献。对于中国传播学来说，本土化建设既可以增强其学科个性和民族特点，也可以推动其走出国门，走向世界，适应传播学研究的国际化趋势。

余也鲁教授所开创的传播学本土化研究，必将在华夏大地上生根、开花、结果。

我与华夏传播研究

厦门大学新闻传播系建立伊始，就明确了两个特色研究方向，一是广告学研究，二是华夏传播研究。

上世纪80年代初，传播学刚传入中国，人们都感叹于西方对传播技巧的熟练掌握与运用，同时也感受到中国人在这方面大大落伍。于是一批有识之士首先发声，认为信息传播是人类社会共同的需求，中国人在几千年社会发展中一定会有自己的"传"的历史与实践，要研究中国人自己"传"的历史。就传播学在中国的发展历程而言，实际上，早在20世纪50年代，传播学就传入中国。1957年，由复旦大学新闻系创办的《新闻学译丛》首次刊登了介绍"群体思想交通"的文章。1978年下半年，复旦大学新闻系率先在内部刊物《外国新闻事业资料》上译介有关传播学的文本。自那时以来，据不完全统计，中国已出版有关译著、专著、教材约五十种，论文、译文则数以千计。1982年，由中国社会科学院新闻研究所倡议，在北京召开了第一次全国传播学研究会。此外，各地高校也开过一些有影响的学术会议，如1985年复旦大学举办的传播学学科研讨会，1996年北京大学主办的国际传播学研讨会等。

研究中国人自己的"传"的历史和"华夏传播"概念，最早是由余也鲁教授提出的。其重要的节点是1993年5月，在余也鲁教授等一批学者的努力下，由余也鲁教授倡议，首届"海峡两岸中国传统文化中传的探索座谈会"

在厦门大学克立楼会议中心召开。来自各地的专家学者围绕着中国文化中出现的传的现象与思想进行分析探讨，大家一致认为，"传"的行为是人类的共性，西方有"传"的经验与规律，中国人在已有的经验中也可以寻找到"传"的规律与观念。我们有信心从零开始，对中华文化传统中的传播活动和传播观念进行发掘、整理、研究和扬弃。参加本次座谈的专家学者有的从事文学、历史、哲学、经济及传播的学科，虽然有的专家对传播了解不多，但本着相互启发、相互补充的精神，在跨学科的背景下走出中国的"传"的研究的独特道路，决心要总结出中国人自己的"传"的历史与规律。

本次会上，徐佳士教授、孙旭培教授、余也鲁教授都给了很多建议，厦门大学副校长郑学檬教授更是积极参与并牵头。本次会议有三个最重要的成果，一是出版《从零开始》这本书，二是筹备出版"五史六论"共十一本的华夏传播研究著作，三是成立传播研究所。此后，华夏传播研究的布局逐步明朗，其发展的脉络逐渐清晰。

前排左四为徐佳士，左五郑学檬，左六余也鲁，左七孙旭培。后排右一为本人

一、首届传播学会议的成果

会议成果之一是出版《从零开始》这本书。此书是华夏传播研究的起始，吸收了很多作者的思想精华。其中，我本人积极参与首届座谈会并提交会议论文《广告传播与中国传统文化的融入》，此文被收录于1994年7月由厦门大学出版社出版的《从零开始——首届海峡两岸中国传统文化中传的探索座谈会论文集》中。文中指出，广告传播跟中国古典文学文化传统有密不可分的联系，华夏传播跟历史、中文、文学、哲学、经济以及广告与新闻都有关系。华夏传播代表中国古代传统文化的基底，很多学科都在这个基础之上发展起来，都与其相关联。

《从零开始》　　　　　　版权页　　　　　　目录

会议成果之二是计划出版"五史六论"共十一本的华夏传播研究著作。整理文化典籍素材不仅需要大量的时间精力，还需要先进行谱系研究。首届座谈会召开八年之后的2001年，首批"华夏传播研究丛书"由北京文化艺术出版社出版。当时为了出版"华夏传播研究丛书"，组成了"华夏传播研究学术委员会"五人团队，成员有余也鲁教授（香港中文大学传播学讲座教授，厦门大学客座教授）、徐佳士教授（台湾政治大学文理学院院长）、郑学檬教授（厦门大学常务副校长，厦门大学传播研究所名誉所长）、孙旭培研究员（原中国社会科学院新闻研究所所长）、陈培爱教授（厦门大学人文学院副院长，新闻传播系主任）。"华夏传播研究丛书编委会"也由上述五人组成。

我作为本套丛书编委，极力协调丛书出版的各项事宜，反复与北京文化艺术出版社联系，敦促作者按时完成书稿并保证质量。2001年5月，第一批三本著作终于如期出版，分别为郑学檬教授的《传在史中》、黄鸣奋教授的《说服君主》、李国正教授的《汉字解析与信息传播》。当时即时通信工具还未广泛普及，高校的专家学者、编辑间的沟通十分不便，催稿困难，原来定下要完成"五史六论"，终没能如愿，计划十一本书，最后真正出版的只有三本。

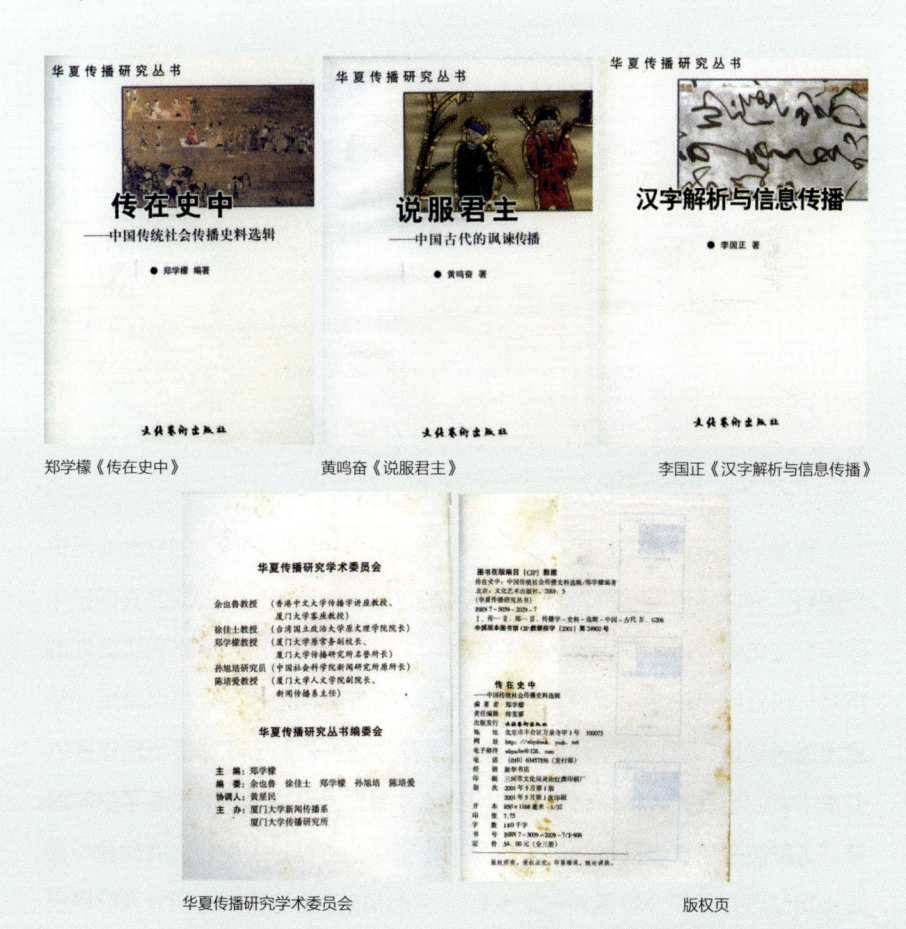

郑学檬《传在史中》　　黄鸣奋《说服君主》　　李国正《汉字解析与信息传播》

华夏传播研究学术委员会　　　　　版权页

会议成果之三是成立传播研究所。厦门大学传播研究所成立于1993年3月18日，至2023年，已走过了三十年的历程。1993年12月，学校任命我担任传播研究所副所长，我开始关心研究所的部分工作。

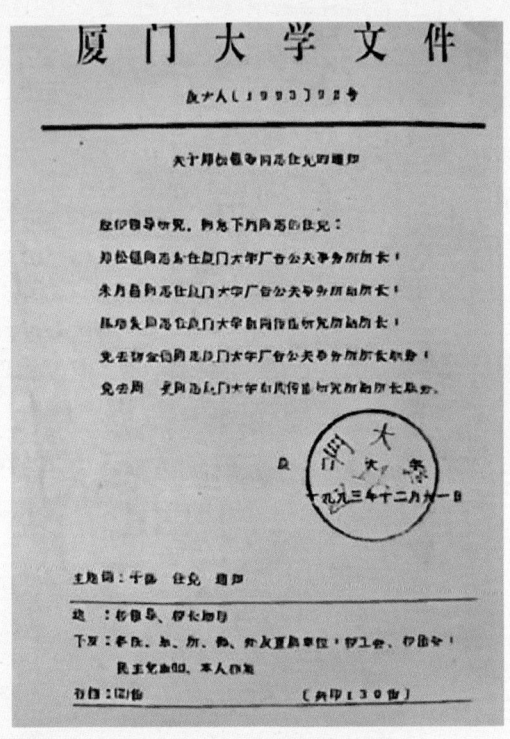

陈培爱任厦门大学传播研究所副所长的文件（1993年12月）

传播研究所成立的初衷在于挖掘与整理中华民族在"传"的方面的历史与经验，为世界传播学宝库增添中国人的智慧。传播研究所的成立开创了中国传统文化中"传"的历史研究的先河，为推动华夏传播研究做出历史性的贡献。研究所有三个重要贡献：一是制定华夏传播研究规划。可以肯定，华夏传播研究是由厦门大学开创的，并以此集中了一批有志于华夏传播研究的专家学者，丰富了传播学研究的理论宝库，为世界传播学研究贡献了中国智慧。二是契合了在传播学领域中弘扬中华文化的主旨。人类的传播规律与实践是相似与共通的，中国人一定也有自己的传的文化与实践，要靠我们自己去总结、挖掘和整理，形成有中国特色的传播学理论。三是研究所研究文脉不断，不断勇毅前行，拓宽拓深了华夏传播研究领域，获得了一大批可喜的有影响的研究成果，在国内传播学研究领域中独树一帜。

二、开创华夏传播研究的启示

华夏传播研究的是中国人自己的"传"的历史，这是值得挖掘的丰富宝藏，厦门大学有责任担负这个重任。

第一，厦大新闻传播系首创中国华夏传播研究。从20世纪90年代初开始一直到现在，国内没有任何一所大学在华夏传播领域投入如此多的精力。在这个过程中团结了一批有志于研究的学者，致力于为华夏传播搭建平台，不断开拓。厦门大学举起华夏传播这面大旗，在广告学科建立的同时在中国高校中率先设立华夏传播研究所，这是厦门大学新闻与传播学科建设当中的重头戏、亮点。

第二，华夏传播反映了国人对传统文化的自信。中国人的文化自信，存在于中国大量的历史典籍与中华优秀传统文化当中，需要去挖掘去整理去总结。总结出来的成果就是华夏传播最本土化的经验，我们一定可以挖掘到中国人最经典的属于自己的"传"的理论、"传"的历史、"传"的规律、"传"的经验，对这一点我们坚信不疑。

第三，华夏传播研究是薪火相传的。经过三十多年的奋斗，我国的传播学研究已具备良好的基础，尤其重要的是，已拥有一支潜力可观的研究队伍。谢清果接手研究所的工作后，带领国内一批有志于研究的学者、学生，多年来勤勤恳恳地耕耘。他们所做的工作不仅是文字上的，还把研究工作与社会实践联系起来。这个团队继承了厦大新闻传播系早先开创的华夏传播的整个研究规划，并向前推进许多。相信只要继续努力，既认真借鉴外国经验，又扎实面向本国实际，不断地从深度和广度两个方面开拓、进取，一定能大有作为。如此，让中国的传播学能创造出新颖、独到的学术观点和理论构架，为世界传播学的理论宝库增添新的财富。

三、华夏传播未来发展思考

华夏传播未来的研究任务十分繁重，必须抓住重点，锲而不舍，不断推进。

首先，必须构建理论框架。华夏传播研究资料很多，但始终没形成完整的体系，应当像西方传播学一样梳理出相对规范的学科研究方面的理论框架，这十分重要。每个学科都得有理论框架，这代表整个学科的科学性。要加强基础理论方面的探索，让华夏传播的研究更加科学、更加扎实。

其次，要引入新的科技手段，例如，大数据、数智化等技术。如果现代科学技术跟华夏传播研究能够做一个结合，整体研究就会更有深度，研究基础会更加扎实，未来会有更大的说服力。

再次，由于华夏传播本身涉及面很广，应当进一步开拓作者队伍，把各个学科对这个方面有兴趣的教授集中起来。一般人有误解，一讲到传播大家都觉得是大杂烩，其实人类的一切事物都跟传播有关系。它不仅是人类之间的传播、学科之间的传播，现在我们所讲的物流本身也是传播，物流里面也能反映出很多信息。所有的人流、信息流、物流，包括环境里面的一切事物都会反映信息，这个信息就是人类在生活当中对问题的看法以及评判的基础，是在外面获取的所有信息的集中点。应当让各个学科中都能够有一批人研究信息传播，这样华夏传播研究就会丰富多彩。

从1993年5月首届海峡两岸中国传统文化中"传"的探索开始，至2023年，华夏传播研究前后断断续续历经三十年时间。相信在三十年积淀的基础上，华夏传播研究必将大放异彩。我们希望未来研究要打好学科基础，不断完善中国人自己的传播理论，整理出更为明晰的研究框架，把华夏传播建立在更为科学的基础上；要引入高科技手段，结合古老的华夏传播历史与现代科技手段；不断扩大研究队伍，吸纳不同学科的专家学者，共同打造华夏传播的大厦。随着中国社会政治经济各方面的快速发展，具有中国本土化特征的、能够解释中国社会的传播现象和传播问题的传播学研究必然会成为国际主流传播学研究中的重要组成部分。

厦门大学率先展开华夏传播的研究，这为华夏传播研究打好基础。目前的传播理论主要集中在对舆论的研究上，如新闻、广播电视等，华夏传播跳出这个框架，从文化的角度进行挖掘。加强对中华传统文化的挖掘和思考，符合我们国家的大政方针，有利于维护民族团结。尤其是要注意深入挖掘"信息传播"这一领域，形成系统的理论框架。华夏传播研究将极大丰富传播学的理论宝库，未来中国人关于"传"的历史经验总结可以跟西方传播学相媲美，因为其中有一部分是我们中国人的智慧。在未来，多学科的学者可以共同努力，造就我们中华民族特别是传统文化当中的这一块瑰宝。

任教澳门科技大学，
汲取差异化的教育理念

　　2010年我在厦门大学办理退休手续，当时已有几所大学与我接触聘任事宜。考虑到自己身体状况还可以，再干五年十年应没什么问题，因此也乐于与有关高校接洽。2011年夏季，原南京大学知名学者潘知常教授到厦大参会，因是老朋友，就约我到宾馆叙谈。得知我已经退休，当即热情邀请我到澳门科技大学人文艺术学院任教并担任博导。我这时才知道他已到该校担任该学院执行院长（当时院长挂的是余秋雨）。他对我介绍说，当时已邀请到该校担任博导的教师有北京大学程曼丽教授、清华大学李彬教授、浙江大学邵培仁教授、武汉大学单波教授、华中科技大学陈先红教授等。当时我对神秘的澳门挺感兴趣，于是辞掉当时即将签约的大学的邀请，很快答应潘教授的要求。

　　厦大的学术传统一般是到了六十岁退休年龄，就必须准时办理退休手续，以腾出位置让年轻教师有上升空间。除了易中天教授外，其他教授博导退休后基本不予返聘，劝说大家以安享晚年为主，想想这应该是非常人性化的做法。我周围的不少教授一开始不理解，总想多干几年，后来大家非常释然，如果身体不好，你有再多的成果有何用？

　　立足澳门、迈向国际的澳门科技大学，是澳门特区在澳门回归后批准创办的第一所非牟利的、以培养应用型人才为主的综合性大学。校园总占地面积约二十一万平方米，背山靠海，坐落在风景优美的澳门凼仔岛，比邻澳门国际机场和众多世界一流酒店。澳门科技大学人文艺术学院是澳门科技大学最年轻的学院，成立于2008年9月，人文艺术学院的院长，是有国际影响的著名文化学者余秋雨教授。在几年的时间里，他们秉持着"开门办院、国际平台、前店后厂、服务澳门"的四大理念，遵循"先上轨道，再上水平"的基本思路，锐意进取、跨越发展，很快就成为澳门科技大学的第三大学院。学院拥有一支来自海内外著名高等学府的知名教授和著名专家组成的教学队伍，而且在澳门地区也已经拥有很高的美誉度，展现出蓬勃的生命力和发展态势。学院有文化遗产保护、设计管理、艺术设计实践、景观设计、产品设计、室内设计、视觉传达设计、媒介文化与传播、策略传播、整合行销传播、新闻学、公共关系与广告学等十二个专业方向，拥有文学学科和艺术学学科博士学位与硕士学位授予权。

经过一番折腾后，2012年初办好到澳门科技大学人文艺术学院任教的手续，我主要教授"媒介、文化与传播专题"博士课程，这是传播学方向博士生的骨干课程。2012年4月15日，我第一次由厦门直飞澳门，一小时的航程很快就到了，机场离学校步行只有十五分钟的路程。我入住离学校半个小时车程的海擎天公寓五十一楼，公寓的对面就是广阔的大海，真正是登高望远，海阔天空，神情怡然。

澳门科技大学　　　　　　　　　　　　　　　　　　　　　　作者在大三巴

一、兼容并蓄的办学理念

澳门科技大学依托澳门多元文化兼容并蓄的独特背景，以"增进文化交流，致力人才培养，促进经济发展，推动社会进步"为宗旨，以培养高素质应用型人才为使命，制定"高起点、高标准、高速度建设一所高质量、高水平国际知名大学"的"五高"奋斗目标，努力把学校建成开放的大学、兼容并蓄的大学、国际性大学。

澳门科技大学的培养目标是实践能力强的中高级应用型人才，教育方针是多元文化下的兼容并蓄和坚持专业教育与通识教育并重。教学过程中实施上述方针的原则是：更加突出因材施教，更加重视全面培养，更加强调教书育人。不断探索有特色的办学途径，构建科学的人才培养模式。澳门科技大学倡导"和谐精业"的校园精神，为全日制学生及在职人士提供多元化的高等教育机会。经特区政府批准，大学可颁授学士、硕士、博士三个层次的学历证书，吸引了大批中国内地（大陆）与港台地区的学生前来求学，至2019年，在校本科生及硕士、博士研究生已逾七千人。

澳门科技大学有整体优化的专业设置，同内地著名学府保持密切联系，结合与来自世界各地同行的特长，择优发展强势学科，获取整体化效应，形成专业特色与整体优势。目前设有七个学院：信息科技学院、行政与管理学院、法学院、中医药学院、国际旅游学院、健康科学学院和人文艺术学院。另外还有研究生院和持续教育学院，以加强研究生教育管理和促进持续教育发展。

二、多元化师资与科研创新

澳门科技大学依据兼容并蓄的理念，依托国内外著名高等学府，力求优势教育资源的有机整合，拥有一支精英荟萃的国际化师资队伍。聘任教师中既有内地一流学府、澳门本地与港台地区学者，也有欧洲、美洲与澳洲等地学者，其中不乏经验丰富、学识渊博、造诣精湛的资深专家和知名学者，使大学洋溢着国际化的学术氛围。

人文艺术学院部分教师（右二为潘知常教授）

左四为现任院长张志庆教授

  该校不断完善校内设施，为教学和科研奠定坚实的物质基础。校园现有多座清新素雅的现代教学楼、学生活动中心、具奥林匹克水准的运动场和室内体育馆，拥有设备先进的图书馆、教学实验室、专业科研实验室和模拟法庭，目前还正在建设具有世界水平的多功能大楼，为师生创造更为良好的工作学习与生活环境。

该校努力开设新颖实用的课程体系，创导生动活泼的教学方法，在澳门高等教育界率先设置由人文社会科学、自然科学与现代技术、文学艺术等板块构成的通识教育课程体系；不断修订和完善教学计划，强调夯实基础，扩展国际视野，重视英语应用水平和实践能力的培养；注重高品位校园文化的营造，精心策划"科技大师系列讲座"及"名家讲坛"，盛邀国内外顶尖学者经常性来校作专题演讲，师生反响热烈，得到澳门社会各界的广泛赞誉。

该校创校伊始就非常重视科学研究工作，基础研究与应用研究并重，重点集中在中医保健、健康科学、中药现代化、计算器网络及通信、图形图像技术、太空探测技术等，成为澳门重要的科学研究与技术创新基地。学校设有可持续发展研究所、战略管理研究所、21世纪研究所、旅游研究所等科研机构；在澳门科技发展基金及多家国际企业的支持下，还设有智慧交通研究实验室、5G流动通信研究实验室、智能家居研究实验室等一系列服务澳门社会的实用型实验室；创建"澳门跨文化论坛"和"东西方文化研究中心"，大力弘扬澳门在全球一体化历史中的地位和作用；与中国科学院国家天文台联合筹建"月球与行星探测科学应用研究联合实验室"和"嫦娥探月卫星数据分析研究中心"，力求为澳门经济发展、社会进步及提升澳门的科技文化品位做出贡献。

复旦大学黄瑚教授来访　　　　武汉大学姚曦教授来访

该校基金会附设科大医院、澳门药物及健康应用研究所，以配合大学临床教学和科研发展，逐步发展为华南地区科、教、研资源整合的多元化医疗专科服务基地。澳门药物及健康应用研究所与中国中医科学院联合建立"中国中医科学院中药研究所澳门中心"，更好地发挥两地互补的优势，为推进中医药现代化、国际化做出贡献。澳门药物及健康应用研究所下属竞赛实验室获得 UKNEQAS(大英联合国外部质量审计计划)的2007年度能力测试的总冠军，实现四连冠。

三、开放的教学空间与国际化视野

该校还努力营造多元化、开放与和谐的校园文化，校园课余生活丰富多彩：学生活动中心的健身室、钢琴室、排演厅和多功能厅常年免费开放；学生事务处组织学生进行校外参观、考察和各类小区活动，为学生提供生活辅导与心理咨询；鼓励学生多参与社团活动，积极参加国际国内各类康体竞赛活动，多次取得令人瞩目的优异成绩，充分发挥课余活动在人才培养中的功能。

澳门的教堂

澳门的博彩大厦

澳门传统社区

  该校及社会机构为优秀学生提供奖/助学金，鼓励学生发奋图强早日成就。该校正努力把学生的国际交流打造成自身办学的特色之一，目前已与四大洲几十所大学签订合作交流协议，优秀学生有机会去美国代顿大学、圣约瑟大学、纽约理工大学、东密西根大学、西东大学、新西兰梅西大学等国外高校继续完成后两年或一年的学业，也可以申请暑假期间前往美国、加拿大、法国、澳大利亚等国家参加短期培训，或前往美国迪斯尼参加为期半年的工作实习。

  2020年疫情蔓延之后，我逐渐退出澳科大的教学活动，但该校的教学理念与人才培养的视野，已成为我宝贵的经验与财富。澳门科技大学以无比热情秉承致力人才培养、推动社会进步的使命，以培养基础扎实、实践能力强的中、高级人才为目标，充分发扬兼容并蓄、严谨求实的办学精神，努力办成有特色、有影响的国际性大学。与国内大学相比较，应该是各具特色，未来有很多互补的地方，可以在加强合作中获得共赢。

狮岛鹭岛　一生中华情

这篇小文章主要回忆一下卓南生教授和厦大新闻学茶座的轶事。

我与卓南生教授相识于2001年，至今已有二十多年的历史。我们亦师亦友，共同在新闻传播领域探索，在共同追求的事业及个人交往中，结下了深厚的友谊。特别是卓南生教授对厦门大学新闻传播教育做出的无私奉献，给我留下深刻印象。

卓南生教授曾求学于日本，就职于新加坡媒体，1989年转入学界，被东京大学新闻研究所聘为副教授。1994年起任教于日本京都龙谷大学，成为该校国际文化学院教授、新加坡《联合早报》特约评论员。

自20世纪80年代后半期开始，卓教授与中国学术界有密切的交流，常到大陆各大学讲学。现任北京大学新闻学研究会副会长兼导师、厦门大学新闻传播系等高校院系客座教授、华中科技大学新闻与信息传播学院博士生导师（兼）及中国新闻史学会名誉顾问。

一、相会厦大

卓教授与厦门大学的缘分始自1996年。当时他与夫人蔡史君教授（东南亚史学家）参加中国华侨历史学会主办、厦大南洋研究院承办的国际华侨、华人研究学术大会，当年的主题是"世纪之交的海外华人"。通过这次研讨会，结识了时任南洋研究院副院长的庄国土教授等诸多厦大师友，厦大美丽的校园和东南亚研究的深厚底蕴给他们留下深刻的印象。

1997年是香港回归祖国的重要时刻。卓教授当时虽已离开报界，但仍想全程感受这有重大历史意义的中英两国政府香港政权交接仪式，要目睹港人热情欢呼回归祖国的动人场面，于是在7月1日前夕抵达香港并办了记者证，出入于新闻发布会中心。正是这次去香港的机会，使他遇见时任香港天地图书有限公司副总编辑的孙立川。孙立川毕业于厦门大学中文系，曾获日本京都大学文学博士学位，他与我是厦大中文系的同班同学，而我当时担任厦门大学新闻传播系系主任。在这之前，我早接到孙立川的亲笔推荐信，已简略了解了卓教授的情况，很希望有机会在厦大与他进行交流。

2000年10月中旬，卓教授即将结束在北京大学国际关系学院为期一年的访学，到厦大南洋研究院访问，他委托庄国土院长与我联系，希望到新闻传播系进行交流，我们当时非常重视。在庄院长的安排下，我们有了第一次的会面，交谈甚欢，一见如故。次日，我特意为卓教授安排了一个小型交流会，召集了本系从事新闻史教学的一些老师。2001年冬天，我利用学术假，到卓教授任教的日本京都龙谷大学交流学习半年，期间双方之间有更多的交往。自2002年始，卓教授和夫人常分别为厦大新闻传播学系（院）和南洋研究院不定期开课或做学术报告，我们的联系越来越多。2003年，我系邀请中国人民大学方汉奇教授、北京广播学院赵玉明教授和卓南生教授共同来访，聘其为我系客座教授。

二、东瀛交流

龙谷大学位于日本京都，是成立于1639年的一流私立大学，同时也是全日本最古老的综合性大学，其前身为日本国京都府西本愿寺内设置的教育学塾，已经整整走过四百年的沧桑历史。因其有佛教古老背景，故其"建学精神"为"净土真宗的佛学精神"。此外，龙谷大学亦是日本国内最为著名的关西八大私立名门学府之一，学校在国际交流方面，一直都秉持坦诚开放的态度，在海内外享有良好的声誉，在中国教育部获得认证。大学建在日本人心灵中的圣都——京都府，历史感与文化底蕴深厚丰富，在佛教学和西域学等方面堪称世界一流，拥有不少全世界独一无二的珍贵文献资料。龙谷大学坚持教书育人应从心灵起源，努力使每个学生都能理解和做到"平等""自立""反省""感谢""和平"。大学依靠千年佛教圣地而设立，而大学中的文化氛围却相当的自由与开放。

龙谷大学校园　　　　　　　　　　　　　　　　　　　　　　龙谷大学办公楼

龙谷大学国际文化学部位于京都濑田校区。大学中有来自世界各国的留学生，访问学者与专家也经常来访，是整个京都府地区的大学寮中学术交流和异国学者访问数量最多的地方。我每周坐学校的班车去听卓教授的国际文化课程，积极参与各国同学之间的交流。卓教授上课时会积极引导学生融入研究主题，充分调动学生的学习积极性，给予理性的引导并提高他们的学习能力，每堂课生动活泼，给我留下深刻印象。当时开放程度还不高，这里教师却来自多个国家和地区——印度、斯里兰卡、欧洲、澳大利亚和中国台湾地区，我特别珍惜这里自由的文化思想交流。来自不同国家和地区的留学生和来自不同国家和地区的学者相聚在这个大家庭中，享受学术与传统带来的独特韵味。国家化的管理思想与自由自主化的学术氛围，使每个来到龙谷的人都可以学习到知识，增长学识。在保持传统与现代相结合的完美风格之外，龙谷大学持续不断地加强着与世界各国的交流与往来。

在我的印象中，卓教授特别热衷于与书为伍。在他位于日本的不大的寓所中，二楼放的基本都是书。在学校的办公室里，几个大书架上堆放着他多年来辛苦收集的研究资料，书架上层都顶着天花板了，退休后他把这两万多册图书搬到厦门大学。后来我悟出他是一位非常崇尚第一手资料的史学研究

卓教授在日本办公室的书架

课后师生合影

者，不至于人云亦云，这正是一流史家的本色。卓教授喜欢凭借资料说话，比如对《遐迩贯珍》的纠错。在日本全件影印《遐迩贯珍》面世前，不少学者对其研究都存在史料错误。许多学者认为这份"香港最早的中文报刊"是"一本中英合璧的刊物""中英文对照"，但究其实，除了目录和最后一期的停刊通告《〈遐迩贯珍〉告止序》是中英对照的外，其余文章都用中文。卓教授对这一问题的纠正是因为他掌握大量第一手资料，也践行他所赞同的"上穷碧落下黄泉，动手动脚找东西"的精神。

　　由于卓教授的热情推荐，闲暇时候我还积极融入社区文化，参加房东组织的每周一次的社区邻里见面会，学唱日本歌曲，交流中国饮食文化，为日本友人开办介绍中国文化的讲座，参观京都一些有名的寺庙。每年四月是日本樱花盛开的季节，我们在整片的樱花树下铺开一块塑料布，领略大自然的美景。此外，在东京、大阪、神户、奈良、横滨等地与当地华侨接触，了解他们的旅居史及生活状态，由此对日本文化有了更多的立体式感受。

日本姬路城公园赏樱　　　　　　　　　　　　　　　　　　　　　　　　　　传授包水饺技巧

三、创办茶座

　　2010年，卓教授提前从日本龙谷大学退休，搬迁至北京，以北京大学新闻学研究会和北京大学世界华文传播中心为平台，全力推动相关的新闻传播学教育、研究与出版的活动。他在北大连续举办五届"新闻史论师资培训班"（毕业学员共一百多名），不定期主办"北大新闻学茶座"。由于此前与厦大有过良好的接触，因此后来几经探讨和筹划，觉得北大模式可以在厦大参照与推行。2014年5月，在厦门大学新闻传播学院领导的支持下，厦大"新闻研究所"宣告成立，卓教授担任所长，同时举办第一期的"厦大新闻学茶座"。

　　"厦大新闻学茶座"是一个高端的学术交流平台。厦门与北京的学术资源有差距，但茶座能充分利用厦大和厦门的资源，邀请和新闻传播领域有关的专家学者，与各领域的专家直接坦诚对话、互动，从而使其提高史论素养，获得开阔的观察视野。时任新闻传播学院院长的张铭清教授在研究院成立当天就开讲其专擅的两岸问题。厦大前副校长、唐史泰斗郑学檬教授，台湾研究院前院长、台湾问题研究知名学者陈孔立教授相继做客茶座。我本人也应邀做了"中国广告史研究"的讲座。与此同时，时任厦门日报社长、总编辑李泉佃先生，《台海》杂志社总编年月女士等业界人士也到访茶座，和与会者共同分享他（她）在新闻传播事业上的实践与面对的挑战。

2018年10月31日厦门市台湾学会杨仁飞研究员讲座

　　茶座的主题并不囿于狭义的新闻学范畴，而涉及历史学、政治学、传播学、广告学、文学等多个学科领域。"厦大新闻学茶座"从2014年5月开始，至2021年5月停止，在整整七年时间里，为厦大新闻传播学院对外知名度的提高和影响力的扩大，做出重大贡献。这与卓教授的尽心与努力分不开。卓教授从主讲者人选、内容的敲定到新闻稿的撰写乃至全文的整理都指示团队精心策划和跟进。茶座的内容，除了每期以学术动态报告的方式刊载于茶座的协办单位《国际新闻界》之外，部分专题也以比较完整、扎实的内容在《世界知识》《北大新闻与传播评论》、新加坡《联合早报》《怡和世纪》等海内外园地发表，扩大影响力。每次名家讲座后，大家都为其新颖的观点所吸引，而重视互动环节的讨论是茶座的重要特色。

卓教授对厦大茶座的付出完全是无偿的，他不仅未获得厦大任何报酬，反而动用私人关系到处筹款，以弥补茶座的各种费用。我和许多老师及学生都是茶座的常客，我们不仅在茶座中获取学术营养与研究源泉，也以实际行动表示对卓教授辛勤工作的尊敬与支持。

四、一生中华情

卓教授早年毕业于新加坡南洋华侨中学，与厦大一样，其校主也是陈嘉庚先生。卓教授曾深情地说："一提起厦大，很自然地就有一种与生俱来的亲近感。这不仅因为两校的大操场一模一样，更重要的是我们有共同的校主——陈嘉庚先生和共同的校训'自强不息'！"至于后来转至华南，以厦门大学为据点，卓教授多次肯定其中重要的原因是厦门大学和他的母校新加坡南洋华侨中学有共同的校主，两校都景仰陈嘉庚精神，忠守"自强不息"校训。卓教授表示"对能在暮年之际为神州大地尽绵薄之力感到欣慰"。当看到昔日学员与学生的成长，卓教授称"倍感亲切与吾道不孤"，他对学生说"不忘初衷、年轻一代的你们已异军突起，正在加紧接棒，并迈步前进"。卓教授始终遵循陈嘉庚先生的精神与"自强不息"的校训，刻苦勤勉，是校主精神的真正传人。

卓教授长期在日本生活和工作，但一生华夏情怀不变。留日期间，就不断为新加坡报章撰写东京通讯。1973年返回新加坡，就职于《星洲日报》，负责撰写社论与国际时评，此后就一直参与主持华文报笔政。历任《星洲日报》社论委员兼执行编辑、《南洋·星洲联合早报》社论委员兼东京特派员，他发表了大量的有关日本问题的时事评论，按理说他对日本应有特殊的情感。但从他的时评中，我们深切感受到他对日本政界有特别理性和透彻的认识。如2009年9月17日，卓教授在新华社世界问题研究中心座谈会上指出："新成立的鸠山内阁会保持日本外交政策的连续性，因而中国等亚洲国家不应对鸠山内阁期待过高。"后来的事实证明果真如此。此外，一些人争论中日两国有无"蜜月期"的问题时，卓教授非常清醒地指出："日本对战前的历史不肯认错，而且变本加厉地在往回走，具体体现在教科书问题及日本领导人参拜靖国神社等问题上。亚洲人民包括中国人民对日本保持高度警惕，这是十分自然的，而且是有必要的，特别是中曾根政府、小泉政府、安倍政府，在这方面的复古色彩越来越浓厚，加之日本《和平宪法》的修改已经不是可能或不可能的问题，而是势在必行之事。一旦日本修改宪法，日本难保不成为脱缰之马，我觉得亚洲人民应该明确发出讯号，提高警惕。"卓教授是日本问题资深评论家，这些忠告产生重大影响。2018年，针对媒体抨击中国游客在日本或其他国家有一些不礼貌或不文明行为的现象，卓教授告诫媒体："今天你可以批判，也应该批判，但没有必要将之升华为国民素质与国民性的层次，否则容易掉入'大和民族优秀论'的圈套。"

  2021年4月28日，由北京大学新闻学研究会主办的卓南生教授八十华诞"学术与人生"座谈会暨北大新闻学茶座第65期，在厦门市筼筜书院学术交流中心举行。来自国内多所高校的教授、研究机构的研究人员和媒体嘉宾近四十人齐聚一堂，以新书发布和学术研讨两种特别的方式，为教授庆祝八十华诞。看到卓教授与夫人神采奕奕地接受大家的祝福，我感到由衷的高兴。作为与其相识二十多年的挚友，我在座谈会致辞中总结说卓教授身上有四种精神：第一是奉献精神。卓教授在厦门大学兼任新闻研究所所长七年，主持厦大新闻学茶座三十五场，并自筹经费。卓教授出力，出资源，帮助厦大在新闻传播学界进一步提高学术影响力，未获分文报酬。第二是学术精神。无论是做学术研究，还是撰写关于日本问题的评论，卓教授对第一手资料都特别重视。这种精神值得后辈继承与传扬。第三是育才精神。卓教授为新闻史特训班倾注大量心血，培养一大批中国新闻传播教育的教学与研究的骨干人才。几年之后，这批老师现已成为我国新闻传播教育事业的栋梁之材。第四是热爱中华文化的精神。作为海外华人学者，卓教授和夫人蔡史君教授对中华传统文化情有独钟，有深厚的感情。两位教授秉承嘉庚爱国爱乡精神，遵循自强不息校训，一起推动中国特色的新闻传播教育、中国传播史研究的发展。

在卓南生教授八十华诞庆祝会的最后，我为卓教授献诗一首：

人生八十刚起步，狮岛鹭岛情相连。
自强不息常铭记，铸史千秋泽后人。

R40

广告学科建设回顾

Review of The Construction of Advertising Disciplines

我与中国广告教育四十年
(1983—2023)

中国广告学科建设沿革

广告学科为何纳入传播学范畴

厦门大学新闻教育的历史与特色

我的广告学术生涯的三个重要阶段

"马工程"《广告学概论》编写揭秘

在中国高等教育学会广告教育分会监事会履职回顾

广告学国家一流本科专业建设密码解读

我与厦大国家级一流本科广告教师团队

大力推进"中国新闻学"教材建设

厦门大学数字化转型中的广告教育探索

公益广告的时代使命与发展

中国广告学科建设沿革

在中国,广告教育最早出现在以新闻学为名的组织中。1918年,北京大学新闻学研究会成立,这是我国第一个新闻学研究团体,广告是该团体的演讲内容之一。1920年,上海圣约翰大学设立报学系培养报业管理和新闻人才,广告学作为新闻学教育的内容之一纳入课堂教学。戈公振在《中国报学史》中提到厦门大学于1921年设立了包括报学科在内的"八科"。学者毛章清对此进行勘误指出,厦门大学新闻学部成立于1922年7月,1924年6月改为新闻学系。尽管该系在1926年停办,但其为改革开放后创办国内第一个广告学专业提供了规训传统。新中国成立前,广告教育大多纳入新闻学科系,这种规训逻辑不难理解,因为广告是报业经营的重要内容,广告是报人的日常工作,报人培养离不开广告知识的传授。

改革开放后的1983年,厦门大学创办国内第一个广告学专业,迈出新中国成立后我国广告学专业建设的第一步,为高校设置广告学专业提供示范与经验。这是中国当代广告史上的重大事件之一,标志着中国广告学学科建制的开始。厦门大学的广告学教学体系是许多高校设置广告学专业的基本模式。

1987年,原国家教委进行"文革"后的第一次专业目录修订,广告学被列入"试办"专业名单。从国家层面来说,广告学作为专业是否合适还得经历更长时间的观察,国内其他高校同样对兴办广告学专业抱有疑虑。1988年,北京广播学院开设国内第二个广告学专业。1990年,深圳大学成为国内第三个设置广告学专业的高校。在各类学科资源极度匮乏的情况下，这三所高校为广告学专业建设所做的巨大努力为中国广告学奉献了"敢为人先"的学科精神。面对当时行业人才的巨大缺口，广告学专业教育规模远远不够，新的广告教育模式出现。在此期间，长春广播电视大学和中国广告协会举办过广告函授教育，开辟了广告学教育的函授模式；暨南大学举办过"广告人员培训班"和广告学成人教育项目。

国家教委在1993年第二次修订专业目录时将广告学列为正式专业。修订"文科专业目录"时，专家多方论证拟于八大类学科中净减三分之一专业，却在新闻大类下增加"广告学专业"，把个别学校设置的"专业方向"上升为"专业"，这是很有远见的正确决定。

1997年国家第三次修订专业目录，又一次大规模削减专业目录时，却把新闻类从文学中独立出来，以"新闻传播类"的名称升格为一级学科并保留广告学专业，广告学被列为新闻传播学下归属于传播学的三级学科，这表明该传统得到官方确认。1990年，国务院学位委员会第九次会议通过《授予博士、硕士学位和培养研究生学科、专业目录》。其中，新闻学被列入文学门类所属一级学科中国语言文学下的二级学科。随着改革开放后新闻事业的蓬勃发展，新闻学教育与研究快速推进，"二级学科"的地位严重制约了新闻学的发展。在方汉奇、赵土明和丁淦林等老一辈新闻学专家的呼吁和论证下，国务院学位委员会于1997年正式将新闻传播学列为一级学科，下设新闻学、传播学两个二级学科。这在新闻学学科发展史上有里程碑意义，为新闻传播学在整个学术界赢得新的身份证明，为学科发展赢得广阔空间。在此过程中，广告学被列为新闻传播学领域中归属于传播学的三级学科之一。从此，广告学具备了官方确认的学科归属，这在一定程度上削弱了"广告无学"的论调。遗憾的是广告学的交叉属性未体现出来。

尽管如此，在学科发展过程中，学界对广告学学科性质的讨论一直没停止过。讨论的原因主要是"官方确认"无法体现广告学交叉性的学科特点。讨论在一定程度上也夹杂着学界提高广告学学科地位的诉求。广告学学界普遍认同广告学是综合性、交叉性的边缘学科，是以传播学、营销学、心理学等学科原理为理论基础，以市场观念为导向，通过科技手段和科学化作业达到预期信息传播目的的学科体系。广告学应隶属于传播学的范畴。广告学是西学东渐的产物，中国广告学移植了美国广告学的学科体系。国内成立的首个广告学专业设置在厦门大学的新闻传播系。其后，国内成立的绝大多数广告学专业都沿袭了这一传统。随着探讨的深入，绝大多数人对广告是信息传播的本质特征深信不疑，认定传播学是广告学研究最重要的理论基础，广告学应纳入传播学的研究范畴。这种认识也被国家主管部门认同。据中国广告协会学术委员会1997年调查结果显示，我国的广告学专业不仅设在综合性大学、商学院、新闻学院、广播电视类学院，农林学院、师范学院、印刷学院、民族学院也有，几乎所有类型的院校都对广告学这一新兴的专业产生极大的兴趣。其中，设在新闻院系的广告学专业所占比例最高。这些充分说明，把广告学纳入传播学的研究范畴的认识居大多数。

此后，创办广告学专业的高校越来越多，广告学已成为国内高校设置最多的新兴专业。广告学教育层次在此一时期也实现从专科教育到博士生培养的整体覆盖。此外，北京联合大学和北京广播学院在此时期还建立"广告学院"的行政建制。官方三级学科地位的确立对中国广告学学科发展的影响广泛而深远。广告学界对此的主流看法是广告学的学科地位不高，三级学科的地位是限制广告学学科发展最主要的制度因素。

随之，新闻传播学一级学科博士点建设启动。中国人民大学、复旦大学和中国传媒大学三所高校于2000年获批新闻传播学一级学科博士授权点，武汉大学（2003）、华中科技大学（2005）和清华大学（2006）紧随其后。此后，新闻传播学一级学科博士点建设加速推展。到2010年，共有以厦门大学和浙江大学为代表的九个博士授权点获批。截至2020年，全国共有三十二个新闻传播学一级学科博士授权点。上世纪末，新闻传播学一级学科下只有新闻学、广播电视新闻、广告学和编辑出版等四个本科专业。如今，新闻传播学又增加了传播学、网络与新媒体、数字出版、时尚传播、国际新闻与传播、会展等六个本科专业。从学科博弈层面而言，网络与新媒体专业对广告学专业的冲击最大。

国家级基金课题是我国级别最高的科研项目。其中，1994年我本人的"我国电视广告社会效益及其改进对策研究"是国内最早的广告学国家社科基金课题；颜景毅在1996年立项的"广告传播及其文化效应"是最早获批的广告学国家社科青年项目；赵惠霞2004年主持的"广告创作与传播中的审美规律研究"是最早的广告学国家社科西部项目；此一时期，国家社科基金项目中还包含在语言学（一项）、哲学（一项）、统计学（一项）和工商管理（两项）等学科下立项的广告课题。另外，此时期还有两项与广告学密切相关的国家自然科学基金项目，它们是上海财经大学张娥2006年主持的"关键字广告位定价策略及其优化研究"和中国科技大学苟清龙2009年主持的"典型合作广告中的契约问题研究"。2013年，我获批广告学国家社科第一个重点课题"中国广告教育三十年研究（1983-2013）"。国家课题的申报指南和立项类型是体制内学者不得不了解的知识导向。立项的广告学国家课题代表着国家层面对广告知识的需求和要求，体现国家主体对广告学术研究的规训。

八十年代以后，广告专业期刊《中国广告》《国际广告》和《广告人》相继创刊，广告学领域开始有了专业发文平台。这些期刊为此一时期广告知识的传播发挥了重要作用。在行业组织方面，对外经济贸易广告协会和中国广告协会先后于1981年和1983年成立。两个行业组织作为"无形学院"做出自己的贡献，特别是在对外广告交流方面。中国广告学学科制度在1994—2009年间逐步成形。

但中国广告学学科制度建设在2010—2020年间出现一些不利迹象。截至2020年，全国共有三十二个新闻传播学一级学科博士授权点。理论上，这些博士点都可以招收广告学方向的博士生，但基于学科制度建设的疲软和广告就业前景出现的颓势，广告学研究领域出现人才青黄不接的现象。此一时期设置广告学专业的高校总数出现下滑。2013年，武汉体育学院首先撤销广告学专业，此一时期共十二所高校撤销广告学专业。新闻传播学内部则在原有的四个本科专业基础上新增六个，其中"网络与新媒体"是最接近广告学的新专业。近年来，中国高校学科资源大都朝着建设"一流学科"和"一流专业"的方向流动，科研指标的权重大于教学指标，这是重应用重教学的广告学学科需要面对的新挑战。目前，广告学类期刊尚未有一本被北大核心和南大C刊收录，这是中国广告学学科制度建设的一大遗憾。

进入2010—2020年，中国广告学教育与广告学研究均出现一些后劲乏力的信号。在数据与技术主导的新媒体时代，中国广告学需要重建共识，这一任务涉及"为广告再正名""为广告学再正名"和"为广告学研究正名"等命题。与此同时，我们也能看到不少反映广告学学科精神重新走向开放的积极信号，如一些国内高校在数字广告、计算广告、广告产业研究和发展广告学等诸多方面进行的理论与实践探索。

广告学科为何纳入传播学范畴

1983年，厦门大学新闻传播系创办国内第一个广告学专业，迈出新中国成立后我国广告专业建设第一步，为高校设置广告学专业提供示范与经验。

从学科的归属来看，广告学专业一直定位在传播学的范畴。我国曾分别在1987年、1993年和1997年修订本科专业目录，广告学完成从"试办"到"正式专业"的演进。受此影响，我国于上世纪九十年代中期前后迎来第一次广告学专业办学高峰，在新世纪前后又迎来第二次广告学专业办学高峰。1987年，原国家教委实行"文革"后的第一次专业目录修订，广告学以"试办"专业身份首次进入国家的专业目录。1993年，国家第二次修订专业目录，广告学成为"正式"专业，由此迎来国内广告学专业办学的第一个高峰。国务院学位委员会在1997年将新闻传播学正式列为一级学科，下设新闻学、传播学两个二级学科。1998年7月国家颁布新的学科目录调整方案，广告学被列为新闻传播学领域中归属于传播学的三级学科之一，这表明该专业得到官方确认。

截至1993年，创办广告学专业的高校达到15所。1983年厦门大学创办国内第一个广告学专业后，1988年，北京广播学院新闻系开设国内第二家广告学专业。紧随其后的是1990年深圳大学大众传播系设置广告学专业。除上述三所高校外，其余十二所分别是上海师范大学、浙江广播电视高等专科学校、南昌大学、四川大学、武汉大学、杭州大学、北京大学、广西大学、广西艺术学院、河北大学、南京大学和天津师范大学。除广西艺术学院的广告学设置在设计系外，其余都设置于新闻系或传播系。此后也存在将广告学专业设置于其他学科体系的情况，如南京财经大学的广告学专业设置于营销与物流管理学院，但这属于个例。广告学从属传播学的建制在此一时期完成历史使命。我国广告教育开始走上高层次、正规化教育的轨道。

广告的本质是信息传播活动。随着探讨的深入，绝大多数人对广告是信息传播的本质特征深信不疑，认定传播学是广告学研究的最重要的理论基础，广告学应纳入传播学的研究范畴。据中国广告协会学术委员会1997年调查结果显示，我国的广告学专业不仅设在综合性大学、商学院、新闻学院、广播电视类学院，文学院、师范学院、印刷学院、民族学院也有，几乎所有类型的院校都对广告学这一新兴的专业产生极大的兴趣。其中，设在新闻院系的比例最高（占44.8%）。这些充分说明，把广告纳入传播学研究范畴的认知居大多数。所以，普遍意义上讲，广告学的上一级学科应该是传播学。广告的信息传播内涵对学科建构具有极大的影响，主要有以下几点：

1. 对"社会广告"起源问题的影响

广告起源问题影响广告理论的发展和对广告规律的认识。广告的起源应是社会广告，原始的信息传播（社会广告）在社会发展中发挥重要的作用。经济广告是在社会广告之后，随着人类文明的发展而发展的。从传播学角度研究广告，就必须承认"社会广告"是广告的起源。如果说社会广告是与人类生存、生活紧密相关的信息的传递，那么经济广告或商品广告一定在社会广告之后产生。

研究社会广告的历史起源，必然要追溯人类信息传播的起源。凡按照现代广告模式操作和发布的信息传播活动，不论以商业为目的，还是以非商业为目的，都属于广告学研究的范畴。

2. 辨证看待公益广告与商业广告的关系

广义广告包含商业广告和公益公告，狭义广告讲的就是商业广告。公益广告是不以营利为目的的广告活动，其主题具有社会性、现实性与号召性。在传播学的框架下，公益广告也是广告的一个类别。公益广告本身就是从商业广告中延伸出来的，其宗旨和目的跟商业广告有所不同，但运行机理是一样的，公益广告也需要费用，也需要扩大影响，只不过其目的是宣传公共利益、公益价值。

3. 科学理解广告定义的宽泛性问题

定义概念是研究的逻辑起点。对广告的理解，直接决定广告史研究的学术立场及价值偏向。广告的概念本身亦是广告理论的核心。何谓广告？比较公认的观点是：广告的英文"Advertising"，源于拉丁文"Advertere"，意为唤起大众对事物的注意，并将大众诱导到特定方向上。不过，在广告学的研究中，一直有两种观点在左右对广告的认知：一种观点认为，广告是商品生产和商品交换的产物；另一种观点认为，广告是人类有目的的信息交流的必然产物。前者主要研究商品广告，即狭义广告；后者认为，除了研究商品广告，还应研究社会广告，即广义广告。目前来看，很多研究者都接受了广义广告的概念，即认为广告应该包括社会广告和经济广告，广义广告的概念也逐渐成为学界比较主流的观点。

4. 确定传播学作为广告学的基础理论

广告学与传播学、营销学、社会学、心理学、艺术学都有关系，但真正作为最核心的基础理论应该是传播学原理。市场营销学在广告学中也很重要，但市场只是广告运用的场所，并不代表广告学的整体含义。传播学研究信息社会中所有信息的传播过程和效果，广告是直接创造和提供信息的部门，在某种意义上它是"出售"信息。因此，广告学只有建立在传播学的理论基础上，才有广阔的发展前景，这也是广告学研究的正确途径。

厦门大学广告理论研究与广告史研究，正是基于传播学理论的指导，以传播学原理架构广告学的基础研究，以社会广告起源奠定广告学研究的历史基石，为我国的广告学研究开辟了科学的研究之路。

我本人于1987年8月在厦门大学出版社出版的《广告原理与方法》是改革开放后最早出版的广告学著作之一。毫无疑问，该书是国内第一本从传播学原理研究广告的理论著作，颠覆了传统的市场学框架下的广告研究模式，也是广告理论本土化的早期成果，由此奠定了中国广告理论研究的科学基础。书中提出以信息传播为主线贯串广告原理的观点。该书以传播学理论为主线，较全面地论述了广告的原则和规律，阐述了广告运作的一般程序与基本规律，奠定了国内以传播学原理研究广告的理论框架。《广告原理与方法》出版后，成为中国广告人的案头书，不仅扩大了厦门大学广告学专业的影响，而且影响了国内众多高校的广告理论教学，很快被众多高校选为专业教材。该书在厦门大学出版社历经三十多年仍畅销不衰，其间经过两次修订重新出版。此理论架构无疑把公益广告纳入广告传播研究的范畴，有别于仅以市场学框架研究广告的模式，首次使公益广告有了坚实的理论依托，并获得2004年教育部主编的"普通高等教育十五国家级规划教材"的认可；融入与时俱进的资料与创新内容的新编《广告学概论》由高等教育出版社出版，更获得2018年4月出版的国家"马克思主义理论研究和建设"工程重点教材《广告学概论》的共识并被采用，被学界认为具备"权威性与学术性的统一""全面性与前瞻性的统一""严谨性与可读性的统一""编排形式与教学目的的统一"。

其次是中国物价出版社1997年1月出版的《中外广告史》一书。

如果说国内第一本从传播学原理研究广告的理论著作《广告原理与方法》，奠定了从传播学原理研究广告的理论框架，那么被认为新中国成立后第一本较系统的广告史书——《中外广告史》则为我国广告史的研究奠定了坚实的基础，大大扩展了广告学研究的深度，在一个侧面使广告学科的发展更为全面与稳固。这本磨砺了十四年的著作，客观展示了从原始社会到鸦片战争、鸦片战争到新中国成立前夕和新中国成立以来的广告历史进程，反映了中国广告业发生、发展、变化的基本脉络。它使广告学科在理论、业务研究上注入史的内涵，显得更加完整与全面，广告史的研究为广告理论的研究奠定了坚实的基础。广告史结合了人类文化史、传播史、文学、哲学、宗教、美术、经济等方面包含的各种知识和所反映的各种思想，在一定程度上为广告学与其他学科的综合交叉创造了有利条件。该书在国内首次把"社会广告"

定为中国广告的起源,而社会广告与公益广告有密切的联系,许多社会广告的内容就是早期的公益广告,由此把以商业广告为主的中国广告起源提前了近千年。此书被学界评论为"我国第一本成形的广告史专著""中国大陆解放后第一本较系统的广告史书",被国内百所以上高校作为研究生、本科及大专的教材使用,获得福建省社科优秀成果二等奖。

1987年8月版《广告原理与方法》　　　　　　　　1997年1月版《中外广告史》

由上可知,把广告学科纳入传播学研究框架这一思路,已经在实践中得到应用与验证,它不仅是理论与现实的需要,而且体现广告学研究的科学与健康的内在发展逻辑。

厦门大学新闻教育的历史与特色

厦门大学在传播教育方面创立了多个学科建设的"第一",其开罗精神值得不断发扬光大。

一、"中国人创办的第一个新闻学科"

厦门大学于1921年4月6日由陈嘉庚创办。厦门大学新闻学科,在1922年5月之前就开始筹备成立。1922年7月,厦门大学增设"新闻学部"。这意味着厦门大学新闻学科的正式创立。然而,命途多舛。1923年4月,厦门大学经历了第一次的学科调整,新闻学部改称"新闻科",主任是孙贵定。时隔不久,厦门大学面临第二次的学科调整,新闻科改称为"新闻学系",是年为1924年6月。可惜好景不长,1926年1月,厦门大学第三次学科调整不期而至,新闻学系宣布停办。这次学科调整,对厦门大学的新闻教育来说是一次致命的打击,厦门大学新闻学科就这样夭折。

尽管坎坎坷坷,但厦门大学建设新闻学科的举措还是引起新闻界的广泛关注。早在1923年5月10日,上海《民国日报》刊登了消息《厦门大学组织新闻科》,报道云,"厦门大学,开办迄今,已二载于兹,成绩斐然。该校对于新闻学科,尤为注意,现正着手进行,不遗余力。"

厦门大学新闻学科从创办到停办,先后一共招生三次,至少应有七人就读。这"七君子"的姓名与籍贯分别如下:杨载峋,江苏南通籍;赵英毓,浙江诸暨籍；张国权，浙江瑞安籍；张问仁，福建永定籍；曾解，广东蕉岭籍；刘国材，广东蕉岭籍；周尚，江苏昆山籍。从籍贯来看，由于考点设置的原因和招生广告的影响，新闻学科的同学主要来自浙江、江苏和广东等省。

厦门大学新闻学科的停办，与学潮有直接的联系。1924年5月，厦门大学爆发第一次学潮。这次学潮，对厦门大学新闻学科的冲击非常之大。学潮发生后，新闻科的七位同学，有四位转入大夏大学。这四位同学分别是曾解、刘国材、周尚和赵英毓。至于张国权、张问仁，还有杨载崤三位，下落不明，也许辍学，也许转学。学潮结束后，厦门大学新闻学科已经名存实亡。此后，再也没有招生。

厦门大学新闻学科的学生，除了积极参加学潮并离校退学之外，还有一个令人吃惊的举措，就是1923年5月设立"厦门大学新闻科同学会"并发表宣言，声称"爱集斯会，冀能集思广益，竟研究之功，协力合作，举改革之效"，"以期发展和改良将来新闻事业"。

中国的新闻教育滥觞于北京大学。1917年，北京大学开风气之先，为文科学生开设新闻学选修课。1918年，北京大学新闻学研究会成立。这是中国历史上的第一个新闻学研究社团。但是，这并非正规的新闻教育。

1920年9月上海圣约翰大学设立报学系。这是中国高等院校正规的新闻教育的开端。但是，早在1941年，就有学者尖锐地指出："圣约翰大学作为老牌的教会大学，其新闻教育沿用了美国的新闻教育模式，这实际上是美国密苏里大学新闻学院的一个分支。"真是一针见血，入木三分！

1922年7月，厦门大学新闻学部的设立，揭开了中国人创办新闻学科的序幕。

中国人创办的新闻学科，从无到有，厦门大学走出坚实的可喜的第一步。在中国新闻教育史上，厦门大学的举措，对中国人自己从事新闻教育来说，无论从观念上，还是从实践上，都有深远的意义。历史是公正的，新闻学界对此的评价是，"这是中国人自己开办的第一个高等新闻教育单位""这是中国人最早创办的大学新闻系""这是国人自己创办起来的第一个新闻学科"。

作为历史的见证人，1922年求学于厦门大学新闻科的周尚，在1998年撰文《我在厦大新闻科》，文中也说："中国的学校新闻教育……中国人自办的，厦大该翘大拇指。"

如今新闻传播是热门专业，热门学科。新闻传播学科在中国如雨后春笋，遍地开花，结出累累硕果。但是，"中国人创办的第一个新闻学科"，这顶桂冠，这份美誉，不经意间花落厦门大学。

二、中国高等院校的第一个"新闻传播系"

"新闻传播"，这是一个十分流行，也非常有"中国特色"的词。至于何人创造，何时流传已经无从也不必考究。自20世纪90年代初期开始，中国的高等院校的院、系、所，纷纷冠之以"新闻传播"的，有如过江之鲫。夫子有云，名不正则言不顺，言不顺则事不成。考究其名称之由来，中国大陆高等院校中第一个冠之以"新闻传播系"的，当属厦门大学！

1979年，那个乍暖还寒的冬季。香港《大公报》老报人，厦门大学校友刘季伯先生向母校领导提出"恢复新闻系，最好办传播系"的主张。这个倡议得到学校领导的重视与支持。于是，上海《文汇报》老报人徐铸成、香港著名传播学者余也鲁先生，还有刘季伯先生，这三位新闻传播界的"大佬"，为厦门大学新闻教育的恢复和创办出谋划策，悉心指导，说其呕心沥血，实不为过。在他们的关心和各方面的支持下，中国大陆高等院校第一个"新闻传播系"就这样出世。

新闻与传播的结合，在当时不过是权宜之计，是为了方便起见。这种称谓，恐怕在世界也属首例。因为英语世界中的新闻与传播，泾渭分明，不易混淆。没想到后来却如胶似漆，最终约定俗成，难分彼此了。事实上，如果琢磨"厦门大学新闻传播系"这一概念二十年来的英文翻译"the Department of Journalism and Communication of Xiamen University"，就知道其实专指"新闻学系"和"传播学系"。这是一个错误的翻译，当然是一个美丽的错误。在当时视西方一切社会科学、人文学科为"精神污染"的时代背景下，我们可以体察出倡议者和创办人当时的那份良苦的用心！

常言道，不破不立。厦门大学大胆打破传统的新闻教育模式，毅然引进国外先进的传播学、广告学和公共关系学等新兴学科，这在当时可以说是新闻教育理念的变革。1983年6月，厦门大学新闻传播系创办我国第一个广告学专业，上海《文汇报》报道称"厦门大学新闻传播系开设的广告学专业，是我国高等院校中首创的新专业"，国际新闻学专业的开办又被新华社《对外参考》称为"填补了我国高等教育文科的一项空白，在我党对外宣传史上是首创的事业"，一时间，厦门大学新闻传播系的发展备受新闻界、广告界瞩目。厦门大学新闻教育传统的恢复与创新，在中国的新闻教育历程上写下重重的一笔。

"大风起于青蘋之末"，1997年，国务院学科委员会把新闻传播学升为一级学科，确定新闻学和传播学为新闻传播学下属的两个二级学科。这是社会发展的需要，也是观念更新的结果——传播学终于登堂入室。于是，"忽如一夜春风来，千树万树梨花开"，中国高等院校的新闻传播院、系、所纷纷成立，新闻传播的概念深入人心，而"传播学"俨然成为显学！历史也真会捉弄人。厦门大学当年的无奈之举，不想在今天却使其成为"第一个吃螃蟹的人"。

三、"华夏传播研究"的拓荒之旅

当前我国传播学研究的显著特点是：两个支点，一个方向。这两个研究支点分别是：在引进、吸收和借鉴西方传播学理论的基础上，或立足于现代传播的研究，或致力于华夏传播的研究，即对中国传统社会中的传播活动与传播观念的发掘、整理和扬弃；共同方向就是，建设传播学中华学派，使其与美国学派、欧洲学派三足鼎立，争鸣媲美。

厦门大学不但是现代传播研究的重镇，也是华夏传播研究的堡垒。众所周知，在应用传播学——尤其是广告学与公共关系学的教学和研究方面，厦门大学新闻传播系在国内同行中名列前茅，享有盛誉。1997年，在中国广告协会做的全国广告学专业专项调查中，厦大广告学专业在我国广告界和广告教育界的知名度与美誉度荣获全部四个第一的荣誉。2002年，"新世纪中国大学生（文科学士）毕业论文精选精评"活动中的"新闻学卷"选入二十三篇优秀毕业论文，其中厦门大学新闻传播系毕业生的论文有七篇之多，约占三分之一，在全国二十二所重点供稿高校中独占鳌头。所有种种，都是对厦门大学新闻传播系的肯定，是鼓励，也是鞭策。

华夏传播研究，源于20世纪70年代。耐人寻味的是，最初倡议发掘和整理中国传统文化中的传播文化遗产的，是享有"传播学鼻祖""传播学集大成者"美称的美国传播学者施拉姆。1978年，"中国文化与传统中传的理论与实际的探索"学术会议分别在香港与台北召开。以后，华夏传播研究领域得以拓展。1993年，中国大陆开展有计划有组织的华夏传播研究。这一年5月，厦门大学召开"首届海峡两岸中国传统文化中传的探索座谈会"。这次会议的不同寻常之处在于，大陆、香港、台湾的新闻学、传播学、历史学、人类学、社会学、经济学、语言学和民俗学等学科的专家学者共聚一堂，商讨有关华夏传播研究的学术问题。1994年，出版了会议的论文集《从零开始》。这是中国传播学研究发展道路上一次具有里程碑性质的会议。从此，厦门大学开始了华夏传播研究在中国大陆的拓荒之旅。

厦门大学新闻传播系与厦门大学传播研究所则是中国大陆有计划有组织进行华夏传播研究这次拓荒之旅的组织者、先锋队。1993年召开的厦门大学会议各方达成共识，议定出版中国第一部有关华夏传播研究的概论性著作——《中国传统文化中的传播》。在新闻传播系与传播研究所的组织协调下，孙旭培主编定名的著作《华夏传播论》于1997年由人民出版社出版。这是大陆、香港、台湾学人携手合作的结果，是跨学科的、开创性的探索成果，一经出版，反响很大。该书首次在论著题目中使用"华夏传播"一词，这是一个重要的学术术语，意义重大。从今往后，与"中国传统社会中的传播活动与传播观念"有关的表述有了统一规范、简洁明确的术语——华夏传播，与"中国传统社会中的传播活动与传播观念的发掘、整理和扬弃"有关的学术活动顺理成章地被统称为"华夏传播研究"。

然而,厦门大学"华夏传播研究"的拓荒之旅并未停止前进的脚步。紧接着,2001年,厦门大学新闻传播系与厦门大学传播研究所又推出"华夏传播研究丛书"的首批成果。"华夏传播研究丛书"计划酝酿于1993年在厦门大学召开的"海峡两岸中国传统文化中传的探索座谈会",1995年正式形成"中国传播研究资助项目"方案,通过《新闻与传播研究》刊物,向国内新闻传播和文史学者招标。先后两次立项,计有"五史六论"十一个项目。这样一个深远的研究项目,是由香港传播学者余也鲁发起,厦门大学传播研究所名誉所长郑学檬教授任主编,具体由厦门大学传播研究所组织实施。首批成果有黄鸣奋的《说服君主——中国古代的讽谏传播》、李国正的《汉字解析和信息传播》、郑学檬的《传在史中——中国传统社会传播史料初编》三部著作,2001年由文化艺术出版社出版。这是非常具有学术意义和时代意义的项目。

华夏传播文化,这是一份沉甸甸的文化遗产;华夏传播研究,这是一项有学术意义和时代特色的研究。厦门大学义无反顾地担当起中国华夏传播研究的拓荒者的角色。这是一条异常艰辛默默探索的道路,这是一项投入产出不成比例的带有悲壮色彩的事业。所幸的是越来越多的有识之士认识到"华夏传播研究"的重要性,逐渐地加入拓荒者队伍中,声音也越来越大。

四、把种子埋在地里

中国人创办的第一个新闻学科……

中国高等院校的第一个"新闻传播系"……

中国高等院校的第一个广告学专业……

中国传播学"华夏传播研究"的拓荒者……

厦门大学把一粒一粒的种子,埋在广袤而肥沃的高教园地,生根发芽,开花结果;厦门大学的新闻教育,有昙花一现时的美丽,也有凤凰涅槃式的新生。

"此间曾着星星火,到处皆闻殷殷雷"。时至今日,人们已经很难拒绝这样一种说法,厦门大学的新闻教育与开拓创新、与时俱进的时代精神相一致,无论是站在历史还是现实的高度,都是如此。

厦门大学的新闻教育,不应有"吾行太远,孑然失其侣"的感慨,恰恰相反,当时时以"天行健,君子当自强不息"相砥砺,因为,"鉴古以知今",昨日的辉煌并不代表今日的成就。

(本文与毛章清合作)

我的广告学术生涯的
三个重要阶段

1983年，我参与创办中国高校中的第一个广告学专业。四十年来，我在广告教育领域不断耕耘，为中国广告理论建设做出辛勤的努力。本文想通过三个阶段的三本代表性著作：《广告原理与方法》《中外广告史》和《创意产业与中国广告业》来谈谈自己广告学术思想的形成与确定过程。

一、奠定传播学研究框架：《广告原理与方法》

80年代初，曾被讥为资本主义工具的广告在中国大陆冲破"冻土"，在市场经济的怀抱中开始孕育壮大，呼唤人才培养的摇篮。1983年6月，厦门大学在恢复组建的新闻传播系中首创广告学专业。参与创办的人员都怀着对广告教育的彷徨与憧憬，开始了艰难的跋涉。厦门大学决定创立广告学专业之初，我正任教于厦门大学中文系，研究当时最为热门的现代文学。多年之后，我以一句"书生意气，挥斥方遒"来概括当初毅然决然踏出的从中文到广告的那一步。

那一年，中国第一个广告学专业成立，本人首任广告学教研室主任。受任之时，一无师资，二无教材，三无课程设置模式。我们面对的是一张白纸，但我们没有退缩。没有师资，可以培养，可以在实践中锻炼；没有课程设置模式，可以慢慢在借鉴中摸索；但是结合中国实际，紧跟时代步伐的教材，却必须由中国广告学者亲自拿出来。

1966年的历史动荡几乎将原先就不成熟的广告学资料破坏殆尽，所以重新创办广告专业可以凭借的资料很少。当时除了上海《文汇报》老报人徐铸成、香港著名传播学者余也鲁先生和刘季伯先生这三位新闻传播界的老前辈为厦门大学新闻教育的恢复和创办出谋划策外，其他一切都得由自己摸索。在那种"知识与经济都相对贫困的年代"，我自己最重要的武器是笔和稿纸，当时把散见于报刊中的粗浅的豆腐干式的有关广告的见解，不厌其烦地一一摘抄。有一段时间我上北京，下广州，转杭州、上海……只要能够接触到广告资料的地方，都一一走过。在酷热中四处奔波，埋头于各地图书馆。有时稍有收获，便激动不已，遍访当时已小有知名度的广告界人士及有关广告单位，获取大量第一手资料。

为了得到更为权威、系统的资料，1986年9月至1987年1月，我到香港中文大学进修传播学、广告学、公共关系学，融合港台有限的广告书籍及自己对广告的初步认识，历时三年（1984—1987年），我终于捧出《广告原理与方法》的初稿。

就是这么一本《广告原理与方法》，成为国内第一本从传播学原理研究广告的理论著作，也是广告理论本土化的早期成果。书中提出以信息传播为主线贯串广告原理，以传播学理论为主线，全面地论述广告的原则和规律，阐述了广告运作的一般程序与基本规律，在国内奠定了以传播学原理研究广告的理论框架。

《广告原理与方法》1987年顺利出版后，很快被国内众多高校选为专业教材。至2003年止，一共印刷六次，发行四万多册。此书的出版，扩大了厦门大学广告学专业的影响，为国内众多高校所使用。

以《广告原理与方法》为理论范本，融入与时俱进的资料与创新内容，改编而成的《广告学概论》于2004年由高等教育出版社出版，这是全国广告学科第一套国家十五规划系列教材中的第一本著作，也是广告学专业第一本国家级教材，至今仍被学界认为具备"权威性与学术性的统一""全面性与前瞻性的统一""严谨性与可读性的统一""编排形式与教学目的的统一"。

二、开启社会广告研究起源：《中外广告史》

1987年的《广告原理与方法》的最后一部分附了六万多字的广告史方面的教材。我的学科背景是中文，深知传统文化是对人类的伟大贡献，我认为，把广告作为一门艺术，其发展植根于中华民族传统文化的深厚土壤。独具特色的语言文字，浩如烟海的文化典籍，嘉惠世界的科技工艺，精彩纷呈的文学艺术，充满智慧的哲学宗教，完备深刻的道德伦理，共同构成了中国传统文化的基本内容。

在历史脉络中，广告史能把广告作为艺术植根于民族传统文化，串起一颗颗灿烂文化的种子，它又与人类文化史、传播史、文学、哲学、宗教、美术、经济等方面包含的各种知识和所反映的各种思想充分结合，为广告学与其他学科的综合交叉创造了有利条件。

基于这样的认识，为了广告教育的良性发展，使广告学科在理论、业务研究拥有史的内涵，显得更加完整与全面，我开始有意识地收集广告史方面的资料，结合广告理论课程讲授给学生听。

但是，广告学是新兴的学科，在中国大陆也只是这二十多年来才发展起来，广告史的研究与教学更是遭遇巨大困难。中外广告发展了几千年，一定曾有过许多曲折、飞越、经验、妙论，可惜广告史料人都淹没在史料的海洋中，研究起来难度很大。而由于看不到广告的来路，处于纷纭的广告发展进程中的当代广告人，又往往对广告的未来感到茫然。

出于严谨，我一直踌躇，不能下笔开始写这一部著作。所以，在《广告原理与方法》上附上六万字的广告史学材料后的十年里，我一直没有撰写我的广告史。

直到1996年，在"龙媒选书"策划人徐智明的促动下，最终才完成"中国大陆解放后第一本较系统的广告史书——《中外广告史》，该书在1997年1月由中国物价出版社出版。《中外广告史》从历史角度，以历史唯物主义的观点，把广告传播手段的变化融入社会经济发展的背景中，拓展了学科的视野。从不同历史阶段社会经济发展的特点入手,找出其原因,再分析传播手段的变化、创意策略的发展及营销思想的演进。在这个基础上,全面看待人类传播的历史。从传播这个视角来了解华夏文明自成体系的编织过程,从原始的人际传播到间接的工具传播、超个人的组织传播、简单的大众传播、现代化的网络传播,把广告史列入传播史的研究范畴,从侧面夯实了广告学术研究的基础,使广告学科的发展更为稳固。

该书采用历史唯物主义观点,客观地展示了从原始社会到鸦片战争、鸦片战争到新中国成立前夕和新中国成立以来的广告历史进程,反映了中国广告业发生、发展、变化的基本脉络。广告史的研究为广告理论的研究奠定了坚实的基础。以不同国家、地区的社会经济发展为主线,以不同历史阶段的传播手段变化为依托,结合史论,丰富了课程的教学内容。

这本书的出版填补了国内学术界的空白,充分注意了学术研究静态与动态的结合、重点与一般的结合、传统学术型与应用型的结合,被誉为"我国第一本成形的广告史专著""中国大陆解放后第一本较系统的广告史书",其学术水准目前还无人超过,专著已出至二版六次印刷,被国内几十所高校作为研究生、本科及大专的教材使用。因为这些影响,这本书获得福建省社科优秀成果二等奖。

《广告原理与方法》奠定了从传播学原理研究广告的理论框架,《中外广告史》则为我国广告史的研究奠定了坚实的基础,大大扩展了广告学研究的深度。

三、积极倡导广告业转型升级:《创意产业与中国广告业》

随着社会的发展、科技的进步,人类社会迎来以数字媒体为标志的现代传播方式和以文化艺术为主的创意经济。在当今世界,创意产业已不再仅仅是理念,而是有巨大经济效益的直接现实。

广告业其实就是创意产业的一部分,二者内在的特性相似,只不过广告业的形成和发展比创意产业早,结构和内容也相对简单。创意产业是更高一层的创意市场，其影响渗透至社会的各个角落，带来的经济效益也更为可观。

但是，在我国大力提倡发展文化创意产业的洪流中，从有关政策到学者研究，人们将创意产业主要定义为动漫、影视、网游、工业设计、会展等，而少提及广告，甚至有人认为"中国目前还没有创意产业"。作为中国广告最早的学者之一，当时又兼任着中国广告协会学术委员会主任、中国广告教育研究会会长，我一直密切关注着中国广告业的发展，恳切希望广告业能在创意经济时代发挥出应有的作用，拥有更为光明、辉煌的明天。对于广告在创意经济时代的失语状况，我感到深深的窒息。

不过，在这样的失语状态中我并未保持沉默，而是不断寻找机会，坚定不移地捍卫着广告与广告学者的话语权。作为中国广告协会学术委员会主任，在中国广告协会学术委员会2007年9月在青岛召开的学术研讨会上，我积极倡导确定以"创意产业发展与中国广告产业升级的思考"为主题，旗帜鲜明地指出"相比其他行业，广告业天生就是创意产业的骨干力量"。2008年，我主编出版《创意产业与中国广告业》一书，向社会上质疑广告行业的人群提出——广告业天生就是创意产业的骨干力量！

我一直认为，广告业是创意产业的重要组成部分，要把广告业纳入创意产业的洪流中去。所以，我前瞻性地指出，伴随着产业升级，未来广告业有可能发展得更加专业、更加多元、更加丰富。中国的广告业，正面临着向创意产业迈进的转型期。这本书代表了本人与学术界继续推动中国广告业与广告教育往纵深方向深层次发展的共同理想。

广告教育是我一生钟爱的事业，把自己最壮丽的青春献给中国的广告教育，我无怨无悔。更令人欣喜的是，四十年之后，中国的广告教育伴随着中国经济的发展而快速成长，由1983年的一所高校发展到2019年的六百余所，广告学科成了高校中的热门学科，吸引莘莘学子。

我完全相信，作为智慧的行业，广告将是人类永恒的需要！

"马工程"《广告学概论》编写揭秘

马克思主义理论研究和建设工程（马工程），自2004年4月起正式启动，至今已有二十年。其重要建设目标之一，就是有目的、有组织、有计划地编写一百三十九种基本覆盖高校思想政治理论课，马克思主义理论、哲学、政治学、法学、社会学、经济学、文学、历史学、新闻传播学、教育学、管理学、艺术学等哲学社会科学主要学科专业的基础理论课程和专业主干课程的教材，逐步形成具有中国特色、中国风格、中国气派的哲学社会科学教材体系。百年大计，教育为本。教材建设是"马工程"建设的重要任务，是"马工程"成果转化应用的重要环节，也是衡量"马工程"质量和水平的重要标志；对于巩固马克思主义指导地位，推动当代中国马克思主义大众化，用马克思主义占领教育阵地，落实立德树人根本任务，培养造就德智体美全面发展的社会主义合格建设者和可靠接班人具有重大和深远的意义。

在新闻传播学科中，广告学专业只有《广告学概论》入选马工程教材编写项目，这是广告学科地位提高的重要标志。从2010年启动至2018年正式出版，该教材经历八年时间才最终完成编写，编写人员经历了许多焦虑和不眠之夜。我作为三个首席专家之一，对该书的编写深有体会。

教育部办公厅在2010年8月16日下达第二批马工程重点教材编写课题组首席专家和主要成员名单，确定《广告学概论》编写组的首席专家为丁俊杰、陈培爱、金定海三人，主要成员有九人。此书历经八年反复讨论与磨炼，终于在2018年4月出版，是集体智慧的结晶。全书共十一章，成为广告学专业理论教学必选的教材。

一、教材编写的漫长过程

（一）编写课题组构成

教材编写课题组由12位专家组成：主编是首席专家召集人、中国传媒大学丁俊杰，副主编是首席专家、厦门大学陈培爱和首席专家、上海师范大学金定海；主要成员是深圳大学王晓华、中国传媒大学张树庭、武汉大学程明、上海师范大学郑欢、华东师范大学杨海军、中国传媒大学初广志、深圳大学何建平、中国人民大学王菲、中国传媒大学康瑾。

2010年11月19日，在深圳大学"第三届中国广告教育论坛""马工程教材编写工作会议"上，课题组专家合影（缺武汉大学程明）

（二）提纲编写审定

课题组于2010年8月正式启动教材编写工作，在充分准备、多次召开会议、反复讨论的基础上确定了教材编写基本思路，形成教材编写提纲（以下简称"提纲"）。按照审议程序，采取书面审议和会议审议相结合的方式，对提纲进行了学科专家和审议委员会二级审议。

2010年8月29日，在北京"中国职工之家"召开的教育部马工程第二批重点教材编写启动工作会议

2011年10月召开学科专家审议会议审议提纲。学科审议专家是：中国人民大学何梓华、中国人民大学高钢、清华大学李希光、中国传媒大学黄升民、中国传媒大学胡正荣、复旦大学丁法章、深圳大学吴予敏。2014年7月3—4日召开第7次审议委员会审议会议，对提纲提出了修改意见，2014年12月审议并通过提纲。

（三）书稿编写审议

提纲经审议委员会审议通过后，课题组即按照"集中编写、主编统稿"的原则开始撰写初稿。初稿完成后，按照审议程序，对书稿进行二级审议。

每次审议都是在书面审议基础上召开审议会议，对书稿进行思想性、政治性、学术性和规范性等综合审查，每次审议后课题组都根据审议意见对书稿进行修改。主要有四个环节：

一是学科专家审议。2016年5月9日召开学科专家审议会对初稿进行审议。学科审议专家是中国传媒大学雷跃捷、中国传媒大学黄升民、深圳大学吴予敏、武汉大学张金海、中国人民大学倪宁、复旦大学程士安。

二是审议委员会审议。2016年9月28—29日召开第19次审议委员会审议会议，对课题组根据学科专家审议意见修改后形成的送审一稿进行会议审议。

三是专门审读。审议委员会主任委员顾海良和学科专家韦建桦、雷跃捷、张金海、倪宁组成专门审读专家组，对课题组根据审议委员会审议意见修改后形成的教材送审二稿进行专门审读，向教材主编当面反馈意见。

四是审议委员会主任委员审定。主任委员顾海良对当面反馈后，教材主编集中统改后形成的送审三稿进行审读审定，完成最终教材送审稿。

二、教材编写的基本思路、主要内容

（一）基本思路

该教材积极贯彻党的教育方针，体现社会主义核心价值观，注重思想性、科学性和专业性，注重理论与实践相结合，注重吸纳国际国内最新成果，注重专业启蒙阶段的教育规律，注重适应数字时代学生的学习特征，以培育思想过硬、专业一流的广告人才为目标。教材将马克思主义对人类经济活动和人类社会活动的哲学政治经济学剖析作为理论基石；在学科视角上充分体现交叉学科特点，综合运用传播学、营销学、心理学和社会学等学科的理论；在教材的知识结构安排上充分考虑学习规律，内容完整、逻辑线索清晰，按照观念、特征、历史、功能、策略、执行、监管和人才培养八个板块展开。

（二）主要内容

教材书稿包括绪论和第一到十一章，共分为四大部分。

第一部分为绪论，从三个角度向读者展现广告学的总体面貌，包括广告学的学科体系、广告学的发生与发展、社会主义市场经济与广告学。

第二部分为第一章至第四章，主要是广告理论研究，将广告学的研究对象主要分为广告的内涵和特征、广告发展演变的历史、广告的功能与价值、广告与品牌传播等四个方面加以介绍。运用相关理论，研究广告现象背后的客观规律，并从中提炼出具有普遍意义的理论来指导广告实践。

第三部分为第五章至第九章，主要讨论广告的实务系统，将广告的时间运作过程分为广告调查、广告策略、广告创意、广告媒介、广告效果五大方面展开，是对广告运作所涉及的环节和因素的研究，既涉及宏观层面，也涉及具体层面。

第四部分为第十章和第十一章，重点是梳理和总结广告活动的行业史、学术史、观念史等，主要涉及广告业发展与管理、广告从业人员的素养，讨论了广告业发展、广告法规与管理，以及广告从业人员应具备的知识素养、技能素养、思想道德素养等问题，阐述广告事业的社会责任、文化价值和核心理念，进行广告文化批评。

三、教材编写的难点及主要创新点

教材从编写提纲审定到书稿完成历时多年，从内容、观点到文字表述都经过反复斟酌、修改和论证，甚至推倒重写，力求精益求精，达到最高水平。教材编写审议是一个攻坚克难的过程。每一轮审议修改，都是直面并解决本学科重点、难点问题的过程，也是理论创新，构建具有中国特色中国风格中国气派的哲学社会科学学科体系、教材体系、学术体系、话语体系的过程。教材送审稿是课题组和审议专家共同努力的结果，凝聚了本学科领域全国专家的智慧。

在书稿修改审议中主要遇到以下难点，而这些难点的圆满处理正是该教材创新点的体现：

如何反映马克思主义理论和方法。教材编写过程中，最突出的难点是如何在这样一本实践性较强的专业教材中准确、恰当、多角度地将马克思主义理论和方法有机融入，以及如何在运用马克思主义的过程中不"贴标签"，不生搬硬套，而是入情入理地展现马克思主义的立场和观点。为此，课题组采取"总分结合、理论与实践结合"的原则。在绪论中，重点澄清马克思主义理论中有关广告活动的基本观点；在后续章节中，落实马克思主义方法论和唯物观、历史观思想指导下的具体广告观念。

例如绪论部分，根据审议专家的要求和具体建议，课题组数易其稿，将"根据马克思理论，分析广告实践在社会主义市场经济中的作用"从最初版本比较生硬地引用马克思原著的片段，逐步系统化为三个明确的基本点：广告有助于提高商品流通的效率、缩短资本转化周期、促进资本增值。又如，有关中国广告业的发展与社会主义市场经济体制建立的关系，课题组在初稿中用了较大篇幅，按照"前期探索""启航""快速推进""调整与转型""新态势"展开论述。这种分期和主要观点受到审议专家的质疑，课题组听取了专家意见，重新梳理和精简，避免了与其他章节的重复，表述上更为规范精准："党的十一届三中全会以后我国广告业进入了恢复和初步发展阶段；邓小平南方谈话以及社会主义市场经济体制目标的确立，促进了我国广告业的全面高速发展；党的十六大提出的科学发展观，则为广告业的持续稳定发展提供了理论指导。"

在后续章节中，教材从中国广告价值观、历史进程、方法论取向、社会功能、经济作用、文化价值、社会责任、职业道德、广告与消费者的关系等层面旗帜鲜明、入情入理地展现马克思主义的立场和观点。

例如，第四章广告与品牌传播，运用唯物辩证法关于主观与客观相统一的观点，阐释广告与品牌传播之关系，讲清楚品牌的客观存在与消费者对品牌的主观认知的统一；第六章广告策略，运用马克思主义的辩证唯物史观，对广告策略观念、广告定位观念、广告传播观念的演化进行科学的梳理，让学生能从历史纵深的角度对广告策略有更深刻和全面的认知；第十章中广告业发展与管理，利用马克思的"消费的需要决定着生产"的消费理论，阐释广告业在经济发展中所扮演的消费排头兵和引路者的作用。

如何纳入新现象和新趋势。随着新媒体、新技术的出现，广告业的产业结构、作业方式、组织形态都发生剧烈的变动，如何在教材中对正在变动中的研究对象进行恰切地表述成为课题组面临的主要难点之一。为此，课题组在提纲讨论阶段就制定了如下的原则：不因畏惧争议，就采用保守态度，回避新问题；评估新问题的趋势性，提供具有共识的观点。经过多轮讨论和专家咨询，教材最终将原生广告、程序化购买、数字媒介、精准营销、跨媒介沟通等具有明确趋势性变化的新内容纳入，有力地回应了现实的需要。

例如原生广告问题。该概念自2012年首度提出，已经成为业界普遍认同的广告趋势，因此教材在第六章和第八章分别从广告策略和广告形式两个方面对其进行了全面介绍。根据专家意见，课题组反复对表述方式和表述侧重点进行了修改。再如，第八章原稿为了说明新的媒体形式，引用2015年亚洲消费电子展上的主题演讲内容，审议专家认为该引用来源缺少权威性，课题组接受了专家建议对此部分内容进行了删除。

如何体现中国广告价值观。如何提出并在全书贯彻区别于西方的、立足于马克思政治经济学理论基础的、植根于我国社会主义市场经济的、体现我国广告产业发展的道路自信与理论自信的中国广告价值观，既是本教材的创新点也是难点。

例如，有审议专家提出：将新中国成立后三十年的广告价值观归纳为宣传工具的说法容易让读者误以为是对新中国前三十年广告的全盘否定，不恰当；对现实中存在的"无德""无知""无品"的广告观念的批评，虽然体现一定的批判性，但有以偏概全的倾向，应该从正面给出正确的价值观导向；书稿中提出的广告价值观的四个层级：唯物史观、实践观、目标观及行业层面，缺少内在逻辑性。

课题组认真吸收了评审专家意见，通过反复讨论，加深了对马克思主义理论指导下中国广告价值观的理解：澄清教材中"价值观"的写作目的；明确将其与中国广告实践、社会主义市场经济发展相联系；强调中国广告价值观的力量来源——马克思主义理论，这是中国广告价值观的重要特色，包含与时俱进的理论特质。课题组三次重新撰写本部分，经过筛选精炼，最终确定四点适合学生理解的深入浅出的中国广告价值观："服务与促进社会主义建设""以消费者为本位""坚持法律与道德的双重要求""反对过度的商业利益取向"。

除绪论部分以外，在其他章节中，课题组也自觉抵制错误思潮和主张对我国广告业的侵袭，准确运用马克思主义立场、观点、方法，切实结合社会主义市场经济特色，正确解读马克思主义与当代中国广告实践相结合的途径，真正满足知识传授与价值观念培育的双重需求。

如何平衡专业教育与人才培养的关系。《广告学概论》是专业启蒙课，在传授专门知识和技能的同时，也肩负着为社会主义市场经济培育下一代广告人才的重任，必须平衡好知识传授与人才培养之间的关系。

为此，课题组专门设置《广告从业人员的素养》一章，体现对广告从业人员队伍建设的重视，这在同类教科书中属于首创。但是，到底广告从业人员应该具备哪些素养，存在分歧。课题组认为广告从业人员是宽泛的概念，包括广告主、广告代理公司、广告媒介、广告调查、广告设计和制作公司等广告活动的各个环节的从业者，每个部门有不同的职责和分工。因此，谈到广告从业人员的素养，只能是概括广告从业人员所应共同具备的基本素养。基于这样的理念，课题组成员在长期思考和与业界专家多次讨论的基础上，决定从知识素养、技能素养和道德素养三个方面展开论述。针对审议专家提出本章中引用了较多西方观点的问题，课题组也做了认真修改，除了保留精辟的观点以外，对涉及国外专家的内容进行了大量的删改。

如何使教材更有助于学生学习。数字时代学生的学习自主性增强，他们排斥枯燥的知识点罗列，更喜欢理论结合实际的内容，更习惯于使用多中心、多渠道的学习方式。为此，课题组在保证教材完整性、权威性的同时，充分利用广告专业案例教学的特点和优势，在编写过程中注重对鲜活、经典案例的配合使用。在案例选择方面，审议专家提出很多中肯的建议，课题组都做了认真的修改。例如第七章广告创意，根据专家意见去掉了有争议的品牌案例，缩减了国外和台湾地区的案例，补充了本土的优秀案例。此外，教材在适当位置通过二维码链接的形式呈现案例音视频效果，使教材具有更多互动功能，增加了学生的参与感和直观感受，也增强了教材的可读性和说服力。

总之，教材充分反映中国特色社会主义理论体系的最新成果，充分反映本学科领域研究的最新进展，在广告学领域的重大理论问题上有所突破、有所创新，是一部政治方向正确，理论视野开阔，实践内涵丰富，创新意识比较鲜明的教材。

四、教材编写的主要特点

本教材编写过程中突出马克思主义对广告工作的指导和与实践相互结合的部分，把广告教育与教书育人相结合，以切实提高广告人才培养的综合素质。

1. 坚持以马克思主义为指导

广告学教材能否体现马克思主义思想的指导？这是一个认识不断提高的过程。刚接到编写任务时，一些老师认为广告主要与经济有关，很自然地不属于意识形态范畴，以马克思主义为指导编写广告教材不仅不必要，而且在客观上并没有太多的瓜葛。但是经过多次对提纲的讨论后，大家认识逐渐趋于统一，一致认为广告学教材无论在内容或形式上都可以体现马克思主义的指导。因此在编写中始终坚持秉承马克思主义的世界观和方法论，以唯物史观和唯物辩证法为基石，以马克思主义政治经济学基本理论为指针，以中国特色社会主义理论体系为依据，运用马克思主义观点对广告活动的哲学政治经济学根源进行深刻剖析，揭示了广告在商品交换中的本质作用，阐释了具有中国特色的社会主义广告观。

这些努力与尝试，完全符合广告学科的本质，填补了过去在这方面的空白。对于年轻的中国广告学科来说，真正找到学科的指导思想，也是该教材最大的亮点之一。

2. 坚持理论与实践相结合

广告学是实践性很强的学科。如何通过教材让学生得到实战的锻炼，是本教材必须突出解决的问题。

全书共十一章中，我们从第五章到第九章共用五章的篇幅，完全从实践的角度，对广告活动中的品牌传播、策略制定、市场调查、创意发展、媒介选择、效果评估等方面进行全面、充分的介绍论述，力求把广告原理融合于实际应用中。这部分编写中坚持了三个原则：前沿性——把广告运作中最新的动态与变化，经过提炼后编入教材。技巧性——把广告创意中最实用的技巧与手法编入教材，让学生一看就懂，一学就明白，非常接地气。案例性——突出案例教学，所选案例一定是具有较强的科学性、权威性、典型性，通过鲜活的案例可以举一反三，真正体现竞争激烈的广告市场的态势。

我们相信学生经过这样的教材熏陶，不仅在广告理论上做到框架完整，知识扎实完备，兼顾前沿，而且实践知识贴近现实、与时俱进。

3. 培养学生对广告的批判精神

批判精神是社会科学人才培养中必须具备的重要素质，尤其在广告领域，必须培养学生开放的心态与独立研究的精神。在教材编写中，我们有意识地引导学生在以下几方面进行分析批判，不断提高学生学习的主动性：

对广告社会作用的批判精神——对广告在社会中的正面作用及负面影响有清醒的把握，才能充分发挥广告的作用。

对广告文化传承的批判精神——教材十分注重对中国历史、中国元素、中国案例和中国问题的讨论，帮助学生理解中国广告的历史渊源、发展轨迹、文化特征、市场属性和治理机制，引导其继承优秀的中华文化。

对中西广告文化进行比较批判——教材注重吸收西方优秀的广告文化，但避免西化。教材在"绪论"中旗帜鲜明地提出了适应社会主义市场经济的"中国广告价值观"，这在同类教材中尚属首次。

对广告业本身的批判性思考——能够利用马克思主义立场对中国广告中存在的问题进行批判性思考，树立端正的专业信念。

4. 充分考虑学生学习实际

该教材不仅为专业学生所使用，而且可作为非专业学生的选修课或素质教育的教材使用。教材通俗易懂，不仅有基本概念、基本方法和热点问题、难点问题的介绍，又兼顾知识层面和观念层面的培养，还具有操作能力和思辨能力的训练。同时，课题组还严格遵循《教育部马克思主义理论研究和建设工程重点教材编写规范》有关要求，做到了论述准确、深入浅出、详略得当、引文规范，为关键术语提供了英文标注，篇幅适中，符合教学需要。

2015年3月21日，北京中国传媒大学《广告学概论》统稿会议

5. 集体智慧的结晶

该教材从2010年8月至2018年4月出版，自启动至完成有八年时间。参与编写的十二位专家的教龄都在十至三十年之间，每人承担的任务只是其中最为熟悉的一至二章。书中的许多观点是经过几年甚至几十年的教学实践检验后提炼出的，尽量做到科学与准确。如第一章中关于广告定义的表述，是该教师自1987年在其著作中依据传播学原理提出的，经过三十多年的修订补充，在争议中凝聚了广告学术界的最大共识，现在被写入教材，既具有开创性又有科学性。其他如市场调研的方法、广告创意的技巧等，都是执笔教师多年经验的结晶。

在中国高等教育学会广告教育分会监事会履职回顾

2018—2022年，我担任中国高等教育学会广告教育分会监事会监事。在2022年10月换届大会上，我对五年来的工作做了总结。我认为，这也是中国广告教育进一步走向规制化有序化的重要过程，彰显了中国广告教育的进一步成熟。

中国高等教育学会广告教育专业委员会（分会）是由全国高等学校广告类专业及相关学科的专业教师自愿组成的全国性研究广告学及相关学科的学术团体，是中国高等教育学会所属的二级分支机构，是经中华人民共和国民政部批准的非营利性的社会组织。第七届监事（会）本着对广告教育分会和会员负责的态度，依照《中国高等教育学会章程》及学会各项规章制度要求，积极履行监督职责，加强对理事会、常务理事会及办事机构等的监督，各项

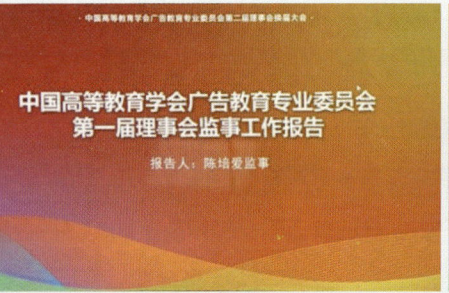

监督工作务实、举措有力，为规范分会内部治理、促进分会健康有序发展发挥了积极作用。

一、第七届监事会期间分会监事（会）履职情况

中国高等教育学会成立于1983年5月30日，在2017年学会召开的第七次会员代表大会上产生了第七届理事会、监事会及学会领导集体。第七届理事会有个非常重要的变革，就是创新性地设立了监事会，强调社会组织的规范化运作，推动了学会工作取得新进展。

由此，在2018年我正式担任广告教育分会监事。我从2018年开始，五年来每年都参加学会召开的工作会议及监事会，领会了学会领导的工作思路及工作布局，也学到很多新鲜的知识，这对于做好监事会的工作起到重要作用。

2018年3月24日，我参加了学会在北京召开的2018年工作会议。分支机构监事结合孙维杰监事长的工作部署，认真研究了落实2018年监事工作的方法举措。会议达到了学习交流、提振精神、统一思想、明确任务、团结协作的预期目标。

2019年3月31日，我参加了在北京召开的学会工作会议暨分支机构建设推进会。会议以习近平新时代中国特色社会主义思想，特别是习近平总书记关于教育的重要论述为指导，贯彻落实党的十九大和全国教育大会精神，总结学会2018年工作，对学会2019年的工作进行部署。学会监事会监事长孙维杰作监事会工作报告。

2020年5月15日，我在线上参加了学会在北京中国地质大学召开的工作会议。会议以习近平新时代中国特色社会主义思想为指导，深入贯彻党的十九届四中全会精神，认真落实教育部党组工作部署，总结学会往年工作成绩，规划年度工作安排。学会监事长孙维杰作监事会工作报告。

2021年3月28日，我在线上参加了学会在北京中国地质大学召开的工作会议，会议采取线上线下相结合的方式。会议贯彻全国两会精神，总结过

去一年的工作，部署2021年学会重点工作。学会监事长孙维杰做监事会工作报告。

2022年3月19日，学会工作会议还是以线上线下相结合形式在京召开，我在线上参加了会议。会议贯彻落实全国两会和全国教育工作会议精神，总结过去一年的工作成绩，部署当年的重点任务，表彰优秀单位和个人，交流先进工作经验。

五年来，参加以上各次学会工作会议，对我来说都是很好的学习机会，激励我不断提高对监事工作重要性的认识，更好地激发做好监事工作的热情。对广告分会来说，监事工作要夯实基础，建立完善的监事工作新机制，要履职尽责，充分发挥监事工作新作用，初步实现监事工作"开好头，起好步"的任务目标。监事会坚持以习近平新时代中国特色社会主义思想为指导，按照学会理事会的部署要求，坚持监督和保障、服务"一体两翼"的工作定位，落实监督主责，自觉融入学会事业发展，形成运行有序、服务有质、保障有力、监督有效的良好局面。

一是坚持强化意识形态监督，确保分会各项工作的政治方向与学术导向正确。通过参加学会的重要决策会议、重大问题讨论、重大业务活动，监督落实意识形态工作。五年来，广告教育分会在丁俊杰理事长及同仁的带领下，广告学科的内部交流得到了促进，工作取得了新进展：如定期举办"中国广告教育理论研讨会"，推进广告专业学科科学发展；提高广告学术研究的地位，提高广告学科的学术尊严；科学规范研究课题，组织各大学广告教育教师，积极发表广告研究理论文章；出版广告研究理论学术书籍；加强广告专业教育的国际化交流和沟通；进行广告学术及实务研究，加强与行业的沟通，定期举办"中国广告教育专业论坛"；还对重大的广告争议出具相关的学术论证意见，将其反映给相关职能部门。

二是细化业务工作监督，对分会重要业务活动实施过程监督。五年来，每次重大活动，监事会都积极参加与协调，全力履行监事职责。广告教育分会自2009年成立以来已有十余年，坚持完成每年学术研讨会、学术年会、高峰论坛、教学成果评估、课题评审等的现场全程监督和服务保障。如2019年12月12—13日，广告教育分会在河北师范大学成功举办"深化广告教育改革、凝聚学科竞赛成果"研讨会。在这次会议上，我们充分肯定了十年来广告教育分会以"大广赛"为业务核心，以赛促学、以赛促练、以赛促教、以赛促改、以赛立德的工作思路，"大广赛"极大地推动了全国广告教育实践教学的发展和教学、科研水平的提高。监事会对学会涉及的重要决策事项进行专项审议，提出意见和建议。

三是加强对分会财务工作监督，保证资金使用合理。及时审议财务报告，开展会费事项专项监督。按照实现学会会费统筹管理的要求，加强财务管理，按规定收缴会费。把会费专项监督，转化为依章交纳会费服务、完善收缴经费管理、加强收支信息公开的过程，监督和促进会员单位会费应缴尽缴，保障了本会财务工作规范、有序运行。

四是优化监督方式方法，常态监督，提高实效。每年的"全国大学生广告艺术大赛"是本分会监督的重点。我们对评审现场实施全过程巡回监督，认真检查核实各个评议环节，确保各项评审工作公平公正、有序有效。监事会每年还对学会内部管理的薄弱点进行排查，使得监督工作更有针对性、有效性，力求做到事前防范、事中督导、事后问效。

五年的实践经历，给我们留下深刻的认识。监事会工作是新生事物，需要深入实际，沉得下去：在参与各项工作的过程中发现问题、解决问题；在保障服务的细微处明确要求、加强监管；在各项工作的监督中提高水平、增强能力。在党的二十大之后，监事会要站在新的起点上，将始终坚持以习近平新时代中国特色社会主义思想为指导，全面贯彻党的教育方针，紧跟学会发展战略部署，聚焦监督内容、优化监督方式，提升监督效能。

二、履行监事工作体会

监事会在学会的繁荣发展中具有不可替代的重要地位，发挥着不容忽视的重要作用。按照总会的要求，监事会和各分支机构的监事要发挥更大作用，努力做到"事前重预防、事中全参与、事后善总结",服务学会工作健康有序开展,促进分支机构规范发展,为各项事业保驾护航。

体会一,大胆履行监管职责。通过积极参与重大活动,近距离观察了解学会及分支机构日常工作情况,对其履职行为进行监督;通过积极探索联动监督机制,在重点监督事项上取得突破性进展;努力实现监督范围广、监督检查实、处理问题准的工作目标。监事会积极参与决策,发挥监督保障作用。

体会二,创新工作方式。通过列席学会和分支机构理事会等重要会议,在事前了解决策过程和程序,对重要决策事项进行监督。及时把握各项活动中可能存在的苗头性、倾向性问题,着眼及早提醒、着力事前监督,把重预防的工作要求落到实处。

体会三,加强监事的自我学习。坚持政治引领,强化政治建设。加强调研和培训,推进自身建设,开展调查研究。跟踪监管部门的新要求,持续推进监事会的自身建设。

在这里,我们强调分支机构建设和发挥监事会作用的同时,还要始终坚持着眼全局,统筹安排,聚焦主责主业,找准工作的发力点。我们要继续聚焦高等教育改革发展全局性、关键性、前瞻性问题,开展重大课题研究,努力打造高等教育新型智库。对于分会工作来说,必须注重日常监督,完善"监督+服务"的工作机制,全力做好分会工作。

三、对下一届监事(会)工作的建议

在新冠疫情得到有效控制之际,广告教育分会适时召开本次换届选举大会及年度工作会议,部署今年重点工作,为分支机构规范化、高质量发展指明了方向。相信大家会齐心协力,真抓实干,确保今年各项工作实现既定目标,为高等教育强国建设做出新贡献。

广告教育分会是以研究高校广告教育理论和实践问题为对象,以促进国内高校广告教育的发展为目的,以提高大学生的综合素质和能力为目标的学术团体。分会是高校广告教育学术交流的主渠道。分会始终坚持为政府决策提供建议，为学校工作提供借鉴，为专业教师提供指导，为大学生提供服务的宗旨，致力于推进中国高等广告教育事业的发展。

分会的工作对于我国的广告事业来讲同样具有重大指导意义。对于广告实务界，只有坚守社会主义先进文化、坚持理性科学的思想理念、践行社会主义核心价值观，才能自觉抵制低俗广告，创作出宣传先进文化、彰显科学价值的广告。人才培养始终是所有人关注的一个重点。广告教育分会成立以来，在推动广告学相关专业方面做了大量的工作，特别是打造全国大学生广告艺术大赛，有力地促进了大学生人文艺术素质与创意的提升，并且坚持多年举办全国广告教育论坛，在专业建设中取得了长足的进步。随着改革开放和市场经济的发展，广告学在如今的时代，机遇与挑战并存。

2022年工作面临的问题和挑战，一方面来自于经济社会发展的新特征和高等教育改革发展的新变化，另一方面来自于新冠疫情的严峻考验和学会自身由数量扩张向质量提升的转变。今年的工作重点是，要把进一步贯彻落实学会发展战略构想作为发展之要，使其真正内化于心、外化于行，转化为强大的工作动力；要把进一步提升智库建设水平作为重中之重，力争为我国高等广告教育改革发展提供标志性的重大研究成果；要把进一步加强分支机构规范管理作为当务之急，依据学会《分支机构建设规范》，高标准提升分支机构建设水平，形成百花齐放的繁荣发展局面。我们要始终保持奋发向上的工作状态，统筹谋划"十四五"广告事业发展规划，整体推进广告教育分会各项事业高质量发展。

未来监事会的工作，有以下几点建议供参考：

一是建智库、强服务。许多分会存在共同的短板，那就是对"学术立会"这个基础性工作重视不够，服务高等教育的应有作用发挥不够，多数没有能够真正成为本领域的新型高端智库。学会是研究型学术社团，负有"推动教育科学研究、服务教育改革发展实践"的责任。要找准本领域迫切需要研究解决的重大理论与实践的真问题，做真研究，通过深入的调查研究、扎实的问题分析、广泛的经验借鉴和透彻的规律摸索，力争为分会的发展决策提供新视野、好主意、金点子，在推进广告教育理论创新，服务国家品牌工程、公益传播工程的决策上有新的作为。

二是谋合作、扩影响。在各分支机构的工作中，长期存在着凝聚力不强、工作活力不够、影响力不大等突出问题。我们要下决心解决这些问题，坚持"创新强会"，创新工作方式方法，加强分支机构之间的交流合作，加强与政府、高校、企业之间的交流合作，在合作中谋发展，在合作中增强思想引领力，在合作中扩大社会影响力。

三是创品牌、提质量。当前，分支机构开展的研讨会、论坛、竞赛评比、业务培训等各种活动不少，但是，真正有广泛影响力的品牌活动还不多。要把稳规模、调结构、补短板、提质量作为主要任务，打造真正具有学会特色的品牌活动。如全国大学生广告艺术大赛（大广赛）是迄今为止全国规模最大、覆盖面较广、参与师生人数多的国家级大学生赛事，是广告教育分会的一个核心品牌。2005—2021年，"大广赛"遵循"促进教改、启迪智慧、强化能力、提高素质"的竞赛宗旨，成功举办了13届共14次赛事，全国共有1679所高校参与其中，超过百万学生提交作品。分会要紧抓这个核心要素，在挖掘特色、培育精品上持续努力，在提高质量、打造品牌上多下功夫，保证"大广赛"整体工作水平。

四是立规矩、讲规范。我们要更加深刻认识"规范办会"的重要性，遵循学术组织建设的特有规律，加强规章制度建设，提升科学管理和各方面工作水平。在制度建设、组织建设上补空白、立新规，更要抓落实、树导向、强监管、见实效。要进一步完善分会章程，制定议事规则和相关规章制度，强化内部管控，确保学会科学决策、高效运转。监事会要在调查研究、反映情况、监督检查、提出建议等方面发挥更大更重要的作用。

五是增强治理能力，打造高质量的全国性学术社团。要认真执行《中国高等教育学会分支机构管理办法》，在分会组织建设上要明确"稳规模、调结构、提质量"的发展思路，研究制定分支机构设立、调整的基本原则和要求。要有更强的担当。监事要保持干事创业的精神状态，练就过硬的本领，切实担负起新时代赋予分会工作的新使命。

  广告教育分会已经走过了十三个春秋。在理事会的持续不断努力下，经历了从无到有、从小到大的发展，现在已经成为专家荟萃、学者云集、具有广泛群众性的高等广告教育学术社团，正处于由大向强跨越的关键时期。我们要确立分会的建设目标，即"建设具有中国特色、国内一流的高等广告教育学术社团"。这个建设目标，需要我们凝心聚力、开拓创新、为之奋斗。在此基础上，我们要遵循四个服务面向，即服务高等教育改革发展；服务政府部门宏观决策；服务高等学校办学实践；服务高等教育理论探索。

广告学国家一流本科专业建设密码解读

一流本科专业建设"双万计划",即2019、2020、2021年三年建设一万个左右国家级一流本科专业点和一万个左右省级一流本科专业点,总共加起来两万个。而中国本科大学总数在一千三百所左右,即平均每所高校有八个国家级一流本科专业、八个省级一流本科专业,每校应有十六个本科一流专业。建设的目的在于全面振兴本科教育,提高人才培养质量,实现高等教育内涵式发展。

一流本科专业建设旨在培养专业基础知识扎实,实践能力强,富有创新意识和创新能力,兼具国际视野的高质量复合型人才。按照"以国家一流本科专业建设为抓手,培优培强理论、实践教育,构建一流本科人才培养体系,提升本科生培养质量"的要求,目的在推进学校国家级、省级一流本科专业建设点实现高质量发展,提高学校人才培养能力和质量。

至2023年底,已进行入选专业中期检查和入选专业建设点三年建设规划的编制工作。以厦大为例,现共有一百零四个本科专业,三批共入选国家一流本科专业建设点的有六十四个;入选省级一流本科专业建设点的有三十四个;未入选的六个。其他各校入选的比例估计都有较大差异。

目前,我国开设广告专业的院校数量庞大,一共有六百一十所左右,可以说我国广告教育发展逐步走向规模化、专业化。但当前的广告教育主要是基于传统广告市场而建立,在新媒体的营销传播环境下,广告业运行模式及人才需求发生巨大变化,需要我国广告教育在人才培养和实践教学方面进行变革与创新。

近些年,借助中国教育在线网站的高考专业查询,统计我国广告相关专业的开设情况(表1)。可以看出,从2014年开始,我国广告本科学院数目开始逐年减少,其中专业命名为广告学。而专科层次的广告相关专业数量在持续增长。专科层次主要命名为广告艺术设计(由广告设计与制作改名而来)、网络与新媒体专业(由互联网与媒体营销合并而来)。这也与我国教育部近几年公布的本科备案和审批结果相符。2018年教育部公布本科备案和审批结果,结果显示,全国一共取消六所高校的广告学专业,在高校取消的专业里位于前列。2021年8月国务院印发《"十四五"就业促进规划》中提到,优化高校学科专业布局,及时减少、撤销不适应市场需求的专业。据高教志的统计,2016—2020年,经教育部审批撤销的广告专业院校共有十九所。

表1 通过不同年份检索的我国广告相关专业开设院校情况统计表

单位:所

统计年份	广告学本科院校数目	广告专科层次院校数目	合计
2014	352	99	451
2019	302	327	629
2021	280	330	610

这些数据变化显示社会发展对专业人才需求的变化,一方面因为国家推动部分地方普通本科高校向应用型转型,另一方面也反映我国高校广告专业发展中存在质量不高或同质化的问题。

在2021年统计的全国280所开设广告本科专业的院校中,从2019年开始至2022年止,进入国家一流本科专业建设计划的有46所,表2为统计情况。

表2　国家一流广告学专业高校建设情况统计表（按创办先后为序）

高校名称	创办时间	获批时间
1. 厦门大学	1983	2020
2. 中国传媒大学	1988	2019
3. 深圳大学	1989	2019
4. 郑州大学	1992	2020
5. 天津师范大学	1992	2021
6. 湖北大学	1992	2021
7. 广西艺术学院	1993	2019
8. 武汉大学	1993	2020
9. 南京大学	1993	2020
10. 江苏师范大学	1993	2020
11. 河北大学	1993	2020
12. 上海师范大学	1993	2021
13. 南昌大学	1993	2021
14. 上海大学	1993	2021
15. 四川大学	1993	2021
16. 北京大学	1993	2022
17. 暨南大学	1994	2019
18. 湖南理工学院	1994	2020
19. 河北师范大学	1994	2021
20. 复旦大学	1994	2021
21. 江西师范大学	1995	2019
22. 苏州大学	1995	2021
23. 南京林业大学	1996	2020
24. 河南大学	1996	2020
25. 中南民族大学	1996	2021
26. 中国人民大学	1996	2021
27. 湘潭大学	1997	2022
28. 山西传媒学院	1998	2019
29. 山西大学	1998	2022
30. 新疆大学	1999	2020

续表

高校名称	创办时间	获批时间
31. 东北师范大学	1999	2021
32. 湖南工业大学	1999	2022
33. 浙江工业大学	1999	2022
34. 安徽师范大学	2001	2021
35. 辽宁工业大学	2002	2021
36. 湖南大学	2002	2021
37. 安徽财经大学	2003	2021
38. 中央民族大学	2003	2021
39. 华南理工大学	2004	2021
40. 闽江学院	2004	2021
41. 西南交通大学	2004	2021
42. 南京邮电大学	2004	2021
43. 武汉工商学院	2005	2022
44. 云南民族大学	2006	2020
45. 辽宁科技学院	2008	2021
46. 铜陵学院	2008	2021

2019年6所：中国传媒大学，深圳大学，暨南大学，广西艺术学院，江西师范大学，山西传媒学院

2020年11所：厦门大学，武汉大学，南京大学，郑州大学，江苏师范大学，河北大学，湖南理工学院，南京林业大学，河南大学，新疆大学，云南民族大学

2021年23所：中国人民大学，复旦大学，上海大学，上海师范大学，天津师范大学，湖北大学，南昌大学，四川大学，河北师范大学，苏州大学，中南民族大学，东北师范大学，安徽师范大学，辽宁工业大学，湖南大学，安徽财经大学，中央民族大学，华南理工大学，闽江学院，西南交通大学，南京邮电大学，辽宁科技学院，铜陵学院

2022年6所：北京大学，湘潭大学，山西大学，湖南工业大学，浙江工业大学，武汉工商学院

总计：46所

2023年5月北京大学召开"面向未来的全球广告发展"国际研讨会

2023年9月暨南大学召开国家级一流广告学专业建设论坛暨第八届数字营销传播研究与应用研讨会

一、四个密码解读

其一，入选一流专业院校占比。以2021年广告学本科院校280所为基数，入选一流专业的46所院校占比16.42%。

2023年11月复旦大学召开国家一流本科专业建设研讨会

2023年11月中国人民大学召开国家一流本科专业建设研讨会

其二，入选专业创办时间跨度大。进入一流专业的有最早的厦门大学为1983年创办，较迟的有2008年创办的安徽铜陵学院广告学专业。

其三，由各高校自我推荐。就同所学校而言，不同的专业在实际水平上差距不小。以海南大学为例，法学、汉语言文学专业均为教育部批复的国家级一流专业建设点，但二者实际的差距很大。海南大学的法学专业拥有博士点和博士后流动站，教育部学科评估为B级，同时还是国家卓越法律计划建设点、国家级特色专业建设点，拥有国家级教学团队，而汉语言文学仅有硕士点，教育部学科评估仅为C-。

其四，入选专业并不都具备一流实力。并不是所有入选的专业都是好专业，主要是因为教育部双万计划是按照专业设置比例来确定入选数量，就会使得一些原本不具备真正国家级专业实力的专业被纳入名单。以广告学专业为例，北京大学广告学专业1993年创办，至2023年已有30年的历史，但该专业只是2022年最后一批入选国家一流专业建设。而于2008年创办广告学专业的铜陵学院则在2021年入选国家一流专业建设，入选的时间比北京大学还早。

由此可以断定，国家一流专业建设的入选标准是不统一的，可以根据各地的需要而制定，这造成对国家一流专业建设权威性的质疑。

二、八个冷静思考

入选专业是该校办学优势最明显的专业，而不是全国同类学科中最顶尖的专业；未入选专业未必就不能成为国家一流专业；入选专业不要误认为自己就是一流专业了，只是推荐建设；入选专业应承认存在水平不一，而不是统一的国家标准水平；入选专业的目标是长期建设，而不只是三年；入选专业应当心平气和，不慌张，不急躁，不炒作；入选专业应当保持自己的特色，而不是按统一标准全面推进；入选专业建设结果以自查为主，体现各校的责任与担当，不可能有全国统一的验收评估标准。

2023年12月上海大学召开国家一流本科专业建设研讨会

2023年10月江苏师范大学召开国家一流本科专业建设研讨会

三、三个紧抓建设举措

在冷静地剖析广告学一流专业建设的现状之后，接下来应该把握建设路向：

要抓住内涵，真建实建，扎实布局，分类推进。建设举措要有可操作性，预期的成果要可评价，突出省部级及以上标志性成果的规划与培育。能够自我诊断、找准发展基点的过程，也是统一思想、凝聚共识、提振信心的过程，要摸清家底、理清思路、找准方向。具体而言就是三个紧抓：

紧抓综合能力提升——专业定位明确，学科内涵深厚，多学科融合，产学研互动，复合型创新型人才培养。

紧抓前沿知识更新——新文科交叉知识，智能化技术运用，培养模式创新。

紧抓学科特色建设——专业的优势和特色，要更优更特；打通学科、专业的壁垒，培养复合型人才；知识体系与人才培养体系的重构；智能化新型人才培养模式；依托地域特色突出专业特色；数字化、实训化、国际化的路子；数字时代课程创新改革；产学协同的创意实践；加强实践教学与创新创业教育；学生终身学习型模式建构；以学术研究引领一流的专业建设；以系列教材的转型推进一流专业建设。

我与厦大国家级一流本科广告教师团队

厦门大学新闻传播教育的关键词有五个：

中国人自创百年新闻教育的先行者；
国内第一个以"传播"立系的强势学院；
中国广告教育的摇篮；
面向海洋、面向世界的国际化办学；
伟大的校主，美丽的校园。

厦门大学新闻传播教育历史悠久。1921—1926年，厦门大学就有了自己早期新闻教育，开创了中国人自己办新闻教育的历史。1983年，设立新闻传播系，在中国大陆率先以"传播"冠名，集中体现厦大新闻传播人"敢为天下先"的开拓精神。同样1983年，厦门大学设立了国内首创的广告学专业，被誉为"中国广告教育的黄埔军校"。2007年，新闻传播学院成立，标志着厦门大学新闻传播教育进入新的快速发展时期。现在，学院正在全力打造"面向海洋、亚洲一流的现代化新闻传播学院"，为中华民族的复兴，世界和谐的构建，培养有国际化胸怀，掌握数字化技能的新闻传播高级人才。

北京大学是中国新闻教育的摇篮，厦门大学则是中国广告教育的摇篮。

2018年10月14日，是北京大学新闻学研究会成立一百周年的日子，也是北京大学开展新闻教育一百周年的日子。1917年，北大教授徐宝璜率先开设新闻学课程；1918年中国第一个新闻研究团体——北大新闻学研究会成立；1919年，徐宝璜出版中国第一本新闻理论著作《新闻学》；同年，中国第一份新闻学期刊《新闻周刊》创立。这么多中国新闻教育发展史上的"第一"都和北大有关，都和北大新闻学研究会有关，因此，很多人认为，北大是中国新闻学和新闻教育的摇篮。北大新闻学研究会成立的意义不仅在于开风气之先，更重要的是，它给中国新闻学打上了马克思主义的烙印。

厦门大学是中国广告教育的摇篮。1983年，厦门大学率先开设中国高校第一个广告学专业。上海《文汇报》1984年5月13日载文评说："厦门大学新闻传播系开设的广告专业，是我国高等院校中首创的新专业。"此后，厦大广告学专业获得国内众多"第一"：

1987年，出版全国第一本广告学教材《广告原理与方法》。

1992年，开始培训国内新建广告院校广告学教师。

1993年，出版全国第一套广告学教材"21世纪广告丛书"。

1994年，广告学方向获得硕士学位授予权。

1994年，全国第一个广告学研究的国家社科基金项目"我国电视广告社会效益及其改进对策研究"。

1997年，厦门大学广告学专业获得广告业界和教育界"知名度和美誉度"全部四项全国第一。

1999年，创建全国第一个广告教育研究会"中国广告教育研究会"。

1999年，创建全国第一个高校广告专业竞赛"广告学院奖"。

2005年，广告学方向获传播学博士学位授予权。

2005年，获"国家本科教学优秀成果"二等奖，为全国唯一和第一。

2007年，获全国唯一的第一批教育部本科特色专业建设点。

2012年，广告学专业博士后流动站建立。

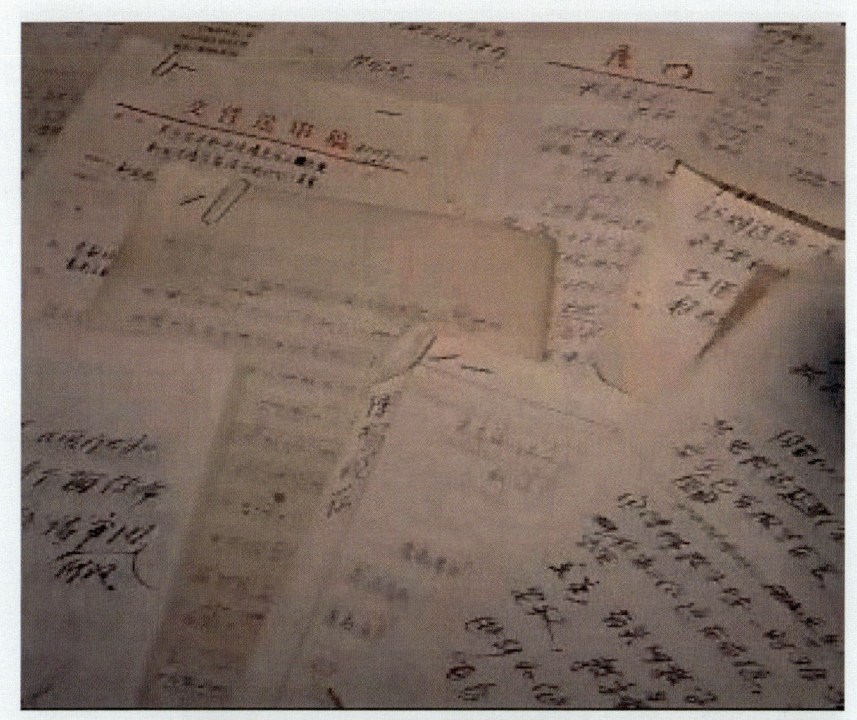

厦门大学创办时的设计教学模式与教学大纲手稿

1988年6月厦门大学广告学专业首届毕业生的照片

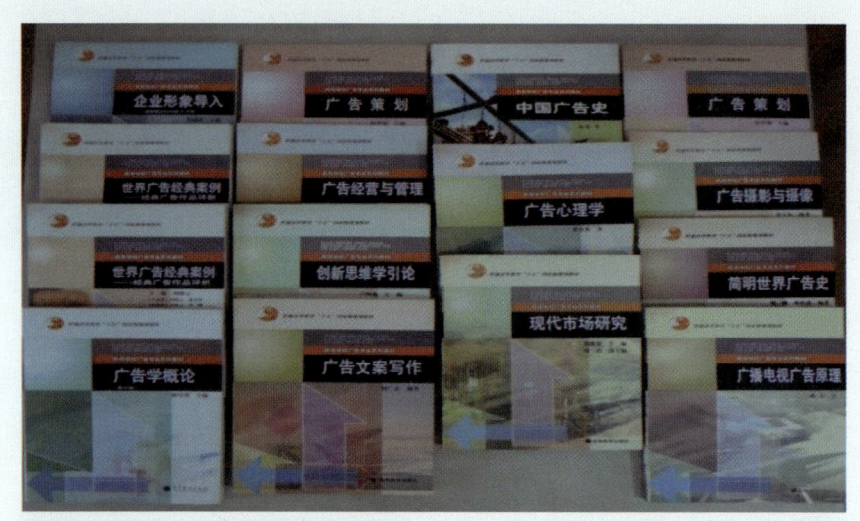

高等教育出版社出版的"高等学校广告专业系列教材"

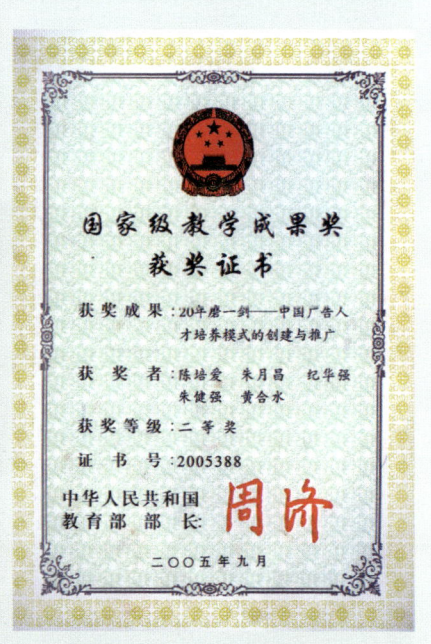

2005年，厦门大学申报的"中国广告学人才培养模式的创建与推广"项目获国家级本科教育"优秀教学成果奖"二等奖

2013年，获全国第一个广告学研究的国家社科基金重点课题"中国广告教育三十年研究（1983-2013）"。

2018年，参与出版"马克思主义理论研究和建设"工程重点教材《广告学概论》。

2019年，获批福建省省级一流本科专业建设点。

2020年，获批国家级一流本科专业建设点。

从1983年创办中国第一个广告学专业开始，几十年来，厦大广告人筚路蓝缕，艰苦创业，为中国广告教育制定了第一个培养方案，编写了第一套教材，培养了第一批学生，开创了第一个国家社科基金研究项目。厦门大学确立了中国广告教育的基本模式，课程设置成为国内许多兄弟院系广告专业的参考模板，所编写的"二十一世纪广告丛书""现代广告学教程系列""普通高等教育'十五'国家级规划教材"被国内广泛采用，同时还为兄弟院系培训了大量的广告专业教师。目前，"厦大广告人"已经成为中国广告界的著名品牌，许多毕业生成功地创办自己的广告公司，有的担任中央以及省、市级媒体广告部门的负责人，还有许多毕业生担任企业市场营销部门的主管。如果说四十年来有什么经验，我们最大的体会是咬住本科教育不放松，咬住学科建设不放松，咬住学生成才不放松，以专业教育品牌的信誉度与影响力给学生较好的"饭碗"。

教育部1998年12月24日制定的《面向21世纪教育振兴行动计划》指出，高等教育要"瞄准国家创新体系的目标，培养造就一批高水平的具有创新能力的人才"。广告学是研究广告事业发展及其规律的科学，是应用性很强且不断创新的学科，是高等教育中有发展前景的应用型学科。广告教育要把学生的能力培养放到主导地位，使培养的学生由知识型转变为能力型，把广告学专业办成有前景的专业。1983年我们创办新闻传播系时，设定了三个专业——国际新闻、广播电视新闻和广告学。当时"新闻学"的老大哥是人大和复旦，广播电视学的领头羊是北广，我们就避开"红海"，遨游在广告学这片独有的"蓝海"中，把主要精力投入广告学科发展，在竞争中脱颖而出，确立了厦大在新闻传播学科中"三分天下"的地位，事实证明当初的选择是正确的。

厦大的教师团队是优质办学的根本。本专业现有十六位在职教师，有广告学、传播学、计算机科学、心理学、管理学、艺术学、哲学、历史等专业背景，且全部具有博士学位，大部分有境外访学交流经历。多专业背景和境内外的教育经历，让老师们能够开设多学科交叉的专业课程和通识课程，在指导学生的学业、实践、思想上体现新文科思想，有利于学生自我职业兴趣探索，培养复合型人才。厦大的广告学课程设置比较完备，有广告史与理论、调研方法、广告创意与设计、品牌传播、公共战略传播等五大课程组。信息技术的革命，5G时代的到来，非常需要培养擅于运用新媒体技术和大数据分析技能为国家和地区经济建设和精神文明进行创意传播的人才。因而本专业从两处着手，一是着手组建创意传播课程组，包括"视听广告创作""活动营销""新媒体营销""社交媒体公关"；二是正在组建的数据挖掘课程组，包括"计算广告""市场营销""数据挖掘与分析"。广告学系教师向来有爱岗敬业、爱护学生、团结友爱的传统。本系通过鼓励教师积极施行导师制、课程组协作教学、举办团队活动等形式，让教师在工作和生活交流中，切实感受和睦宽容的工作氛围，培养关爱友善的师生关系。通过课程组的传帮带方式，加强新老教师的交流与合作，共同推进师德师风建设。

现任学科带头人林升栋

在四十年的广告教育探索中，厦大形成自己的特色优势：

确认了中国广告教育模式，创立了"厦大学派"。1987年，我出版了《广告原理与方法》，第一次提出以传播学角度来审视广告教育，广告教育不仅包括培养为经济建设服务的人才，而且要发挥公益广告的作用，培养服务于精神文明建设的人才，这有别于传统的市场学框架下的广告教育模式。这一教育模式获得2004年教育部主编的"普通高等教育十五国家级规划教材"的认可，更为2018年出版的全国"马克思主义理论研究和建设"工程重点

前排左起：张楠、赵洁、宫贺、曾秀琼、朱健强、罗萍、陈培爱、黄合水、陈素白、王晶、周雨
后排左起：宣长春、苏文、李达军、王菲、陈经超、白海青（缺叶国全、岳衡）

教材《广告学概论》所采用，由此形成我国广告教育的"厦大学派"，被其他兄弟院校广泛接受和学习。

加强思政建设，培养学生的家国情怀。广告不仅为商业传播服务，而且为弘扬社会主义核心价值观和道德风尚发挥重要作用。厦大广告将广告的社会服务功能贯穿于人才培养的各个过程：开设"公益广告创作"等课程思政；举办"马克思主义新闻观理论研修班"，至今开办四期，培养造就思想政治素质过硬、具备马克思主义新闻观和扎实的新闻传播专业功底、理想信念坚定的广告人才；积极鼓励和支持学生参加各类公益比赛和实践，学生作品在教育部思想政治司举办的全国高校网络安全公益广告作品征集活动中获得一等奖，在中国外文局举办的讲好中国故事创意传播国际大赛中获得二等奖。大学生创新创业大赛中，注重环保的二手交易平台"厦易站"、减少塑料袋使用的"奶茶的新衣"项目获得国家级立项。金砖会议期间，海报作品成为"艾滋病防治宣传校园行——走进厦门大学"活动特邀作品，彭丽媛现场观看。

发挥科研究优势，培养学生的科研能力。厦大广告科研优势显著，这些年来获得国家社会科学基金十二项和自然科学基金四项。仅2017—2020年，我系就获得社科基金五项，在《新闻与传播研究》和《国际新闻界》两个最优期刊上发表文章十篇，科研项目数和发文数都在全国同类院校中遥遥领先。为了培养复合型的一流人才，也鉴于一大部分学生将来会继续深造，我们鼓励本科生参与各项科研，以培养其发现问题、解决问题的能力，提高其科研水平。

新文科为教育理念，培养国家战略需要的新广告人才。5G互联网时代的到来，社交媒体、短视频等媒体成为传播国家形象、社会主义核心价值观和品牌形象的利器，而大数据挖掘与分析、AI等技术成就受众的精准定位。为了紧跟社会主义建设的新时代需求，引进多学科背景的教师，鼓励学生选修文学、历史、艺术、心理、社会、信息科学等通识课程。与管理学院行签订课程互通的协议，与信息学院申报新文科实验室。开设"社交媒体公关""新媒体营销""电子商务"等与时俱进的课程。在课堂作业、实习实践活动中，结合社交媒体和短视频，如用短视频为革命老区古田的芙蓉李直销带货，设立微信公众号为厦大食堂进行美食评选，创作互动游戏进行"抗疫"宣传等等。

根据中国教育在线统计，截至2021年，我国开设有广告专业的院校有610所（本科280所，专科330所）。从1所到600多所，完全有理由认为，创办一个专业甚至一所学校不是太难的事，但要办出口碑，办出质量，形成品牌效应则很难。我们下决心把广告学专业办成品牌专业，以此带动其他两个专业的发展。2005年我们获得传播学博士点，主要是依靠广告学专业的学科影响。博士点的获得有人误认为是到处跑动得来的，而忘记了我们在几十年里建成了强势学科，一步一个脚印地走出来。我们的办学质量得到同行的高度认可，才使博士点的申报高票通过。

中国广告教育走过四十年之后，广告学科新一轮竞争的号角已经吹响。2019年教育部正式启动新文科建设，不仅要优化现有的专业设置，更要在文科内部打通院系、学科、专业之间的壁垒，甚至突破人文社会科学的边界，在文科与理工科范围内开展更大跨度的学科专业交叉，形成开放包容的文科体系，实现学生思维、素质和能力的新提升。要通过多种途径促进专业之间的融合，推动传统专业朝着"复合化"的方向转型，形成"思想教育＋通识教育＋专业教育＋创新创业教育"的立体化培养方案。我相信我们的广告学科能勇立潮头，抓住机遇，在突出数字广告的转型建设中，在广告为社会发展的服务实践中，领会学科融通性的核心内涵，定能在新一轮的竞争中重塑厦大广告教育的未来。

大力推进"中国新闻学"教材建设

党和国家领导人对新时代教材建设工作提出新要求。组织编写一批体现中国立场、中国理论、中国实践、中国话语的优秀教材,是一项打基础、利长远的系统工程,是更好地总结中国新闻传播学实践、培养一流的中国新闻传播人才的必由之路,是加强我国国际传播能力的必然要求,也是加快构建具有中国特色、中国风格、中国气派"中国新闻学"的必然选择。

"中国新闻学"教材建设的必要性与可行性以及"中国新闻学"教材建设的内涵与意义在学界有较强的共识。2021年12月,由复旦大学"高校新闻学国家教材建设重点研究基地"发起,开启了"中国新闻学"教材理论和实践探索的新篇章,众多教授学者参与这一工程。"中国新闻学"教材建设对于完善我国新闻学学科体系、学术体系、话语体系建设,有重要战略意义。万事开头难。集思广益,凝聚共识,推出具有可操作性的"中国新闻学"教材建设方案,是该项工作的当务之急。

"中国新闻学"教材的建设是系统工程,它贯穿传统与现代、中国与西方、学界与业界、理论与实践、线上与线下、短期与长期。"中国新闻学"教材建设任重而道远,需要新闻传播学界传承"品质精神",力争在较短时期内构建较为完善的"中国新闻学"教材体系。

在教育部教材局领导下,高校新闻学国家教材建设重点研究基地于

2021年12月11日（周六）召开"中国新闻学"教材建设线上研讨会，本人被邀参加。本次会议紧紧围绕以下四个议题进行研讨："中国新闻学"教材建设的必要性与可行性；"中国新闻学"教材建设的内涵与意义；"中国新闻学"教材建设的方式与步骤；"中国新闻学"教材建设拟推荐名单。

会议上，我针对未来中国广告学教材的建设做了重点发言：

国家教材建设是一个非常重要的严肃任务，对于培养高质量新闻传播人才具有重要作用。在教材编写之前，要首先确定编哪些教材，什么教材拿出来编，什么教材不需要编，这些教材的内容是什么，由谁来编，其中有个轻重缓急的问题。

首先要明确，"中国新闻学"教材不仅仅是"新闻学"教材，应该还是新闻传播学学科体系的整体教材。新闻传播学是国家一级学科，下设广告学、新闻学、传播学、广播电视学、编辑出版学、网络与新媒体、国际新闻与传播、数字出版、时尚传播、会展等十个专业。因此，要充分考虑多专业的不同特点，力求在中国新闻传播学总体学科架构下分门别类地完成各专业的教材建设任务。

当前国家级教材的编写有三个重要的背景，这三个背景涉及编写的具体内容与原则。

第一个是新文科建设的背景，它要求多学科进行交叉与深度融合，推动传统学科的更新升级，强调新闻传播要有跨学科的思维模式。第二个是大数据与智能技术快速发展的背景。这个背景是什么？要求以互联网作为底层架构，结构性地改变课程体系和教材体系。举例而言，媒体融合进行多年，但很多地方的媒体融合是传统媒体思维基本不变，只是加上新技术的媒体融合。另一种媒体融合则是全部打破传统媒体思维，采用互联网思维和底层架构，在这基础上进行媒体融合。而重新编写国家级教材，是否也得以互联网作为底层思维，来重新架构我们的整个课程体系与课程模式？第三个很重要的背景就是国家提出的"双一流"建设，一流建设是瞄准世界顶尖的高质量的课程与教材目标。

出于这三个背景，新闻传播教材目前存在三个重要的问题。

第一，导向问题，在传统文科的教材建设当中还缺乏价值观。我们之前参与编写的国家马工程教材《广告学概论》，在第一稿的时候很多专家就提出没有体现"马新观"以及马克思主义的理论原理对于广告学方面的指导作用。说实在的，在广告里面好像也挺难找到马克思主义的具体论述。根据这个意见，后来经过多方努力，我们总算在重要原理方面找到了相关论述，就把这个内容加了进去。

第二，现有的教材比较脱离实际。广告作为应用型学科，很多理论研究可能是大大落后于广告实务界的发展。我曾在厦门举行的中国国际广告节上与广告业界的一些同行交流，他们在互联网、大数据分析以及智能广告的运用方面，都大大走在高校广告教育的前列。因此理论界如何来引导业界的发展，理论研究是引领还是跟随或是事后总结业界的经验，这是必须明确的界线。

第三，现有教材有的知识已经老化。教材必须在使用过程中不断地创新与修订。新一代的学生，思维非常活跃，教材建设是不是能够跟得上社会的发展，这是需要思考的问题。

一、建设目标

1. 完成新闻传播学一级学科下面十个二级专业的主要教材建设。

2. 完善国家级教材研究基地平台建设，建议要适当体现编写本教材的激励机制。

3. 建议在全国主要新闻传播院校推广使用本系列教材，通过十年努力不断予以完善。

4. 建议马工程教材已经完成的项目不再重复建设。已经列入国家十五、十一五、十二五规划的教材可考虑衔接的问题。

5. 实现教材可持续发展目标，每门教材有专门负责人及编写团队。跟踪教材使用情况，不断修订保持常用常新。

二、建设原则

高质量：以高度负责的精神，建设具有全球视野、中国特色、跨学科思维的一流教材。

厚基础：保留传统新闻传播学知识的精华，在文化与知识传承的基础上创新。处理好稳定与创新的关系，原有史论类教材需要补充提高，实务类教材应创新拓展。

重融合：促进多学科交叉与深度融合，推动传统文科的更新升级。

倡创新：激发学生受益终身的求知欲、思考力和创造性，适应5G时代新闻传播人才培养的要求。

增亮点：建立较稳定使用的教材，有创新理论，有科技含量，有实操技能，有多学科融合。

根据上面所讲，我们在国家教材建设中要重点把握四个方面的关系：

第一，顶天与立地的关系。顶天，就是要把握上面的政策、指导思想，这是顶层方面的设计。立地，就是需要掌握具体使用者师生对教材应用方面的实际需求。

第二，体系与教材的关系。传播学科有自己的科学体系，不同专业也有不同专业的构成体系。这个体系跟教材的关系如何？教材的使用是不是要根据学科体系的架构来确定要编出哪类教材？这里面的关系要搞清楚。

第三，修订与重构的关系。有一种意见认为我们已经有许多多年积累使用的经典教材，在此基础上进行补充修订即可。另一种意见则认为从当前大数据与人工智能的发展情况来看，是否需要以互联网为基础重构教材体系，这是一个比较棘手的问题。

第四，中国特色和世界一流的关系。是中国特色一流还是国际化教材的一流，这两个关系是矛盾的还是重叠的？或者可以相互融合？所以新一套教材要建立在什么基础上面是需要考虑的。

三、建设举措

根据教材建设任务的紧迫性，可以先建设后完善，先使用后规范，先短期后长期进行安排。

根据不同专业的情况，探索教材形态的多样化，兼容并蓄，协同合作。

根据编写专家具体情况，可采取指定专家或招标制。

根据不同专业教材使用情况，分清轻重缓急，稳步推进。

根据多年来高校教材建设积累的资产，处理好与历年国家规划统编教材和马工程教材的关系。

具体步骤：抓紧落实核心课程教材建设名单—尽快组织教材编写队伍—确定教材完成时间表—定期督促检查教材完成进度—制定教材编写激励机制。

四、建设拟推荐名单（广告学板块）

据2021年统计，中国有610所左右高校建立有广告学专业，在新闻传播类专业中是最多的。从院校结构来看，应用型院校的学生培养是教材建设的主流，应在第二阶段教材建设中加大应用型教材建设的力度。广告学科助推品牌强国工程，公益广告助力社会主义核心价值观建设，足见广告学科的重要地位。

广告学专业以应用型为主，以高科技融入为先，以跨学科思维为底线，以中国品牌崛起为目标，其核心教材建设负有重大使命感。

建议第一批六门课程入选。主干课程三门，实务课程两门，新媒体广告一门。这些都是广告学专业的奠基课程，这些基础非常重要。

主干课程为"广告学概论""广告心理学""中外广告史"：前者是对广告学科的整体认识与学科定位；中间者是对消费心理的把握，是广告传播的出发点；后者是在历史的积淀中吸取经验，把握现代广告的发展方向，是广告学科厚重的历史见证。

实务课程为"广告策划""广告调查"：前者具有很强的实用性，可以达到综合运用广告理论知识的目的；后者可以把市场学的相关知识融进实际应用中，有与企业紧密结合的实操性。

新媒体广告方面的课程是"数字营销"，在数字经济时代，本课程是广告学科转型升级的重要标志。

以广告学科为例。中国广告教育经过四十年的发展，广告专业的教材建设已经取得丰硕的成果，出现多套较为成熟的系列教材。广告学科学生的培养以应用型为主，教材方面也要统筹考虑。在广告学教材建设方面，有三个方面的内容需要注意：第一是主干方面的课程以理论为主；第二是实务性的课程以技术和媒介融合为主；第三是新媒体方面，网络数字与智能化在广告方面的运用。可以把这三个部分作为基本架构来建立第一批广告学科的教材编写。当然，除了第一批之外，今后第二批、第三批还可以考虑其他多样化教材的问题。

建议要更大范围地调动有条件的高校参与教材建设的积极性，弘扬责任、担当、共建共享精神，以高度的政治责任感与历史使命感，以时不我待、只争朝夕的精神投入教材建设工作。强化统筹协调，抓好重点任务推进，落实落细各项举措，信心满满地推动高校教材高质量建设，为实现新闻传播战略型人才培养做出新的更大贡献。

厦门大学数字化转型中的广告教育探索

从1983年厦门大学设立广告学专业开始,四十多年来,中国的广告教育基本上是成功的。高校广告教育为广告产业的发展提供了大量优秀人才,支撑了快速发展的中国广告业。而进入21世纪,特别是近十年来,随着互联网平台型广告的快速崛起,传统广告业务渐入衰退,广告与营销的边界更加模糊。诞生于传统广告时代的广告专业理论与当今广告产业实践的距离正在发生变化,广告专业教育适应于产业实践的问题日益突出。数字化转型中的中国广告教育路在何方?如何在当今汹涌的数字化浪潮中彰显广告学科存在的价值?这些都是今天广告界人士十分关心的问题。

随着经济的发展及媒介技术的不断更新,我国广告业人才供给与需求关系发生深刻变化,高等教育结构性矛盾更加突出,人才培养结构和质量尚不适应经济结构调整和产业升级的要求。我国广告教育存在的主要问题是广告人才的培养与行业发展脱节严重。广告教育过程的诸多要素也存在发展困境。例如,教师角色存在的问题,广告专业的教师队伍知识结构陈旧,教师缺乏实践经验,不能把前沿的行业知识和实践经验传授给学生,因此教师面临知识结构和实践经验两方面的困境;同时还存在教材滞后的问题,在新媒体的背景下,很多新媒体课程缺乏较前沿又有理论基础的合适教材的支撑。高校广告人才输出与行业新媒体人才需求质的不匹配是广告教育的突出问题,这些问题必然影响广告人才培养的质量，使得受教育对象在知识体系和实践能力上与行业的需求相差甚远。

全国广告专业面临来自自身发展的挑战。从2014年开始，我国本科院校广告学专业逐步减少，从2014年的352所减少到2021年的280所。这些数据变化一方面是因为国家推动部分地方普通本科高校向应用型转型的结果，另一方面也反映了我国高校广告专业发展中存在质量不高或同质化的问题。从宏观到微观，都可以看出我国广告专业发展面临转型和改革的迫切需求。

人才培养是我国广告教育的根本，也是广告专业的发展之本。广告学界和广告教育界应该立足于社会发展的需求，与时俱进，深入了解行业需求，重视培养能够适应行业发展变化，满足行业发展需求，与新媒体环境实现良好对接的广告人才。

一、对广告行业的基本评估

当前要讨论数字化转型中的中国广告教育的出路问题，首先要对广告行业有个基本的评估。

第一，是否重建新广告产业之理念。有人认为，移动互联网时代，融合型、生态型平台已成为媒体、信息与互联网产业融合发展的主流模式，由此而形成的多层次、各领域、融合型平台集"平台+内容+服务"于一体，汇内容展示、用户凝聚、编辑服务、资讯搜索、社交分享、广告营销等功能于一身，打造包括广告在内的完整产业链和平台生态圈。因此需重建新广告产业之理念，即将新兴推广平台、数据公司、智能内容、场景生产等进行包容性整合，真正形成与信息时代高度吻合的高科技新型服务产业。

第二，广告教育是跟风行业还是理论超前。广告教育要引领业界的发展，还是根据业界的需求，学术研究跟着业界跑，这是历来有争议的问题。有人认为"广告教育的'饥饿点'已经发生转变"。以往业界讲师带几个最新实操案例来给同学们讲课就很有效果，现在业界最新案例老师在课堂都已经讲过了，网络上也看过了，同学们感兴趣的并不仅限于有意思的光鲜创意表面，而与他们自身相关知识能力与思考的提升有关。因此，广告教育应"新媒体化"，还是追随业界而"案例化"，就引起争议。结论认为面对新技术新媒体新玩法的冲击，必须回溯到以"人"为中心的传播实践与理论研究中来。

第三，广告的生命力。什么是广告业立于不败之地的核心竞争力？一些学者认为，广告的生命力仍然在于其理性的策划与感性的创意。一百多年前麦肯公司提出的"善诠涵义，巧传真实"仍然是广告行业的服务宗旨和作业目标。有人甚至认为，广告是实践性的专业，其教学过程和内容必须围绕训练学生提高广告活动的策划能力和广告作品的创意能力而展开。检验广告学专业学生是否合格的最重要的标准就应该是其广告策划案的撰写而不是毕业论文的撰写。大数据和智能化在广告活动的过程中究竟应该如何应用，尤其是在保护消费者隐私不得被侵犯和滥用的前提下被应用，则似乎仍然是一个尚需研究的课题。

第四，技术主导。有人认为，广告活动的最重要生产要素将不再是人（这里尤指创意和策略），而是数据和智能，少数核心化技术和枢纽型工具将确定着整个社会广告活动的水平。

在中国广告发展进入第二个四十年之际，技术与品牌对广告的影响显得越来越重要。当前我们极为关注全媒体时代广告行业的创新与发展趋势，互联网的移动化变革，传统媒介的转型与改革，媒介间的竞争和融合等；关注5G物联时代的数字营销新态势，5G技术的发展推动经济社会数字化、网络化、智能化发展再上新台阶，探讨行业如何顺应新的用户需求，促进技术落地和商业部署，建立全新的合作模式和行业形态；关注AI科技赋能智慧商业，AI科技与创意正在实现真正融合，全面提高营销的效率；还关注品牌的开放发展、竞争与社会责任，品牌、娱乐、科技——新时代创意行业的跨界融合等。技术是否已上升为广告业中最重要的主导因素？

二、近期广告教育调研的发现

厦大研究团队2019年通过对五百多份调查问卷的分析及对深度访谈问卷的研究，深入而详细地了解到我国广告行业对新环境下广告人才的需求现状。其中一部分调查结果验证了学界现有的结论；另一部分调查结果则属于对广告业人才需求的新发现。其呈现的研究成果，也为我国正在进行的广告教育改革提供借鉴。

1. 广告人才专业核心能力不变

众多学者的研究成果显示广告业对新媒体人才的需求巨大，处于"急切需求"状态。但这次的研究发现，广告业界对于新媒体人才有急切需求的不足三分之一，近三分之二的企业处于有需求但"不急需"的状态。深度访谈发现，在新媒体技术飞速发展的背景下，企业对新媒体人才已经过了最急需的阶段，他们有了探索的经验。有的企业在新媒体运作方面很成熟，有稳定的团队，也有单独的预算和编制支持。一些企业对新媒体人才储备比较谨慎，更多采取内部培养的方式。还有一些企业通过第三方的广告公司来满足自身需求。因此就整个行业来说，对于新媒体人才的需求一直都存在，但并不急需。对于高校来说，及时准确地掌握行业人才需求现状，才有益于人才培养方案的制定，有助于解决人才培养层面的重点症结及问题。

2. 不同单位类型的广告人才需求排序有差异

交叉分析不同类型单位的人才需求发现，不同类型企业对广告人才技能方面的需求存在显著差异。

具体来看，甲方企业最需要运营类和市场营销类广告人才，新媒体技能最看重文本编辑与活动推广技能；广告代理公司最需要整合营销策划人才，新媒体技能最看重文本制作、活动推广和大数据分析；数字营销公司最需要运营类、市场类和整合营销策划类人才，新媒体技能最看重文本制作与编辑及活动推广技能，与甲方企业较为类似；创意传播公司最需要的创意型人才，新媒体技能看重文本及视频编辑与制作；咨询公司最需要市场类广告人才，但总体看，各类人才需求较为均衡，新媒体技能强调文本、视频制作与编辑及大数据分析；媒介公司需要的人才类型较为综合，各种类型占比差距不大，以运营类需求最多，新媒体技能侧重文本编辑和大数据分析，总体与咨询公司很接近；整合传播集团最需要运营类、市场类，整合营销策划和创意类占比较高，新媒体技能重视文本、视频编辑与制作、大数据分析。

这些广告人才需求的"差异性"，决定了各院校广告人才培养方案的特色与优势。

3. 需重视课程的"实效性"

调查显示高校广告人才输出的最大问题是学生不能有效地把所学知识运用到实践中，当然学生实践性不足的问题在学界已有共识，本研究延伸出另一个问题，不管是传统课程还是新媒体课程，在授课过程中检视课程的实践效果都必不可少。

对毕业生回访中，很多毕业生反馈课程知识的学习比较肤浅，工作时大部分课程用不上，需要从工作实践中重新磨炼学习。首先，在新媒体背景下，要提高课程的"实效性"，就要改善课程的软硬件配置。这可以从一些高校的创新做法中学习借鉴。以北京大学为例，该校积极在行业资源、专业赛事、软硬件等方面与企业进行创新合作，取得很好的授课效果。其次，提高课程的"实效性"需要高校不断提高师资团队的专业性和实操能力。本研究认为可以参考业界的建议进行基础层面的改变和尝试。如高校可以派教师进入行业挂职或实践，参与公司的实际运作，了解业务流程，提高专业实践能力，同时教师可以对公司日常的运营进行分析和优化，作为公司的外脑而存在，发挥各自的优势，进行能力互补。

三、应该深入思考的问题

中国广告教育已经发展了四十多年，外部条件及内部环境都发生巨大变化，要在变化的内涵上把握未来的趋势。

1. 变与不变的关系

调查发现，无论从岗位类型看还是需要的人才技能看，受访者认为新媒体运营能力及数据分析能力都非常重要。高校要根据行业发展及人才需求中的新变化增加相应的新媒体课程，如"新媒体文本编辑""视频剪辑""大数据分析""新媒体运营"。

大数据、智能化和互联网自媒体的到来当然会影响传统广告的作业方式，但不能有意无意地去夸大这种影响。毕竟，对于传统广告而言，数据、智能化和互联网自媒体只改变了广告诉求信息的传播方式或者传播载体而已，传统广告的核心与灵魂（策划与创意），也就是广告活动的分析思路与广告创意的诉求，不太可能改变太多。数字时代带来的变革更多在技术、方法和手段等外在方面，内在的很多东西，诸如洞察消费者、发现需求、满足需求和情感沟通等则较少改变，因而营销人、媒体人正在这"变"与"不变"之间施展才能，这正是数字营销时代赋予营销人、媒体人的新使命！

2. 核心课程不能丢

有研究者认为广告教育中一些基本的原则和原理在新媒体日益发展的今天依然没有变。因此无论是最需要的岗位还是最需要的技能，企业依然看重文案撰写、创意策划等传统课程侧重培养的能力，核心能力的不变侧面验证了与核心能力相对应的广告教育内容的不变和重要。深度访谈中一些企业特别看重学生的营销敏感度及用户洞察能力。高校文案类课程、策划类课程、市场调研、消费者研究等传统核心课程的地位依然重要，但需要继续挖掘此类课程的内容深度并使其能与行业衔接。

3. 中国广告理论研究的进路变化了

中国广告学走过初期的探索阶段，而今的情况已大不相同——遭遇数字传播的解构性冲击。以数字技术为基础的互联网发展不仅改变着社会传播的方式，也影响并推进人类对传播行为的认知。原创中国广告学应该遵循其内在的学科逻辑，在推动中国广告产业从粗放型增长到集约化发展、从传统广告向数字广告的双重转型过程中，建构起有中国特色的完形的广告学知识体系。为此，明确广告学研究的文本研究、运动研究、产业研究、广告与关联方的关系研究等四大研究范畴，聚合产学两界、广告与关联专业学者在内的学术共同体，从单一研究范式向多向度研究范式转变进而形成广告学特有的研究范式，这些都是未来可行的研究进路。

4. 综合审视广告专业自身发展之路

总体上看，行业对广告人才的需求和高校人才培养的现状存在一定程度的偏差。对于偏差的解读，研究认为一方面需要教育者深入而准确地了解行业的人才需求状况，判断人才培养与行业的需求存在何种维度的偏差，结合教育规律和目标进行批判性地思考，有针对性地解决；另一方面，培养广告人才时，高校的广告教育改革仍需结合自身的发展定位、专业特色及地域情况综合审视，寻求适合自身特色也顺应社会潮流的发展之路。

调查发现，各种类型单位最需要的岗位类型为"策划创意类"，尤其在广告代理公司中占比最大，达78.57%。其次来看，占比第二高的岗位类型，不同类型单位差别较大：如甲方企业、数字营销公司、创意传播公司及整合传播集团较一致，最需要"新/自媒体运营"类岗位；广告代理公司、咨询公司较为一致，最需要"大数据分析"类岗位。排名第三的岗位类型基本都为"新闻采编/文案"类岗位。总体可见，除了最需要的策略及创意类岗位外，广告代理公司、咨询公司更需要大数据分析类岗位，甲方企业、数字营销公司、创意传播公司更侧重需要新媒体及自媒体运营类岗位。

通过以上分析可以看出，无论从岗位类型，到最需要的广告人才类型及最需要的新媒体技能，不同类型企业单位的排序和侧重都有不同。高校进行广告人才培养的时候，尤其要注意各自的人才培养定位及毕业生去向，同时，高校在制定人才培养大纲时，应对照各种专业能力并能重视一些核心能力在人才培养中的比重，总体上应有所侧重或考量。

5. 重视技术带来的某些颠覆性影响

相对于传统营销和传统媒体，数字营销给营销市场、媒体市场带来的变革可用"颠覆性"三字来形容。中国广告业的发展有一点趋势是鲜明的，那就是互联网平台型广告巨头的崛起，疫情爆发加速了这一进程。拥有抖音和今日头条等产品的母公司"字节跳动"广告收入从2016年的60亿元到2017年的150亿元，2018年的500亿元，再到2019年的1 200多亿元，呈现几何式的增长态势。

当前，影响广告业的技术、用户、市场规模、市场主体都发生颠覆性变化。一方面由于传媒业的边界大大拓展，网络广告、网络游戏、知识服务、电竞、直播、大数据服务等新兴传媒产业蓬勃发展，传统传媒单位和企业持续衰落，已经处于边缘地位，新兴的互联网新贵已经成为传媒业的主导力量。另一方面，大数据、人工智能、5G新技术彻底打破不同产业之间的界限，广告业与其他产业快速深度融合，市场规模大大增加，新商业模式和盈利模式不断涌现。在大浪淘沙的行业变局中，行业服务的主体、流程、边界都发生深刻变化。对于这个颠覆性的时代，有人曾用"变化是当前唯一不变的主题"来形容，这无疑正是当前数字营销市场状况的真实写照。

四、厦门大学广告教育数字化转型探索

厦门大学作为中国广告教育的发源地，要继续保持领军地位，就必须不断前行，不断探索。

1. 观念调整

目前高校人才培养存在最主要的问题是学生无法将知识应用到实践中去。深度访谈中一些受访者认为传统的新媒体教学过程中，学生只学习内容、技术，而未能将其融合进行业，这对未来的就业是一个障碍。新媒体人员回归产业、回归市场，要具备服务商业组织的意识，这必然要求有实践经验和能力，而这都是目前高校的教育过程中一直存在的问题和困难。

数据分析与挖掘能力不足显然是专业核心能力方面的不足，目前高校中这类课程，无论是硬件还是软件，均较为匮乏，造成此类课程效果不佳；毕业生不了解基本业务流程这一问题也值得被重视，学生所学课程均是单个科目的学习，掌握的理论知识较多，而缺乏对基本业务整体层面的了解，无法

对工作整体进行有逻辑的思考；新媒体相关知识欠缺主要是学生对新媒体的认知不完整，认为新媒体就是发发文案、做做活动、拉拉粉丝，真正懂新媒体的人才比较稀缺。厦大广告教育已经意识到这些问题，并在课程改革中适当增加新媒体知识的相关内容，在"变与不变"中调整整体培养方案。

2. 立德树人

根据2020年10月中共中央、国务院印发的《深化新时代教育评价改革总体方案》的要求，未来高校对学生思想政治教育和价值观引领是个长期过程。因此广告学专业遵循人才成长规律，从"人""课""书""班""行"，全方位、全时段进行学生的思政教育。"人"从教师、学长、校友和先进人物树立楷模，在生活学习中润物细无声地加以影响；"课"则是加强"课程思政"建设，每门课包含思政教育；"书"则是鼓励学习，加强政治理论学习，读马克思主义经典著作；"班"则是扩大"马新班"规模，对马克思新闻理论进行研习；"事"让学生做事，在行动中立德树人，包括参加社会实践，为政府、媒体和企业解决品牌建设、形象传播等问题。

3. 课程更新

厦大1983年开始摸索的广告课程设置，四十多年来已经过无数次修订，转型期最需要的是开设网络新媒体课程。通过调查发现，超过半数的受访者认为高校广告专业应开设新媒体和自媒体运营、大数据分析及新媒体节目策划课程。从这些课程来看，行业从业者最建议增加的课程均为新媒体相关课程。这些建议可以帮助高校内部进行课程对照或借鉴，也符合广告业转型期人才培养核心能力的要求。

随着信息技术的革命，5G时代到来，非常需要培养擅于运用新媒体技术和大数据分析技能为国家和地区经济建设和精神文明进行创意传播的人才。因而本专业从两处着手，一是着手组建创意传播课程组，包括"视听广告创作""活动营销""新媒体营销"和"社交媒体公关"等；二是正在组建的数据挖掘课程组，包括"计算广告""市场营销"和"数据挖掘与分析"。

4. 新教材编纂

面临着新旧媒体的博弈，技术的进步与消费心理的变化，广告理论一定是在变与不变的融合中进行的。1993年开始，厦门大学广告学系陆续出版我国高校第一套广告学系列教材"21世纪广告丛书"。2019年，决定出版适应数字时代转型期的第二套教材"厦大新广告教材丛书"，其基本广告原理不变，但内涵与运用手段还是在不断的变化中。新教材反映了当前广告专业课程的提升与内容变化，强调广告理论的指导作用；能真正把新时期教学中积累的经验与问题作为研究对象，在教与学的互动过程中检验实际应用的效果；以跨学科研究的视野与超常的厚重成果积累，为广告学术进行范式转型、走向"创新主导"提供宝贵的经验。希望厦大广告新教材在转型与提升中找到自己的位置。

2019年开始的新一轮的一流教材建设工作，厦大已陆续出版《新闻传播统计学基础》和《广告文案写作进阶指南》，还将陆续出版《新媒体广告》《互联网时代的广告经营与管理》《社交媒体时代的战略传播：共创、共享与对话》《大数据挖掘与分析》《广告设计入门》等。力求紧跟媒体融合和行业发展新动态，写出本土化和具有新时期特色的教材。

5. 走向创新主导

创新主导是新旧媒体功能转换的重要力量，也是广告教育在数字化背景下体验创新的动力。秉承"新文科、新广告"理念，发力计算传播，布局创意传播。如在课程中增加"公益广告创意设计"的创新课程，迎合当前公益广告发展的需要；在文案课程中引入互联网广告文案的内容；在战略传播方面开设课程，增加学生的社会视野。本专业还采取跨学科、跨专业合作思路，与信息学院合作教学，共享课程，共同申报和建设"中国品牌数字孪生实验室"，有计划地引进相关专业师资，计划开设"计算广告""大数据挖掘"等方面的新课程。此外，2019年，电影金鸡百花奖和中国国际广告节相继落户厦门，厦门大学与英国卡迪夫大学合作创立创意学院。在这些利好条件下，我系将与我校的创意学院、艺术学院合作，开展时尚传播方向的科研、教学和人才培养。

在总体理论研究方面，希望能重点整理、研究并产出符合中国互联网数字智能（广告）品牌传播前沿发展的知识体系，以及相关理论模型能够统领互联网企业的创新实践。这些努力都有助于广告教育的转型。

面对未来广告业的巨大变化，最迫切需要做出改革的是我们的广告教育。今天的广告教育方式是为了适应工业化流水线生产而建立的，而我们需要面向数字时代的新的广告教育方式。传统的广告服务模式、广告行业生态正在发生着深刻的变化，加快广告专业教育改革与理论创新，让广告专业教育更好地服务广告产业，这是高校广告专业教育亟待改革创新的迫切需要。只要坚定方向信念和行动，就一定能应对挑战，把握机遇，为中国的广告事业培养更多优秀的人才。

公益广告的时代使命与发展

公益广告是社会主义精神文明建设的重要抓手,也是中国广告业的重要组成部分。在新时期加强公益广告传播,是时代的使命与要求。

一、公益广告的发展要求——提高社会治理效能

中国共产党第二十次全国代表大会提出,要"完善社会治理体系""健全共建共治共享的社会治理制度""提升社会治理效能""畅通和规范群众诉求表达、利益协调、权益保障通道""建设人人有责、人人尽责、人人享有的社会治理共同体"。这与公益广告的社会和学术的内在逻辑要求高度一致,也是发挥公益广告在我国国家治理体系和治理能力方面作用的重要抓手。

公益广告作为一种有广告艺术文化魅力的社会宣传、教育力量和不可或缺的思想政治教育形式,已成为我国综合治理社会问题重要体系的组成部分,其社会功能也不容忽视,它具有商业广告和其他宣传、教育形式难以替代的作用和独特的地位。

公益广告的价值是什么?公益广告最主要的价值是传播社会常识,传播正面价值,传播社会主流观念。一个故事打动人心,一幅图片扣人心弦,一句话给人力量。公益广告制作精美简洁、创意鲜活,能够倡导文明、弘扬美德、服务社会,向社会积极传递正能量。

公益广告被称为社会文明的旗帜、国家理想的标杆,它传播正能量,引

导社会风尚，弘扬社会主义核心价值观。一则好的公益广告能够将依着性和动情点融为一体，让人们在欣赏中产生共鸣，在共鸣中增加认同感，在潜移默化中践行真、善、美，更深切地理解社会主义核心价值的真谛。广告不仅是国民经济发展的晴雨表，而且影响受众的意识形态。

广告不仅承担着促进社会经济发展的重要作用，还担负着促进社会精神文明建设的重任。尤其是公益广告，在我国思想政治教育和社会主义精神文明建设中发挥着重要作用。

目前公益广告存在的主要问题有：各级领导重视程度不够；资金缺乏；受众参与度低；市场化运作程度低；对新媒体利用度不高；缺乏市场调研与效果评估。

二、公益广告的政治站位——要融入国家高端对话平台

党的二十大报告提出，实现中国式现代化既需要强大的物质力量，也需要强大的精神力量。奋进新征程，公益广告大有可为。

中国式现代化在于全面推进中华民族的伟大复兴，是新时期我国公益广告的伟大使命。

1. 在国家重大使命上站位

今天中国广告业最需要自己给自己定位。中国广告业要确定自己的愿景使命和价值观，这一点非常重要，这有助于缩短减少广告业探索的时间和成本。当代中国广告业有两大使命：一是品牌强国，二是治国理政。在与国家发展同频共振中找到高端对话平台。

党和国家高度重视品牌与广告的发展，简单概括为一个目标、两个战略、三个转变和四个原则

一个目标：为实现中国梦而奋斗。

两个战略：一是品牌强国战略，二是公益广告治国战略。

三个转变：推动中国制造向中国创造转变，中国速度向中国质量转变，中国产品向中国品牌转变。

四个原则：宣传中国产品，展示中国形象，讲好中国故事，弘扬中国精神。

2. 在国家发展战略上站位

党的二十大报告中提出的"中国式现代化"引发热议，以中国式现代化全面推进中华民族的伟大复兴，其中之一是物质文明和精神文明相协调的现代化。

中央电视台为响应党中央关于"推动全民思想道德建设工作"的号召，利用自身资源的优势，制作了大批精品影视公益广告为公众传播。公益广告倡导积极、健康的价值观，弘扬正气、引导舆论，大力提倡"讲文明，树新风，创造和谐社会"。

公益广告照亮创建精神文明的道路，为社会文明指引方向！

三、公益广告的理论站位——构筑中华文化严谨内涵

从全球公益广告的发展而言，公益广告已不单纯作用于规范公民的社会行为、维护社会公德，更根植于民族文化的血液中。

（一）公益广告要以传统文化为根基

文明需要传承，文化需要延续，让城市留下记忆，让人们记住乡愁。

1. 传承优秀中华文化

提炼展示中华优秀传统文化的精神标识和文化精髓。中华优秀传统文化是中华民族的文化根脉，其蕴含的思想观念、人文精神、道德规范，不仅是中国人思想和精神的内核，对解决人类问题也有重要价值。中华优秀传统文化是我们讲好中国故事、传播好中国声音的无尽源泉。

要用公益广告把优秀传统文化的精神标识提炼出来、展示出来，把优秀传统文化中具有当代价值、世界意义的文化精髓提炼出来、展示出来，不断提高中华文化的影响力。

2. 运用地域性公益广告文化符号

公益广告传播一般具有明显的地域性，要根据各地不同情况，大力开发

与推进地域性公益广告文化符号的运用。具有地域性的文化符号蕴含着特殊的文化历史、图形图案、地域人文、家训家教家风及饮食风俗,是经过文化历史逐渐演变而来的一种具象的文化符号,也是在文化历史长河中不断提炼演化出来的一种精神。如民俗文化作为地域特色明显的符号,与当地受众之间的距离很近,可以很好地吸引受众的注意,适当应用必将推动公益广告效果的提升。

3. 创新公益广告创作

将承载中华文化中国精神的价值符号运用到公益广告作品创意设计中。将中华传统文化的优秀基因充分地挖掘出来,进而才谈得上结合时代需要,对优秀传统文化所蕴含的思想观念、人文精神、道德规范进行创造性转化和创新性发展。

(二)构筑理论研究高地

公益广告是社会主义核心价值观的重要传播途径。2012年党的十八大报告凝练出"富强、民主、文明、和谐;自由、平等、公正、法治;爱国、敬业、诚信、友善"二十四字"社会主义核心价值观",传播及践行这一核心价值观便成为与国家高端对话的平台,也成为我国公益广告创作与传播的重要使命。

必须从公益广告发布主体角度,探讨公益广告如何系统、有序、创意地呈现与传播"二十四字"核心价值观;尤其是在媒介技术发展,传播环境变化的当代,可否通过建构受众需求驱动的"核心价值观"公益广告传播模型,打造适应传播环境变化的"核心价值观"公益广告传播系统工程,实现"核心价值观"公益广告服务党中央"治国理政"方针的战略目标。

在公益广告的研究中,需在总体上搭建科学、实用、可以推广、富有价值的研究框架。

总体研究框架必须考虑以下五个部分:一是"公益广告的历史渊源与发展轨迹研究",二是"公益广告视觉艺术表现与发展研究",三是"公益广告与中华文化的传承和创新研究",四是"公益广告推动社会实践创新效果研究",五是"公益广告与社会主义核心价值观研究"。

四、公益广告的发展对策——新媒体背景下的全民参与

公益广告在发展中不仅需要传统媒体积极参与，更需要新媒体发挥自己的优势，共同高度重视公益广告制作刊播工作，在提高制作水平和扩大传播效果上下功夫，在加强资源整合与完善长效机制上下功夫，努力推出更多紧扣时代脉搏、扎根人民群众、引领文明新风的优秀公益广告作品。

要发动全民参与，唤起更多人心中的爱和善意，使崇高理想信念、价值理念、道德观念，更好内化于心、外化于行，为全面建设社会主义现代化国家凝聚起磅礴力量。

当前发展的主要对策可以归纳为以下几点：

1. 运用新媒体手段

新媒体运用的时效性、互动性、传播性和大规模输出性，是公益广告新时期应重视发展的方向。而平台技术、受众、市场、资本、知识产权政策乃至公益广告的高质量创意等等，又成为影响其更新迭代、发展前景、成长模式的关键要素。

2. 激发全民参与的创作热情

以当前网络文学为例：疫情期间，网络文学作家数量已突破两千万，作品累计规模近三千万部，网络文学唤醒了大众的阅读梦、写作梦，也为促进国家所倡导的全民阅读产生了不可替代的作用。同样的，只有鼓励大众全民参与公益广告创作，接地气地表达主题，引入新媒体手段，用真心互动，就必将迎来公益广告的大发展时代。

3. 讲好公益广告故事

讲故事是人类的本能。坚持讲好中国故事、传播好中国声音，是党的十八大以来宣传思想工作的重要理论创新，是做好新形势下对外宣传工作的根本遵循。我们要深刻领会，努力实践，向世界展现真实、立体、全面的中国，提高国家文化软实力和中华文化影响力，让世界更好地了解中国，努力扩大我国在世界的影响力。

4. 加强政策引导

各级领导要深刻认识到公益广告的社会作用，在宏观上加强指导，在具体发展上要有行之有效的措施，如发动各类团体举办丰富多彩的公益广告命题作文，公益广告大赛（年度大赛、地区大赛、类别大赛、跨区大赛等等），提倡公益广告版权保护，重视公益广告效果评估等。

5. 坚持新发展理念

树立新发展理念，构建新发展格局。如何让公益广告与艺术在追求高质量发展的道路上同行共远，"多元化、精品化、专业化、主流化、时代化"或许是当前和今后一个时期公益广告发展的首要任务。

6. 建设公益广告样板城市

为充分发挥公益广告宣传在推进社会主义核心价值体系建设，培育知荣辱、讲正气、做奉献、促和谐的良好风尚中的重要作用，建议建立厦门市"公益广告一条街"，把每年中广协公益广告"黄河奖"优秀的获奖作品进行公开展示，充分发挥公益广告在培育和弘扬社会主义核心价值观方面的养正守成的作用。特别是每年在厦门举办的中国国际广告节期间，可以向全国及世界广告界同行展示中国城市精神文明建设的丰硕成果。

I 40

印象与访谈

Impressions and Interviews

我与中国广告教育四十年
(1983—2023)

深爱无音品激流　博学有声德静厚
创新中国广告教育的广告教育家
我对陈培爱老师的印象
静水深流　生命长青
在广告教育的荒原上开拓
到中流击水　浪遏飞舟
在中国广告教育的荒原上探索前行
中国广告学科的五大战役
师生缘　广告情
广告学永远年轻
二十六年前的考研
我与厦大广告的故事
培时代东风，图南强大爱
陈培爱：奋斗点灯，培育中国广告百花园

张默闻

张默闻策划集团创始人、董事长,
张默闻中美联合商学院集团创办院长,
毕业于南开大学,后就读于长江商学院EMBA。
中国十大营销策划家,
中国排名第二的策划人,
中国当代杰出广告人,
中国百亿品牌操盘手,
首届中国经典传播大奖年度人物,
中国百位年度营销人物,
中国广告长城奖中国二十人,
中国品牌传播三十年杰出贡献人物,
改革开放三十年中国策划标志人物。
策划界有"北有叶茂中,南有张默闻"之说。

深爱无音品激流　博学有声德静厚

序

我没有成为他的学生，是幸福的事，这样我的描述就没有师生之间的那种纠缠；我没有成为他的朋友，是轻松的事，这样我的描写就没有朋友写朋友不得不说好的尴尬。好在，我在边读边写培爱先生，我努力做到还原真实，做到良心与责任同安。我们以后会是朋友。

广告人杂志社的主编穆虹老师说："培爱老师为中国广告教育含辛茹苦三十年，应该为您写点什么。"简单而轻盈的一句善意，温暖而飘逸的一种敬仰，在培爱先生那里立刻融化了。培爱先生以最快的速度回答她说，让张默闻写吧。

与文字斗法数年，仰仗年轻也可轻薄地写写生活，说说时事，虽然文风凌厉，大家前辈还是愿意宽容，才有了默闻繁衍生息文字于广告江湖的幸运。我有两怕，一怕写大师，二怕写情感。最害怕的还是写德高望重的广告大师。在中国广告界需要我顶礼膜拜的前辈可以从北京东直门一直排到长城上，尊敬尚且不及，写大师更是遥远理想，深恐因我眼浅手低而惹前辈，所以不是纠缠很久或者到处刨根问底，我是不敢动笔的。

一

最近在京，有幸和中国著名广告教育家陈培爱先生共进晚餐。培爱先生在上座，我正好和他斜成一条线。可以放肆地观察他，阅读他，但是我除了阅读到了他沉静的心和那双善意温暖的眼神，我几乎一无所获。当他的羚羊般的笑意传递给我的时候，我突然觉得那种眼神很清醇，甚至有点天真，我阅读不到调皮、冲动、固执，我甚至想到了历史课本中的孔子的表情，透过微微抖动的酒，我几乎可以感受到他慈祥而宁静的心向我扑了过来。

我沉默了，我站起来了，我靠近了先生，我那么虔诚地拥抱了他，我说，我写，我一定能写个还原本色的先生。我的内心告诉我，写好先生很难，也许先生是个没有故事的人，但是最没有故事的人内心却藏着世界上最动人的故事。先生的握手很坚定，一如他为中国广告教育指路那么慷慨和充满力量，我感受得到。

我写培爱先生的任务是培爱先生给我的，我觉得培爱先生是个不会选择错误答案的人。也许我的憨厚和先生心中的静厚产生了交集，我珍惜这种缘分。

人，让一个人喜欢很容易，让一群智商极高的人喜欢很不容易，让一群中国广告界、教育界的大腕喜欢就更不容易。培爱先生做到了，而且，是让别人也做到了，做到了让别人对他的尊敬是那么心甘情愿，是那么顺理成章。判断一个人的品德好坏一定要看三种东西：一是他作为了什么，二是他忍受了什么，三是他见证了什么。培爱先生在这三种东西上都交了满意的答卷：没有原则性的失分，也没有把题目做偏。三十年来他为中国的广告教育开辟了先河，成就了中国广告后来的浩瀚汹涌。这是他的作为。三十年里，他忍受了学界的挑剔，用慈悲般的宽容平息了可能黑云压顶的战乱，换来柔顺的平坦。这是他的忍受。三十年来他见证了中国广告教育从青涩走向成熟，用一个人的呼喊引导着一个行业的崛起。这是他的见证。他，依然活跃在广告教育的讲台，不是他下不了课，是使命让他必须站在那里，接受学生对硕果的"剥削"。我没有从任何人那里找到可以为培爱先生树碑立传的故事，我找到的所能记载的就八个字——"忠厚长者，德高望重"，深刻地闪耀在中国广告行业的上空。

二

培爱先生的广告著作就是他安置在广告行业的一颗心，有一天他老了，但是他的著作依然代替他热爱这个行业，他的书将和他一样忠实于他的广告理想和所有的读者。

中国广告三十年，陈培爱的名字不只代表陈培爱，他更代表中国广告界，代表中国广告教育的前进声音。他很瘦,却一直占据举足轻重的位置,有时候看他你会突然有种辛酸,我难以想象他的内心需要多大的宽度才能平静地装下他那跳动起舞的教育灵感。对于一个重量级的人物,不管是张默闻的文章,还是文学大师的美文,都难以描述圆满,难以写尽他对中国广告三十年的贡献。我像猎犬一样搜罗着他三个阶段的三本代表性著作《广告原理与方法》《中外广告史》《创意产业发展与中国广告产业的升级》来管中窥豹,探讨陈培爱广告学术思想的形成与确定过程,探讨其对中国广告业高屋建瓴的学术指引。越深读越快乐,越深读越尊敬,书,不是因为精彩才能获得尊重,它本身焕发的影响力才是赢得尊重的重要标准。

培爱先生育有几女几子我尚且不知,但是这三本书却是他孕育所得。也许这三本书就验证了他是中国广告教育的忠臣,更奠定了他在中国广告教育界的大哥地位。

人生最怕一张白纸摆在眼前。1983年6月,历史就给了培爱先生一张白纸,厦门大学在新组建的新闻传播系中首创广告学专业。当时培爱先生任教于厦门大学中文系,研究当时最为热门的现代文学。培爱先生却以一句"书生意气,挥斥方遒"毅然决然踏出从中文到广告的"绝情"一步。中国第一个广告学专业成立,培爱先生首任广告学教研室主任。受任之时,一无师资,二无教材,三无课程设置模式,面对的是一张白纸,白得让人寒心亦让人绝望。没有师,可培养,可引进;没有课,可摸索;但结合中国实际同时兼顾发展需求的教材,一定要中国广告人自己拿出来,这一拿就把培爱先生的命与理想一并拿进去了。

在知识与经济都相对贫困的年代,他最重要的武器是笔和纸,他把散见于报刊中的粗浅的豆腐干式的有关广告的见解不厌其烦地一一摘抄。就是青年热血的恋爱时代也会把人的耐心消磨完毕,培爱先生彻底上演中国东西南北中的广告挖掘大游走,获取大量第一手资料。资料越丰满他越疯狂,有位广告界的资深大家说,"那时候的培爱老师就是个理想主义的文艺青年,广告已经成为他生命里的一个信仰,如果谁把这个信仰碎掉,培爱今天留在这个世界的一定是他的躯壳而不是他的广告精神"。

1984—1987年的三年里，培爱先生终于捧出《广告原理与方法》的初稿。就是这么一本《广告原理与方法》成为国内第一本从传播学原理研究广告的理论著作，也是广告理论本土化的早期成果之一，他提出以信息传播为主线贯串广告原理，以传播学理论为主线，全面论述广告的原则和规律，阐述了广告运作的一般程序与基本规律，首次在国内奠定从传播学原理研究广告的理论框架。让我们惊喜和欣慰的是，1987年《广告原理与方法》顺利出版后，以最快速度被国内众多高校选为专业教材，至2003年止一共印刷六次。

　　以《广告原理与方法》为理论范本，融入与时俱进的更新资料与创新内容改编的《广告学概论》于2004年出版，是全国广告学科第一套国家规范系列教材中的第一本著作，也是广告专业第一本国家级规划教材，至今学界仍然认为其具备"权威性与学术性的统一""全面性与前瞻性的统一""严谨性与可读性的统一""编排形式与教学目的的统一"，是国宝级广告教育教材。

三

　　培爱先生是骨子里很烂漫的人，但他选择了收敛，展示了自己伟大的平静心态。中文系出身的培爱先生，深知中华民族的传统文化是中华民族对于人类的伟大贡献。他充满浪漫色彩地认为"如果把广告作为一门艺术，其发展是植根于中华民族传统文化的深厚土壤。独具特色的语言文字，浩如烟海的文化典籍，嘉惠世界的科技工艺，精彩纷呈的文学艺术，充满智慧的哲学宗教，完备深刻的道德伦理，共同构成了中国传统文化的基本内容"，这段话整整影响了中国广告三十年的猛进史。为了广告教育的良性发展，使广告学科在理论、业务研究上拥有史的内涵，显得更加完整与全面，培爱先生开始有意识地收集广告史方面的资料，为他的第二本广告巨著《中外广告史》磨剑。1996年，他最终完成"中国大陆解放后第一本较系统的广告史书"——《中外广告史》，于1997年出版。《中外广告史》从历史角度，把广告传播手段的变化以历史唯物主义的观点，融入社会经济发展的背景中，拓展了学科的视野。从不同历史阶段社会经济发展的特点入手，找出原因，再分析传播手段的变化、创意策略的发展及营销思想的演进。在这个基础上，全面看待人类传播的历史，从传播这个视角来了解华夏文明自成体系的编织过程，从原始的人际传播到间接的工具传播、超个人的组织传播、简单的大众传播、现代化的网络传播，把广告史列入传播史的研究范畴，从侧面夯实广告学科发展的基础。

《中外广告史》采用历史唯物主义观点，客观地展示了从原始社会到鸦片战争、鸦片战争到建国前和新中国成立以来的广告历史进程，反映了中国广告业发生、发展、变化的基本脉络。广告史的研究为广告理论的研究奠定坚实的基础。本书以不同国家、地区的社会经济发展为主线，以不同历史阶段的传播手段变化为依托，史论结合，丰富了课程的教学内容。这本《中外广告史》填补了国内学术界的空白，充分注意学术研究静态与动态结合、重点与一般结合、传统学术型与应用型结合，被誉为"我国第一本成形的广告史专著""中国大陆解放后第一本较系统的广告史书"，学术水准至今未被超越，专著已出至二版六次印刷。如果说国内第一本从传播学原理研究广告的理论著作《广告原理与方法》奠定了从传播学原理研究广告的理论框架，那么中国大陆解放后第一本较系统的广告史书《中外广告史》则为我国广告史的研究奠定了坚实的基础，大大扩展了广告学研究的深度。

四

培爱先生的性格是安静的，几乎到了人如雕塑般宁静，但是他的热度却又每时每刻都在焦烤着你的灵魂，中国广告界，有此大师，中国广告至少快步二十年。

培爱先生是很不老实的，上有《广告原理与方法》，后有《中外广告史》，本来可以老老实实享受赞扬与风光，但他已经被广告完全"洗脑"，再次精彩，于是《创意产业发展与中国广告产业的升级》一书诞生了。光彩未褪，再晋光荣，我很喜欢他的再次亮刀。

他说："随着社会的发展科技的进步，人类社会又迎来了以数字媒体为标志的现代传播方式和以文化艺术为主的创意经济。在当今世界,创意产业已不再仅仅是一个理念,而是有着巨大经济效益的直接现实。"但是在我国大力提倡发展文化创意产业的洪流中,从有关政策到学者研究,人们将创意产业主要定义为动漫、影视、网游、工业设计、会展等,而少提及广告,甚至有学者提出,"中国目前还没有创意产业"。作为中国广告最早的学者之一,中国广告协会学术委员会主任、中国广告教育研究会会长,培爱先生生气了,他恳切希望广告业能在创意经济时代发挥出应当发挥的作用,拥有更为光明、辉煌的明天,对于广告在创意经济时代的失语状况,培爱哭了,但是他没有在这种失语状态中保持沉默,他坚定不移地捍卫着广告与广告学者的话语权,于2008年主编出版《创意产业发展与中国广告产业的升级》一书,振聋发聩地向社会上质疑广告行业的人群提出——广告业天生就是创意产业的骨干力量!一书见真情,先生明确提出中国的广告业,正面临着一个向创意产业迈进的转型期。广告业是创意产业的重要组成部分,正本清源,进一步明确广告业与创意产业的关系,把广告业纳入到创意产业的洪流中去。在确定二者关系后,前瞻性地指出伴随着产业升级,未来广告业有可能发展得更加专业、更加多元、更加丰富,更加具有妖娆的魅力。

我写的人多了,便觉得写得愈艰难。在一个人的性情里能找到幽默与感性,能找到可爱与尊敬,但是却找不到积淀深厚的职业美德。写培爱先生,与其在他本人身上找答案,不如在他的著作里找结果。我侥幸成功了,他的书,以及他书的分娩历程正是他"深爱无音品激流 博学有声德静厚"的真实写照。

五

培爱先生是中国广告理论的聚焦点,他身上有无数个角色,但是都生动漂亮。他不仅把理论孕育出来,更珍贵的是他不断颠覆自己的理论高度使之更具有国际视野与中国本色的广告理论大成。我没有资格进行培爱广告理论价值的估价,但是它很昂贵很稀有。

2008年4月18日,在"中国广告三十年突出贡献人物评选"颁奖晚会上培爱先生激情地走向领奖台时，历史已经给了他公正的回答：他为中国广告教育做出"历史性的贡献"，他获得最热烈最经久不息的掌声，中国广告界这个充满激情与进步，创想与灵性的王国里，无数的人为培爱先生鼓掌，更多人给了他拥抱，就一句"培爱，苦了你了"，让这个外表冷静，故事很少的男人热泪盈眶。

他的获奖感言里有这样一句话："中国的广告事业因为有了广告理论的支撑，才显得更加精彩。也正因为有了不断发展的广告理论，中国的广告事业才更加辉煌。"

中国广告界没有忘记培爱的寂寞与贡献，厦门大学新闻传播学院特聘教授，博士生导师，教育部新闻学学科教学指导委员会委员，中国广告协会学术委员会主任，中国新闻史学会副会长，中国广告教育研究会会长，福建省传播学会会长，这些庄严的帽子是全体中国广告人为他册封的荣誉，是记载他三十年为中国广告匍匐前进的每一厘米的荣誉和艰辛。

培爱先生是个广告教育家，幸运的是他懂得教育的最高境界是改变教育本身的局限，获得更加辽阔的创新教育。在培爱先生的广告教育体系中，我认为他有七个丰满的角色，每个角色都闪耀光辉。

第一个角色是：中国广告教育理念的奠基者。

《21世纪广告》这样报道培爱先生广告教育的奠基理论："陈培爱充分运用系统论观点，高屋建瓴地看到广告实践与广告学理论的互动发展，提出了，广告是一种操作性的社会实践，而广告学则是关于广告这种特殊的社会现象及其运动规律的科学理论知识体系，高校广告人才的素养最终会影响广告业的价值取向，影响媒体、广告主、广告公司对广告的价值观。"培爱先生从社会发展的高度，前瞻性地提出高校培养的广告人才必须具有五种精神——怀疑精神、批判精神、超越精神、探寻真理的精神和不唯上不唯书的独立精神；要具有做事的能力、做人的能力和创新的能力，其中最重要的是培养做人的能力；要有良知、讲道德、懂责任，传播"绿色信息"，促进人的精神与社会共同进步。这些观点为中国广告教育奠基，成为中国广告教育精神的"新论语"。

第二个角色是：中国广告教育模式与课程的编制者。

培爱先生对广告学专业课程的设置主要由四大部分组成：一是经济类课程；二是传播类课程；三是素质类课程；四是广告学专业的专业课程，这部分占全部课程的四分之一，其中包括广告学概论、广告策划、广告写作，广告设计、广播广告、电视广告、印刷广告、摄影广告、广告创意、广告管理学、广告心理学、广告艺术美学、商标广告学、公关原理与实务等。这些专业课程既有系统的理论，又有操作性强的实践，对培养广告界急需的高级专门人才发挥重大作用。他还开创性地提出广告教育评估体系，站在社会、广告业界的高度来培养广告人。培爱先生1983年开创的这种广告学人才培养模式延续了二十多年，沿着"量的发展—质的提升—国际接轨"的路子发展，对中国近百家高校的广告教育产生巨大影响及借鉴作用。

第三个角色是：中国广告教育教材最早的设计者。

20世纪90年代以后培爱先生主编了"21世纪广告丛书"，一共十本，包括《广告原理与方法》《如何成为杰出的广告文案撰稿人》《广告策划与策划书撰写》《印刷广告艺术》《广告调研技巧》《广告攻心术》《企业CI战略》《商标广告策略》《广告经营管理术》及《公共关系的基本原理与实务》，比较完整地涵盖了广告的各个领域，充分地指导了广告实践。这是我国学者出版的第一套高校广告学系列教材，为培养适应中国市场的广告人才做出巨大贡献。培爱先生成为中国广告教育教材最早的设计者。

第四个角色是：中国广告教育主张量的扩展的倡导者。

培爱先生爱思考，他看到社会对广告的需求，主张中国广告教育量上的扩展和积累，积极推动厦门大学广告学专业设立广告学青年教师进修班，为我国广告教育蓬勃发展准备了一大批的新鲜血液。1992年之后，全国高校广告学专业雨后春笋般纷纷设立，广告学专业在二十年左右的时间里迅速扩展到全国百所高校。广告学科从无到有，从新兴的边缘学科很快发展成为独立而很有发展前景的系统学科，拥有艺术型、经贸型、新闻传播型为主的三类教育模式。中国开设广告教育的院校已发展到270多所，校广告专业学生超过四万五千人。没有培爱先生对量的渴望就不可能出现今天这样壮美的广告教育风景线。

第五个角色是：中国广告教育主张延伸质的实践者。

作为中国广告学教育的积极推动者，培爱先生在中国广告学教育的蓬勃发展中并没有失去冷静。相反，在广告学教育的蓬勃之势中他开始反思广告学教育数量激增背后的得与失，恐惧培养出来的人才都是千人一面的"标准产品"或"通用产品"。他再次提倡中国广告教育应由"高速"向"高质"发展转变，呼吁教育界与广告业界共同努力，采取切实可行的措施，就能较大幅度地提高我国广告教育的质量，实现我国高等广告教育的可持续发展。

他建设性地指出要加强广告教育的市场意识观念："要使广告教育向'高质'转化，就要强化市场意识、服务意识、效益意识，要从计划经济条件下的办学方式转变到市场经济条件下的办学方式。"质量质量还是质量，中国广告教育在培爱先生的爱护下从量到质实现一跳高远的梦想。

第六个角色是：中国广告教育国际化视野的提高者。

培爱先生认为广告是为企业的营销服务的，而企业营销需要强硬的品牌做后盾。中国品牌与世界著名品牌之间的差距还相当大。广告人才必须为中国品牌的国际化服务，广告教育也必须面对国际化的挑战。必须从研究国际经济、国际广告管理法规、国际广告运行机制出发，充分认识国际化对中国广告的长远影响，从而得出中国广告的应对措施。而高校广告教育要与时俱进，做出必要的调整措施。中国的广告教育与实践必须立足中国的社会实践，体现中国的传统文化，凝聚中国的智慧成果，显示中华文化的吸引力与辐射力。改革开放三十年，证明了中国广告教育国际化的前瞻性是何等的让人欣喜和感动。

第七个角色是：中国广告教育融合创意产业的呐喊者

如果说以往经济的增长方式主要是依靠资本与劳动力的推动，金钱与资本的力量是其发展的主要因素的话，那么，进入21世纪之后，人们谈论更多的却是创意的力量在未来经济发展中的主导作用。在当今世界，创意产业已不再仅仅是一个理念，而是有着巨大经济效益的直接现实。培爱先生清醒地看到，广告业其实就是创意产业的一个部分，它们内在的特性和性质是相同的，只不过广告业的形成和发展比创意产业早，结构和内容也相对简单。创意产业是更高一层的创意市场，包含的内涵深入到社会的各个角落，带来的经济效益也更为可观。毫无疑问，培爱先生的义举再次把中国广告业直接推向了全球创意产业的巅峰，为中国广告业的探索与发展以及提速找到了最宽阔的出口。

后 记

培爱先生是个低调的人。在一个桌子上吃饭，唯独他声音很低，低到如同一个少年第一次表白自己尚且幼稚的情话。

我想培爱先生是个故事不多的人，否则在笑话弥漫、荤素搭配的广告界一定有关于他的东西或者说段子，可惜，他没有。

记得我见他的两次他都不抽烟，酒也喝得很少，说话特别慎重，慎重到你可以不用担心他会伤到你。他很讲风度，三十五度五，正好春风来临的温度。

培爱先生笑也笑得温暖，恨也恨得很平静。就是语言出格也难越一米长度。我觉得培爱先生是个可爱的规矩人，广告界里规矩的人不多，规矩的好人更少，他，是一个。

我没有见过培爱先生激动的场面，我和他交谈感觉就像与星云大师交谈，祥和而平静。我想他就是传说中真正的大师吧。也许他的宁静是他的宽容，也许他的宽容表达了他的平静。他，如水，任凭内心波澜壮阔，表面依然平淡如镜。这种境界正是他的修养所在，他深刻地懂得制怒，懂得释放人间美好的情绪。

培爱先生是个威望很高的人，也是中国高校老师的楷模，更是一位忠厚长者。用天津师范大学广告系主任许椿教授的话说，培爱是个值得您从内心尊重的人。

"深爱无音品激流"，就是培爱先生对中国广告教育的热切与深爱，但我们却找不到他为自己标榜的痕迹，他的品行已经为他的未来赢得雷鸣般的掌声。"博学有声德静厚",就是培爱先生作为中国广告教育的一代宗师将博大精深的广告学造诣,朗朗地传诵给学生和广告界。德为之深,沉静之美,深厚之力,无不折射这位大师的飘逸风范。

我断定没有写出培爱先生的好,因为他太传奇,每个人心里都有一个陈培爱,但是,我相信,心有大爱的培爱先生,一定有能力让所有的人一定一定很爱你。

"深爱无音品激流,博学有声德静厚。"培爱,培养中国的广告之爱,好一位有爱的先生。

(此文写于2010年2月)

乔 均

  1962年生。先后毕业于南京大学、上海交通大学、南京师范大学，获硕士、博士学位和博士后。二级教授，博士生导师。教育部物流管理与工程教学指导委员会委员，中国教育学会广告教学专业委员会副理事长，中国市场学会副秘书长，江苏省广告协会副会长，江苏省品牌学会副会长。2018年10月，任南京财经大学党委常委、副校长。

创新中国广告教育的广告教育家

——我认识的陈培爱教授

厦大广告学专业在我国广告界有很高的知名度，是国内第一家开办广告学专业的高校。国际知名广告公司美国奥美（亚太区）经过对国内广告教育机构的考察，于2005年选择与厦门大学广告系建立友好协作关系是对其广告专业最好的肯定。厦门大学广告学专业有一批国内知名度很高的教师，陈先生是该团队的领军人物。

因为专业交流缘故，我认识陈培爱教授较早。但是，对陈先生深层次的接触是从2001年受江苏省广告协会的委托，南京财经大学广告学专业与厦门大学广告学专业联合举办"广告学硕士研究生课程培训班"开始的。由于这个班的教学长达两年，在实际教学中不仅与陈先生结下友谊，而且也学到许多宝贵的教学经验。

无论是年龄还是入道时间，陈先生是我敬重的前辈之一。在我们联合举办广告学硕士研究生课程培训班期间，他的治学理念和治学方法让我受益匪浅。陈先生是国内第一个提出用"大广告教育"的理念来培养广告人才的学者。陈先生的"大广告教育"体现在两个方面，一是利用社会资源办学，强化实践，强化专业；二是放大专业内涵，扩展专业知识。正是按照他的这个理念，厦大广告学专业的课程设置模块主要由四部分组成：一是经济类课程，二是传播类课程，三是素质类课程，四是广告学专业的专业课程。厦门大学广告专业相继与国内外许多专业媒体和专业广告公司建立了合作关系。依照此模块，陈先生进而提出培育广告人才必须具有的五种精神，即怀疑精神、批判精神、超越精神、探寻真理的精神和不唯上不唯书的独立精神。实践证明陈先生的办学理念是成功的，尽管国内许多高校都开设了广告学专业，但是，厦门大学的学生一直深受业界青睐。

90年代初我在南京财经大学创办广告学专业时，选择教材是一件比较困难的事情。那时候高校设立广告学专业的比较少，国内广告教材建设刚刚起步，对那个时代开办广告专业的高校来讲，陈先生主编出版的"21世纪广告丛书"（一共十本），包括《广告原理与方法》《如何成为杰出的广告文案撰稿人》《广告策划与策划书撰写》《印刷广告艺术》《广告调研技巧》《广告攻心术》《企业CI战略》《商标广告策略》《广告经营管理术》《公共关系的基本原理与实务》等，真正起到了解决燃眉之急的作用。陈先生主编出版的这套高校广告学系列教材应该是国内最早的一套广告教育丛书，这套丛书为培养适应中国市场的广告人才做出了贡献。

受儒家中庸思想的影响，中国的学者大多数不希望"出人头地"。中国广告教育在教育界几乎没有地位，因此广告学科长期以来得不到重视。从学科发展来说，中国广告教育需要造就一个领军人物。2008年我从美国回国，在一个会议上遇到了中央电视台广告部的夏洪波先生，我对夏先生说到了上述的想法。美国广告界专门为在广告教育上做出杰出贡献的比利·I.罗斯教授设立了"比利·I.罗斯广告教育奖"（The Billy I. Ross Advertising Education Award），该奖项专门奖励在教学中有突出成就的教师。夏先生应该积极为母校的陈培爱老师设立一个"陈培爱广告教育奖"。陈先生堪比美国的比利·I.罗斯，已成为国内广告学界业界共同认可的重要学者。多年来陈先生获得了中国十大广告学人、中国广告二十五年"二十五位杰出贡献人物"、中国广告三十年历史贡献奖等荣誉。设立"陈培爱广告教育奖"并不是陈先生自己的殊荣，而是中国广告教育需要一个大师级的人物。

（此文写于2010年6月）

杨海军

复旦大学新闻学博士，上海大学新闻传播学院教授、博士生导师。中国新闻史学会广告与传媒发展史研究委员会会长，中国高等教育学会广告教育研究会副会长，中国新闻史学会常务理事，中国广告学术委员会委员，中国广告教育专业委员会常务理事。

我对陈培爱老师的印象

提笔写陈培爱老师，我感到很光荣，因为大凡能"吹捧"名人的人，不知不觉就往自己脸上贴了金，这是一件很痛快的事。用"亦师亦友"这个词来形容陈老师和我的关系，再准确不过了。师者，我是读着培爱老师的书跨进广告专业教育这个门槛的，在广告教育圈，像我这样年龄的人几乎都得到过陈老师的言传身教，在我心目中，陈老师永远是值得敬重的老师；友者，陈老师从不摆师长的架子，我和陈老师是无话不谈、无事不说的好朋友。

陈老师头上笼罩许多光环，诸如"鼻祖""大师""广告第一人"之类。记得2001年在深圳大学第一次和陈老师见面，第一次得到一本他签名的书，第一次得到一次和他单独照相的机会，都幸福得不行；那时，陈老师在我们这一批人心目中是一个高高在上、令人仰视的"圣人"。

相处时间长了，发现陈老师也有年轻人般张狂的一面，在他那温文尔雅的外表后面有一颗青春异动的心。2005年8月，在北京西郊一个环境幽雅的宾馆，我们把电视搬到院子里看"超女"比赛，我和路盛章老师支持叶一茜，培爱老师和张百清老师则高举啤酒瓶子，高声呐喊，"疯狂"地支持周笔畅，"老男人"青春梦的光辉形象永远定格在那个炎热的夜晚。培爱老师也很会煽情，他把厦门大学自喻为"中国广告的黄埔军校"，对厦大感情很深，感觉也挺好。他也很"好色"，遇到酒桌上有美女敬酒，他向来都是一饮而尽。在去年年底广西广告节上，美女敬酒，他因激动用力过猛，竟然把酒杯都碰碎了，吓得美女花容失色。培爱老师也很"自恋"，他常常为标准的身材和军人的体魄而感到自豪，偶尔也炫耀一下他笔直的身板。

这才是生活中的培爱老师，一个可敬、可爱、可信赖的朋友，一个集儒雅与浪漫气质于一身的青春长者。

（此文写于2010年6月）

冯帼英

  1968年生，中国品牌营销女杰。1985—1989年就读于厦门大学广告学专业，现任广州市天进品牌管理有限公司董事长。1989年毕业后即从事品牌策划，1998年创办自己的公司——广州市天进品牌管理机构。有二十多年的策划生涯，在实践中积累了丰富的中国本土品牌建立及推广实战经验，形成天进独特的专业体系及理论——天进品牌资产地球模式，跨越营销与传播的界限，为中国本土品牌管理创立全新的模式。

静水深流　生命长青

——我的厦大老师陈培爱

　　1985年夏季，我考上厦门大学的广告学专业。厦大的广告学专业其实当时是全国首创。当时几乎没有人支持我读广告学，那会儿的热门专业是企业管理以及经济，可我隐隐约约觉得这个专业把理科、文科、艺术的东西都能融合在一起，应该能把我兴趣广泛的特点发挥出来。

　　到了厦大报到才发现，我们这一届（总第二届）只有二十八人，大部分同学根本没报考这个专业，是因为填了服从分配才调配过来了，我很自豪是因为自己的选择。没想到这一个选择决定了我一生的事业，我的品牌策划生涯就从厦大起步！

　　就在85级广告班，我遇到恩师陈培爱，他教的是"广告学概论"。陈老师从那时候到现在一直很清瘦，冬天也穿得很少，大多数是一件外套一件白衬衣，总是一副不喜不悲的平和样子。我几乎没有见过他哈哈大笑，也没有见到他沮丧的样子，这样特别的神情定格在我的记忆中。

　　有的老师口才很好，才华横溢；有的老师与学生打成一片，亲密无间；也有的老师严肃冷漠、学术严谨。可是，陈老师给我的印象与影响却是最深刻的。陈老师讲课的语调也是平缓的，从来没有慷慨激昂，可是他当时讲过的一些广告学概念、观点和事件在很长时间内都影响着我，当时每一次课堂与课后的互动他都能耐心地回答我。其实，因为厦大的广告学专业是中国广告学教学的开山鼻祖，所以老师们都是从中文系、历史系、英文系等专业抽调去建立体系的，老师们完全通过海外的短期进修以及自学建立自身的专业知识体系。回想起来，他们是多么不容易！在厦大时我从来没有听过陈老师的豪言壮语，可是这三十年来，他亲自著述以及主编的著作多达二十余部，论文一百余篇。他培养的学生有几十个是全国各地高校的广告学系主任。他一直鼓励他的学生回到老家去,带动当地的广告学教育。就这样,各地的广告专业培育出一批又一批的学生,一年复一年,一届复一届。不知不觉间,陈老师的学生几乎遍布中国的每一个角落,可谓是桃李满天下!许多知名企业的品牌负责人,如招商银行、平安集团;著名媒体广告负责人,如前中央电视台广告部主任及武汉电视台广告部长;还有北上广许多著名广告公司、咨询公司,如英扬传奇广告公司的领军人物,都是陈老师的学生!近年来,他所带的博士生毕业后,有的已成为教授或博士生导师。

记得厦大广告系很早就主办了一个中国广告学院奖,面向全国各地高校学生征集作品。筹备第一届的时候,陈老师亲自电话邀请广告系的毕业生参加大赛,带动高校的同学们。几年下来大赛越来越热闹,参赛作品越来越多,影响越来越大,成为全国高校广告学学生的奥斯卡,无形中也让厦大成为中国广告教育中心,乃至中国广告协会开口把大赛要过去主办了。当时早已是系主任的陈老师毫不犹豫一口答应了,他认为他们主办可把大赛再推向一个高度。这件事有些老师心疼了很久。可我看得很明白,陈老师心中装的是全国的广告学教育!这是一种何其宽大的胸怀!

有一次我到厦门出差,陈老师知道后邀我在学校逸夫楼吃饭。席间,陈老师问我公司的经营情况及行业的现状。对于广告业的生存,他表达出深深的忧虑。当知道我们天进品牌营销顾问机构经营比较良性,而且摸索出一套独特的品牌管理体系,已经为一百个本土企业提供品牌策略服务,其中超过二十个成为不同行业领导品牌。他频频点头表示赞许,并且鼓励我一直坚持下去!记忆中毕业后多次与他的聊天,到最后他都是赞许我对专业的执着。窗外一缕缕和煦的光线投在陈老师布满细纹的脸上,我望着他殷切的目光,微笑着回答:放心吧!陈老师,品牌策划是我一生钟爱的事业!吃完饭怎么样也不让我付账,一定要他自己付。他说希望我多回学校与老师、同学们多多交流。当时他的身份已经是中国广告教育研究会会长,这样的诚恳与谦逊让我铭记在心!同时让我惭愧这些年忙于工作,确实太少与师弟师妹分享。

进入互联网时代，媒体环境以及各行业商业模式已经发生天翻地覆的变化，我们在品牌策划上的模式工具也更新迭代得很快。今年四月份，我和几个广告学资深系友发起，和系里一起组织了第一届厦大品牌论坛，意在把我们的最新成果以及我们最前沿的思想带回学校，分享给师弟师妹们，也希望厦大的广告学专业能发出更多更强的声音。

当天我走进论坛的教室，没想到第一眼就看到已是六十多岁的陈老师与新闻传播学院书记、副院长、系主任以及一班老师端端正正地坐在听众席上的第一第二排。从上午到下午一整天七个主题演讲以及一些互动，他都在全神贯注地倾听，我的感动无以言表。他用行动表达对我们的支持，他用行动为年轻老师做出表率，他用行动表达对我们毕业系友成果的尊重！

陈老师就是这样，用大爱，用赞许与鼓励，用默默的行动不断地推动学生们，成就了中国广告教育事业的一片天！

(此文发表于厦门大学出版社2015年出版的《我的厦大老师》)

林育祯

  原为厦门电视台记者，毕业于厦门大学新闻传播学院广告学专业。2023年3月开始任厦门文广会展有限公司副总经理。

在广告教育的荒原上开拓

——访我国广告教育的开拓者陈培爱教授

林育祯： 2017年春节后的一个清闲的周末，我们来到陈培爱教授在新闻学院二楼的一间办公室，开始随意聊天，听他诉说他和广告之间的故事。我们的话题无拘无束，从人生体验到学术探究，采访围绕厦大广告学科崛起的历史，交谈坦率而亲切。

我们的谈话由获奖开始。2016年11月18日，在北京举行的第二届"中国广告名人堂"颁奖大会上，对陈培爱教授的颁奖词写着："您是中国广告教育的先驱。三十多年的坚守与付出，创造了广告界的多个'第一'。教海扬帆，引领年轻学子成为中国广告的栋梁之才。"

其实早在2008年4月18日，中国广告协会与国家工商行政管理总局在上海召开的"中国广告三十年三十人"颁奖大会上，陈培爱教授就没有悬念地获得"中国广告三十年历史贡献奖"。

这些沉甸甸的奖项记录了陈老师这三十多年来在中国广告教育界的历程和贡献。

一、继往开来，挥斥方遒

林育祯： 三十多年前，您如何由一个中文系的教师，转型投身于广告教育中？您为何做出舍中文取广告的抉择？

陈教授： 我们应该清楚地记住这个具有历史意义的一天。1983年6月30日，我国第一个广告学专业由厦门大学新闻传播系创办，其意义不言而喻，它使我国广告专业人才培养和广告理论研究走上规范和科学的发展轨道。当时的《文汇报》曾报道说："厦门大学新闻传播系开设的广告学专业，是我国高等院校中首创的新专业。"

我在厦门大学中文系毕业后留校任教，当时的研究方向是现代文学。新闻传播系创办时，由于工作需要，组织上把我从中文系调到筹建中的新闻传播系，并交给我负责广告学专业的新任务。应该说自"受命之日"起，就"寝不安席，食不甘味"。当时自己三十岁出头，还处于懵懂状态，其实并不是很主动地去接受这个工作，只是为了完成组织交给的任务。现在想来当时还真有点糊涂，书生意气，但这条路总算走过来了。

林育祯： 据史料记载，厦大与传播、广告还有一定的渊源，您能介绍一下这方面的情况吗？

陈教授： 早在20年代初，厦门大学曾办有"新闻部"本科教育。1926年，由于历史原因新闻部停办。1979年12月，在改革开放政策的推动下，香港《大公报》老报人刘季伯先生倡议复办厦大新闻系，并建议最好办"新闻传播系"。1983年6月正式建立国内高等教育中第一个以"传播"冠名的新闻传播系，率先设置全国高校中首创的"广告学专业"。

厦大广告学专业的建立，除了历史的原因外，还有两点也很重要。一是传播学理论从80年代初引入中国大陆。传播学理论涵盖新闻、广告、公关等研究领域，广告学作为应用传播研究的重要组成部分，在美国等发达国家早已进入大学的讲台，大陆在引入传播学理论的同时，有必要开展广告教育。二是自1979年以后，我国市场经济得到迅猛发展，企业的竞争意识加强，广告业随之得到发展。由于我国历来没有高层次广告人才培养基地，因此广告人才奇缺。为了填补广告人才培养的空白，适应广告业发展的需要，将厦门大学与广告的渊源进行到底，80年代厦大一批有识之士共同为创办中国自己的广告学专业而努力。

在这样的背景下，1983年厦大广告学专业应运而生，我本人只是其中一个幸运儿而已。

二、百业待举，运筹帷幄

林育祯： 作为国内第一个广告学专业，在开办初期一定有许多困难，你们又是如何克服的？

陈教授： 是的，开办初期遇到很多困难。当时没有广告专业教师，没有课程设置模式，没有专业教材，除了一番热情，其他一片空白，而且第二年就开始招收本科生，广告学教育面临巨大的压力。作为教研室主任的我压力更大。那应该是最为困难的时候，我们只好"一路摸索着走过来"。当时广告教研室连我只有两个教师，而那位新教师刚分配进来就外出进修，我确实感到担子很重。在广告教育模式确立以后，厦大广告教育并不是马上就顺风顺水地展开，开办初期连上课的教材都没有。为了能够摸索出一套适合中国式广告教育的课程，我开始了南征北讨的调研过程。

在那知识与经济都相对贫困的年代，我最重要的武器是笔和稿纸，把散见于报纸杂志中的粗浅的豆腐干式的有关广告的见解，都不厌其烦地一一摘抄。1984年上半年，为了赶在当年9月能顺利开课，此间，我上杭州、转上海、赴北京、下广州，在酷热中四处奔波，埋头于各地图书馆。有时稍有收获，便激动不已，并遍访当时已小有知名度的广告界人士及有关广告单位，由此获取大量第一手资料。

为了得到更为权威、系统的资料，1986年9月至1987年1月，我来到香港中文大学进修传播学、广告学、公共关系学。从1984年到1987年历时三年，融合港台有限的广告书籍及自己对广告的初步认识，终于捧出了粗浅的《广告原理与方法》这本影响多代广告人的具有中国特色的广告学教材，从此厦大有了第一本自己的教材，稍解了燃眉之急。

林育祯： 您多次提到，厦大广告学专业的成功不是您一个人的功劳，在您的背后一定有得力的团队，请您介绍一下您在带领团队方面的情况。

陈教授： 好的。首先从解决教材入手，培养一支高水平的教师队伍。随着厦门大学广告学专业实现中国大陆广告教育零的突破，90年代全国各高校的广告教育发展如雨后春笋，但缺乏统一而权威的广告学专业教材。有鉴于此，我们在有了第一本自己的教材之后，我又带头主编"21世纪广告丛书"，一共十本，包括《广告原理与方法》《如何成为杰出的广告文案撰稿人》《广告策划与策划书撰写》《印刷广告艺术》《广告调研技巧》《广告攻心术》《企业 CI 战略》《商标广告策略》《广告经营管理术》以及《公共关系的基本原理与实务》。该丛书比较完整地涵盖了广告的各个领域，充分地指导了广告实践。这是我国学者出版的第一套广告学系列教材，为培养适应中国市场的广告人才做出了贡献。这套丛书由厦门大学出版社推出，成为国内目前为数极少的有影响的广告学丛书之一并成为厦门大学出版社的畅销书，其中多数著作已再版发行，为厦大广告学专业树立在全国的学科地位奠定了基础。

厦大广告学专业通过不懈的努力，在全国同类学科中脱颖而出。1997年，中国广告协会学术委员会组成专门课题组，对全国广告教育单位进行历时一年多的调查，其结果显示，厦门大学广告学专业在广告业界和广告教育界的知名度和美誉度，均名列所有同类院校前茅。1998年，新闻传播系广告学教研室集体获得厦门大学最高奖"南强奖"一等奖。2003年，我协助教育部主编国家"十五"规划广告学系列教材十五本。此后几年来，厦大广告著作已从厦大出版社走向全国各出版单位，分别在中国商务出版社、中国经济出版社、中国商业出版社、中国市场出版社、中国财政经济出版社、中央广播电视大学出版社、北京大学出版社、复旦大学出版社、高等教育出版社等处出版。此外，在上海东方出版中心我们也出版了一套广告学丛书。

三十多年来，厦门大学广告学专业以"21世纪广告丛书"为核心，建立了一套较完整的人才培养模式，锻炼了自己的教师队伍，得到了教育部的认可，向广告界输送了一大批栋梁之材，为起飞中的中国广告业添砖加瓦。

林育祯：陈教授一生致力于广告学科的建设，出版了二十多部各类著作及近两百篇论文，您能介绍一下对您学术生涯最有意义的学术成果吗？

陈教授：首先要提到的是《广告原理与方法》这本著作。毫无疑问，该书是国内第一本从传播学原理研究广告的理论著作，也是广告理论本土化的早期成果之一。书中提出以信息传播为主线贯串广告原理。该书以传播学理论为主线,较全面地论述了广告的原则和规律,阐述了广告运作的一般程序与基本规律,首次在国内奠定以传播学原理研究广告的理论框架。《广告原理与方法》于1987年8月顺利出版后,成为中国广告人的案头书,不仅扩大了厦门大学广告学专业的影响,而且影响了国内众多高校,很快被众多高校选为专业教材,在厦大出版社历经三十余年仍畅销不衰,其间经过两次修订重新出版。

2004年,以《广告原理与方法》为理论范本,融入与时俱进的更新资料与创新内容新编的《广告学概论》由高等教育出版社出版,这是中国广告学科第一套国家规范的系列教材中的第一本著作,也是广告学专业第一本国家级规划教材,被学界认为具备"权威性与学术性的统一""全面性与前瞻性的统一""严谨性与可读性的统一""编排形式与教学目的的统一"。

其次要提到的是《中外广告史》这本书。如果说国内第一本从传播学原理研究广告的理论著作《广告原理与方法》,奠定了从传播学原理研究广告的理论框架,那么被认为中国大陆解放后第一本较系统的广告史书——《中外广告史》则为我国广告史的研究奠定了坚实的基础,大大扩展了广告学研究的深度,在一个侧面使广告学科的发展更为稳固。我认为这样的评价并不过分。

《中外广告史》的出版,应该感谢当时龙媒广告选书的筹划人徐智明先生,他当时要出版一套高质量的广告书籍,以解国内急需广告书籍之急,其中广告史的写作任务就交给了我。当时心里还有些忐忑不安,好在自1983年起,我已经开始有意识搜集广告史的材料,在立下军令状的压力下,终于将多年的研究结晶于1997年1月出版了《中外广告史》。这本磨砺了十四年的采用历史唯物主义观点的著作,客观地展示了从原始社会到鸦片战争、鸦片战争到建国前和新中国成立以来的广告历史进程,反映了中国广告业产生、发展、变化的基本脉络。使广告学科在理论、业务研究上注入史的内涵,显得更加完整与全面,广告史的研究为广告理论的研究奠定了坚实的基础。广告史结合了人类文化史、传播史、文学、哲学、宗教、美术、经济等方面包含的各种知识和所反映的各种思想,在一定程度上为广告学与其他学科的综合交叉创造了有利条件。此书被学界评论为"我国第一本成形的广告史专著""中国大陆解放后第一本较系统的广告史书",被国内几十所高校作为研究生、本科及大专的教材,获得福建省社科优秀成果二等奖。在此应该感谢徐智明先生当年的敦促。

林育祯: 厦大广告学专业办学最为成功的地方是什么?

陈教授: 我们最引为自豪的,是目前已经被各大高校效仿的由厦门大学广告学专业摸索出的适应中国社会发展的广告教育模式。在"大广告"的思想体系领下,以培养定位于信息传播的研究方向,面向国际,懂得国际市场营销、广告策划创意和媒介组合运作的复合性、创新型的高级广告专业人才为目标,从而确立了厦门大学的广告教育模式,揭开了中国广告教育开拓阶段艰辛而又充满希望的一页。

厦门大学广告学教育强调综合型高素质的人才培养,体现在课程设置体系中,能交叉渗透,按照培养目标确定内容与比例。专业课程设置主要由四大部分组成:一是经济类课程,如市场学、商品学、市场调查等;二是传播类课程,如传播学概论、媒介研究、传播史等;三是素质类课程,如文学、心理学、社会学等;四是广告学专业的专业课程,这部分占全部课程的四分之一,其中包括:广告学概论、广告策划、广告写作,广告设计、广播广告、电视广告、印刷广告、摄影广告、广告创意、广告管理学、广告心理学、广告艺术美学、商标广告学、公关原理与实务等。这些广告专业课程既有系统的广告学理论,又有操作性强的广告实践,对培养广告界急需的高级专门人才具有重大作用。

林育祯: 根据您多年的办学经验,要如何评估办学的成功与否?

陈教授: 学校的产品是学生,对学生的评价有学校与社会两种标准。我认为不能完全桎梏于学校教育学生的标准,而要站在社会、广告业界的高度来培养广告人。以科学的发展观开展广告教育,使广告教育与广告业界协调地发展,与社会协调地发展。以学生的整体素质提升为主要培养目标,以专业特色与优势为重点,培养广告业界需要的人才。

为了做到广告的理论与应用这两个教育领域、两项教育功能的彻底深入，培养出真正合格、符合市场需求的人才，再通过这一批批理论功底与实践应用都极为扎实的人才来壮大广告教育的主体，真正实现良性、快速的增长，我们厦门大学打破传统的广告专业教育模式（广告教育应该由广告院校来完成），建立全新的大广告教育观念。所谓"大广告教育理论"，就是充分利用社会资源，实现广告教育的合理分工——由高等院校侧重于理论研究教育，由广告公司与企业完成应用与实践教育——融合理论与应用教育，为中国培养合格的广告人才。我认为广告作为应用型学科，广告教育不仅是高等院校也是专业广告公司和企业的责任。专业广告公司及企业与高等院校一样，也是广告教育的主体。

厦大团队1983年开创的这种"广告学人才培养模式"延续了三十多年，沿着"量的发展—质的提升—国际接轨"的路子发展，对我国近百所高校的广告教育产生了巨大的影响及借鉴作用，由我牵头的此项成果2005年10月获得"福建省本科教学优秀成果一等奖"及国家级奖项"国家本科教学优秀成果二等奖"。我个人的"广告学概论""广告策划"两门课程获得福建省精品课程奖，"广告理论研究"课程获得省优质硕士课程奖；学院在当年获得以广告学科为主导的"传播学博士点"。2006年，我申报的"广告传播研究"课题获得国家社科基金课题；本人获得福建省第二届教学名师奖。我认为，社会的认可也是衡量成功的重要标志。

三、高屋建瓴，裨补阙漏

林育祯： 对中国广告教育发展的理念，您历来持何种主张？

陈教授： 广告学作为一门新的学科，在发展过程中也存在一些乱象，我们应始终清醒地认识到广告教育不能脱离社会这个大环境，而应该根据社会的发展不断调整、改善广告教育的发展方向。多年来，厦大始终引领着中国广告教育的走向。我个人长期坚持的广告教育发展的理念主要有三点：

1. 主张中国广告教育量的扩展

1983年，厦门大学广告学专业设立。1983—1992年，虽然全国只有六所院校开展广告教育，但是我们清醒地看到厦门大学首创广告学专业后，得到广告界的重视与欢迎，同时广告界对人才的需求越来越迫切，广告教育的前景是相当光明的。当时广告教育发展特点有三个：第一，广告教育远远跟不上广告业界对人才的急需；第二，1992年前六所院校创办广告专业的态度是严谨的，办学条件虽然差一些，但准备是较充分的；第三，这一阶段广告教育表面上缓慢发展，而实质上已开始实力的积累，必将预示着下一轮广告教育的大发展。由于看到社会对广告人才的需求，我们积极主张中国广告教育量上的扩展和积累，积极推动厦门大学广告学专业设立"全国高校广告学青年教师进修班"，为我国广告教育蓬勃发展准备了一大批的新鲜血液。

1992年之后，全国高校广告学专业雨后春笋般纷纷设立，广告学专业在前二十年左右的时间里迅速扩展到超过全国百所高校。广告学科从无到有，从一门新兴的边缘学科很快发展成为一门独立而很有发展前景的交叉学科，形成艺术型、经贸型、新闻传播型等三类为主的教育模式。在经过了前二十多年发展之后，至2007年，中国的广告教育院校已达到三百多所，有超过六万人的广告学专业的在校学生。

2. 主张中国广告教育由量的扩展到质的提升

当然，我们在中国广告学教育的蓬勃发展中并未失去冷静。相反，在广告学教育的蓬勃发展之势中，开始反思广告学教育数量激增背后的得与失。由于众多高校培养目标趋同，培养出来的人才都是千人一面的"标准产品"或"通用产品"。于是，在2001年11月深圳召开的第二届中国广告教育研讨会上，我们适时提出中国广告教育由"高速"向"高质"发展转变的思路，呼吁教育界与广告业界共同努力，采取切实可行的措施，尽快地提高我国广告教育的质量，实现我国高等广告教育的可持续发展。同时要加强广告教育的市场意识观念，我认为："要使广告教育向'高质'转化，就要强化市场意识、服务意识、效益意识，要从计划经济条件下的办学方式转变到市场经济条件下的办学方式。"

由于广告高校的共同努力，广告教育质的提升有了很大进步。从2006年开始，高校创办广告学专业的热度有所下降，众多院校把教育质量的提升当作重中之重，培养目标、师资队伍、课程设置、教学设备等方面，都得到全面重视。特别是广告学科的建设得到加强，广告学博士点数量有了较大增加，广告学方面的国家社科研究课题得到重视，国家级教学成果奖中有了广告学科的位置，一大批广告专业人才已经成为中国广告产业的骨干力量。

3. 主张中国广告教育的国际化视野

随着中国广告理论的研究正逐步走向成熟，广告的学科建设也已奠定了较为稳固的基础，中国的广告教育在"量"的积累的基础上已有明显的"质"的提高。这时我们继续对广告教育进行反思，清醒地看到由于国际竞争的激烈，高等教育出现国际化或全球化的趋势。我在一篇论文里指出："WTO已迫使广告产业界走向与国际接轨，作为向广告产业界输送人才的广告教育，其培养理念与培养目标必然要进行角色的转换。国内广告界迫切需要大量与全球化经济接轨的国际型创新性广告行业人才。"广告是为企业的营销服务的，企业营销需要强硬的品牌做后盾。中国品牌与世界著名品牌之间的差距还是相当大的。广告人才必须为中国品牌的国际化服务，广告教育也必须面对国际化的挑战。必须从研究国际经济、国际广告管理法规、国际广告运行机制出发，充分认识国际化对中国广告的长远影响，从而得出中国广告的应对措施。高校广告教育要与时俱进，做出必要的调整措施。

广告教育在我国发展的时间还不长。过去应用的广告理论大部分还是舶来品，广告学科的概念体系、理论体系及经验基础许多是从西方移植过来的，有些还需要很好的融合改造。广告教育国际化观点不是说广告教育要抛弃中国特色，恰恰相反，是指出随着各国、各地区的产品需要不断开拓外方市场，兼顾全球化和本土化的跨文化广告传播必将成为21世纪的主流广告形式。中国的广告教育与实践必须立足中国的社会实践，体现中国的传统文化，凝聚中国的智慧成果，显示中华文化的吸引力与辐射力。

四、桃李不语，下自成蹊

林育祯：您刚才已经较详细地介绍了您在广告教育几个阶段的教育观念，接下来是否谈谈对广告教育未来的看法？

陈教授：对中国广告教育的未来，我有几点建议：

其一是大力培养具有创新能力的广告人才。

教育部1998年12月24日制定的《面向21世纪教育振兴行动计划》中指出，高等教育要"瞄准国家创新体系的目标，培养造就一批高水平的具有创新能力的人才"。广告学是研究广告事业发展及其规律的科学，是一门应用性很强且不断创新的学科，是高等教育中有发展前景的应用型学科之一。广告教育应突出开拓创新精神，教给学生获取知识的能力与方法。1999年10月由厦门大学新闻传播系首创的"首届中国广告协会学院奖"的成功举办，令人强烈地感到青年学生广告创新意识有明显的提高。广告教育要把学生的能力培养放到主导地位，使培养的学生由知识型转变为能力型。

其二是广告实务界应支持中国广告教育的发展。

制约我国广告业发展的一个主要因素是人才不足，广告业要在高水平上竞争，最终将是对高层次人才的竞争。院校广告教育实际上属于中国广告业的一个部分，广告业必须以极大的热情来支持院校的广告教育，使双方共存共荣。

其三是紧跟信息传播学科的发展步伐。

目前，人类社会处于一个高度发达的信息时代，因特网在数字化的基础上对人类历史上的电子媒介进行大综合，具有空前强大的传播能力。广告教育处于广告事业与教育事业的交叉点，必须紧跟时代前进的步伐，以高科技手段提高广告教育的质量，体现广告教育的新水平。

其四是融入文化创意产业的洪流中。

随着社会的发展、科技的进步，人类社会又迎来以数字媒体为标志的现代传播方式和以文化艺术为主的创意经济。在我国大力提倡发展文化创意产业的洪流中，从有关政策到学者研究，人们将创意产业主要定义为动漫、影视、网游、工业设计、会展，而少提及广告，甚至有学者提出"中国目前还没有创意产业"。对于广告在创意经济时代的失语，我们又一次感到窒息的危机。

我在担任中国广告协会学术委员会主任期间，筹划了中国广告协会学术委员会2007年9月在青岛召开的学术研讨会，积极倡导以"创意产业发展与中国广告产业升级的思考"为主题，旗帜鲜明地指出"相比其他行业，广告业天生就是创意产业的骨干力量"，清醒地看到广告业其实就是创意产业的一个部分，他们内在的特性和性质相同，只不过广告业的形成和发展比创意产业早，结构和内容也相对简单。创意产业是更高一层的创意市场，包含的内涵深入社会的各个角落，带来的经济效益也更为可观。2008年我主编出版《创意产业发展与中国广告产业的升级》一书，向社会上质疑广告行业的人群提出——广告业天生就是创意产业的骨干力量，旗帜鲜明地与学术界继续推动中国广告业与广告教育往纵深方向发展的共同理念。

五、忘身于外，不懈于内

林育祯：高校各学院的主要任务是加强学科建设，为人才培养奠定基础。新闻传播学科的专业有新闻学、广播电视学、广告学、编辑出版学、传播学等，全国有近千所高校办有上述专业，仅广告学专业就有420多所。在您的带领下，如何在如此竞争激烈的情况下，把厦大广告学专业建设成为同类专业中名列前茅的学科，成为厦大本科教育的一个有影响力的招牌？

陈教授：你这个问题提得很好。厦大创办新闻传播类专业其实并不具备优势。厦门是个中等城市，缺乏省会城市的资源，媒体不够发达，实体工业薄弱，没有著名的产品品牌，无论是办新闻学还是广告学，都缺乏社会资源。但事情是干出来的，只要思路对头，目标明确，坚持不懈，定能有所收获。厦大的广告学科有今天的成绩，我可以总结出三点经验：

其一是树立竞争意识。

提到高校办学要有竞争,许多人可能都听不懂,或压根儿就没听说过。其主要原因是公办高校没有压力,比如课程是固定的,报酬是固定的,生源是源源不断的,分配可以是市场化的,根本就不需要竞争。因此任何一个高校老师只要有机会,都可以当领导,因为他没有任何压力,只是当的结果有好坏之分罢了。我一贯认为只有引入竞争机制,高校办学才有源源不断的动力。

其二是树立差异意识。

1983年我们创办新闻传播系时,确定了三个专业:即新闻学、广播电视学和广告学。当时新闻学的老大哥是人大和复旦,广播电视学的领头羊是北广,我们就避开"红海",选择广告学这片独有的"蓝海",把主要精力投入广告学专业,就容易在竞争中脱颖而出,确立了厦大在新闻传播学科中"三分天下"的地位,事实证明当初的选择是对的。

其三是树立品牌意识。

创办专业容易,但要办出口碑,形成品牌效应很难。我们下决心把广告学专业办成品牌专业,以此带动其他两个专业的发展。2005年我们获得传播学博士点,主要依靠广告学专业的学科影响。

林育祯: 在学术界大家都知道,您已经出版了20多部相关著作,发表了近200篇论文,又兼任众多社会职务,您是如何处理工作与生活的关系的?

陈教授: 我在1997年正式走上新闻传播系的领导岗位,1999年担任系主任兼人文学院副院长。当时人文学院有中文、历史、哲学、社会学及新闻传播五个系,我除了院里分管的工作外,主要负责新闻传播系的全盘工作,一直到2008年从行政领导岗位上退下来,前后在位有11年时间。在高校双肩挑的干部,任务是比较重的。但是,我的大部分论文与著作,都是这期间完成的。要问我如何有效地处理工作与生活的关系,我的体会是:

1. 不为权力所累

许多人手头有了一定的权力之后,经常会沾沾自喜,甚至"把玩"自己手中的权力，把所有的权力控制不放，自己每天忙得团团转，还美其名曰"工作很投入"，最后把自己的健康都搭进去了，有些人在院长任上不到六十岁就过世了。我在位期间其实不感到很忙，有点举重若轻的感觉。我的理政哲学是：制订规矩，权力下放，搞好协调，抓大放小。比如行政管理、财务管理等杂事，制订好规矩交给办公室执行即可。教学、科研、对外服务等事项，多尊重分管领导的意见，最后集体通过决定。因此在位期间，我从来没感觉"很忙很忙"，而且无论个人或单位还得出标志性成果。我非常奇怪有些领导在位时天天喊忙，甚至连学院的印章都揣在怀里自己管，可笑至极，事实证明这些人是干不了大事的。我认为要么是效率低下，要么就是太注重权力，死抓权力不放，最后坑了自己与团队。

2. 要求别人做的自己先做到

要领导好一个单位并不难，俗话说正人先正己，只要单位负责人处处带头，以身作则，并做到"三不伸手"：利益面前不伸手，金钱面前不伸手，荣誉面前不伸手，就没有领导不好的单位。在高校里教师最看重的是职称评定、科研成果、评奖评优、教学水平的考核与认定，这些只要按条例办，单位里就会风平浪静。记得在我主政期间，我个人的教学、科研积分每次名列前茅，而在评奖评优方面却主动谦让，这样还有搞不好的单位吗？

3. 科学处理工作与生活的关系

工作再忙，生活还是要继续下去的，只要生活调理好了，工作才能有可持续性。我一直坚信生活无序的人，一般是做不好工作的，因为你缺少搞好工作的良好生态环境。一个生活不严谨的人，别指望他工作会一丝不苟，反映在工作上就有可能出重大差错。我经常以生活上的严谨态度熏陶学生，告诉他们我每天的科学的日程安排，连续三十多年这个日程表没有变化过。我的一部1980年购买的老二八式绿色凤凰牌自行车，至2017年还在使用，都三十多年了，我的学生把它拍照留念。我觉得这样挺好的，坚持下来了，生活有规律，工作更轻松。

林育祯：采访的最后，陈教授以一句"不悔梦归处，只恨太匆匆"总结三十多年与广告的情缘。当年凭着书生意气,终于是挥斥方道,在中国的广告教育画下浓墨重彩的一笔。三十多年走来,摸着石头过河,有过被人误解、彷徨和犹豫的时候,但是在三十多年后的现在,他在说不悔的时候,脸上浮现的还是充满"挥斥方道"的书生意气。

在我们一再要求下,陈教授终于自己评价了他本人在中国广告中的历史地位。他带着他那招牌式的淡然的微笑,缓缓道来:"这么说吧,广告是个充满惊喜的行业,但是在光鲜之余会失之沉静。我觉得我这三十多年来对广告学、广告史及广告教育的研究延宕了这个行业的广度和深度,让这个行业更为踏实,往更为健康和更有持续性的方向发展。要问我以后将如何推动中国广告业的发展,那就只有一句话——'洛阳亲友如相问,一片冰心在玉壶'!"

(此文采访形成于2017年2月)

巫连心

女，博士。杭州大学中文系新闻专业本科毕业，厦门大学新闻传播系首届（1995级）硕士研究生，厦门大学南洋研究院博士毕业。曾在电视台工作七年，在报社工作七年，当过记者、编辑、主编，多次获国家、省、地、市级好新闻奖。曾在汕头大学、广西玉林师范学院工作。研究海外华文传媒研究，新闻史论与新闻业务。

到中流击水　浪遏飞舟

——访中国第一个广告学专业创办人之一陈培爱

一

上世纪80年代初，中国的改革开放初见成效，广告业方兴未艾。然而，在很多人眼里，广告仍然是上不了台面的行业，是"假大空"的代名词，是资产阶级自由化泛滥的表现……还有的人，抱着"酒香不怕巷子深"的传统信条，不愿承认广告的作用——整个中国大地，竟然没有一所高校开办广告学专业。

然而，时代毕竟不同了。新思维、新思想趁着改革开放的春风，正一点一点地融化旧观念的坚冰，正等着那个敢于第一个试水的勇士。

1979年12月，香港《大公报》的老报人刘季伯先生第一个向厦门大学提出复办厦大新闻系，最好办"新闻传播系"的建议。

1982年4月到5月间，美国传播学的集大成者威尔伯·施拉姆（Wilbur Schramm，1907—1987）在他的学生、香港中文大学传播系主任余也鲁教授的陪同下访问中国，先后到访广州、上海和北京。他们满怀期待，期望自己的"破冰之旅"能有收获——那就是在文化辐射效应最强的北京和上海，播下传播学和广告学的种子。

那时，传播学在国外已"年届半百"，拥有众多的分支。二战后，美国的传播学研究发展尤其迅速。传播学理论涵盖新闻、广告、公关等领域。广告学作为应用传播研究的重要组成部分，在美国等发达国家早已进入大学的讲台，还诞生"不当总统，就当广告人"这样的名言以及众多的知名跨国广告公司。然而，威尔伯·施拉姆和余也鲁却失望地发现：虽然上海、北京的名校对他们热情有加，对他们倡议的传播学与广告学却毫无兴趣。

实际上，当时的中国，许多高校新闻系的老师还在努力向人们证明"新闻有学""新闻有术"。至于传播学，许多人乍听之下，还以为是"船舶学"；而广告学——广告不就是像保险业务员或推销员那样"跑街""扫楼"的吗？脸皮够厚、能把人的钱多多益善地骗出来就行——广告有"学"吗？再说，京、沪名校各有看家本领：比如人大的新闻史、复旦的新闻学专业都是其他高校难以望其项背的，守住和发扬光大这些传统优势，也许比开办新专业要明智得多。还有人认为，西方的传播学理论"不适用于中国"，中国有新闻学就够了；广告学是资本主义的工具，太前卫，风险太大……

思想观念的破冰往往是最难的。这时候，两位大师才想到，设置新专业、开办新课程，首先得有敢于打破陈规、领风气之先的人啊！这样的人，得到特区去找！而当时的四大特区——深圳、珠海、厦门、汕头中，只有厦门大学这一所历史悠久的部级名校，于是厦大成了他们的最佳选择。

两位在北京、上海铩羽而归的大师，在厦门遇到知音——时任厦门大学校长兼书记的曾鸣教授一锤定音：在中文系新闻教研室的基础上，复办新闻传播系；下设三个专业：国际新闻、广播电视和广告。其中"国际新闻"除复旦、人大外，当时国内尚无其他高校办此专业，而随着中国改革开放的进程，国际新闻人才必然出现较大缺口。此外，随着市场经济的发展和人们物质文化生活的改善，广播电视和广告人才的需求量大增，也出现了紧缺现象。

设想虽好，难度却也颇大：这三个专业都存在一无人才，二无教材，三无课程模式的情况，尤以广电专业最为缺人。因此，1983年拍板，1984年招第一届本科生时，厦大新闻传播系只招了国际新闻和广告学两个专业；广播电视则一直拖到1989年才招入第一届本科生。

方向既定，威尔伯·施拉姆和余也鲁积极牵线搭桥，拉来美国基督教高等教育基金会的经费支持，还请来报界耆宿徐铸成、刘季伯等人，采取未招本科生先招研究生的方式，为厦大新闻传播系培养人才：1983年先招了三个研究生，请各地名师来厦门大学为这三个研究生授课。同时，从中文系和外语系抽调部分老师到新闻系，让这些老师与研究生一起听课、接受培训。时年三十出头、毕业于厦大中文系、正在教现代文学的陈培爱老师，就是其中之一。

领导交给陈培爱的任务，是让他负责广告学专业。

二

20世纪80年代，是中文尤其是现代文学研究正热门的时候，而广告学则是一张白纸。广告学专业如何创办？没有现成的答案。广告在中国的地位、前景到底怎样？也无法预测。

陈老师"自受命之日，寝不安席，食不甘味"，养成了一个坚持至今的作息习惯。常识告诉我：能三十年如一日坚持固定作息规律的人，自控能力这么强的人，一定非同凡响！

那时候，计算机还未普及，网络也不发达，查资料还不像现在这样方便。陈老师所能依恃的，唯有"笨"办法：大量地阅读和摘抄。当时，香港中文大学也没有广告学专业，但有个广告学方向，时不时编辑出版一些油印的小册子，刊登一些与广告有关的文章。陈老师就把散见于各种报刊和油印小册子中与广告、商标、管理有关的内容都抄录下来。

他"请进来、走出去"——当时中国工商出版社的编辑唐忠朴、黄震尧编译了一本《实用广告学》。陈老师就请他们来上课，吸收美国和台湾地区的广告学理论与实务经验。

他南征北战：上杭州、转上海、赴北京、下广州，在酷热中四处奔波，埋头于各地图书馆，遍访广告界人士及广告单位，收集第一手资料，"有时稍有收获，便激动不已"。他还在学校的支持下，先后到香港的中文大学和日本京都的龙谷大学进修传播学、广告学、公共关系学和国际文化课程。

功夫不负有心人，厦大1983年拍板办广告学；到1984年，广告学就招进了第一批本科生。

厦大为这些学生，设计了下面这样的课程体系：

表1　厦门大学广告课程设置

厦门大学广告课程设置	比重
公共基础课：政治理论、外语、计算机应用等	约25%
素质教育课：经济、管理、心理、文史哲等	约15%
专业基础课：分为营销和传播两大块	约35%
专业前沿及特色课：接触最新的广告理念及应用知识	约15%
实践教学环节：社会实践、毕业论文等	约10%

这个课程体系包括四大模块：一是经济类课程，如市场学、商品学、市场调查等；二是素质类课程，如文学、心理学、社会学等；三是传播类课程，如传播学概论、媒介研究、传播史等；四是广告学的专业课程，这部分占全部课程的四分之一，其中包括：广告学概论、广告策划、广告写作、广告设计、广播广告、电视广告、印刷广告、摄影广告、广告创意、广告管理学、广告心理学、广告艺术美学、商标广告学、公关原理与实务等。

从这样的课程体系中，我们可以看到陈培爱的办学理念和办学目标：一，广告学专业的学生必须懂得市场经济规律和市场运作手段。二，广告人必须具备一定的人文素养，有广博的知识面。三，尽管那时还没有多少人知道传播学，并且由于传统的力量，中国至今把新闻与传播并列，把新闻传播学当作一级学科，新闻学当作新闻传播学下的二级学科，但陈培爱在那时候，已经认定：广告与新闻一样，都是传播学下的二级学科；广告人必须从应用传播学的角度来审视广告学；且对媒介有充分的了解。四，广告学专业的学生必须既掌握系统的广告学理论，又具备一定的广告实务操作能力，也就是说，广告学专业要培养的是"复合性的广告人才"。

为了实现这样的办学目标，推动广告专业人才培养和广告理论研究走上规范和科学的发展轨道。陈培爱提出"大广告教育理论"：广告教育不仅是高等院校也是专业广告公司和企业的责任；专业广告公司及企业与高等院校一样，也是广告教育的主体。这就打破传统的广告专业教育模式（广告教育应该由广告院校来完成），从广告理论与应用两个教育领域、两项教育功能上,实现广告教育的合理分工——高等院校侧重于理论研究教育,由广告公司与企业完成应用与实践教育,充分利用了社会资源。

他还开创性地提出广告教育的评估体系:按照社会、广告业界的需要来培养广告人,使广告教育能与广告业界、社会要求协调发展;使学生既懂理论又懂实务,整体素质符合广告业界的需求。

实践证明,陈老师的这些理念符合广告学专业的学科发展要求:这些理念不仅让厦大的广告学专业成为全国第一和中国广告界的"黄埔军校",而且也影响了包括中国传媒大学、北大、复旦、武大等在内的一众高校——它们都学习采用厦大广告学的办学模式。当时厦大新闻传播系同时创办的三个专业中,只有广告学成为全国广告业界和广告教育界的一根标杆、一面旗帜——要知道,厦大众多学科专业能够在全国排名第一的屈指可数。

三

陈培爱为学生安排了文学类课程,而他自己原来就是教现代文学的。大局既定,他是否想过再做冯妇、重新拾起"文学"的老本行呢?

"有。"陈培爱笑道,"不过被阻止了。领导要我还是专心攻广告。"陈培爱从善如流,也幸亏他从善如流,才有了他本人和厦大广告学专业后来的辉煌。

厦大新闻传播系下辖三个专业,陈培爱是其中广告教研室的第一任主任,系主任则另由他人担任。

俗话说:有人的地方就有江湖,何况自古文人相轻。新办的系,其中广告学和传播学都是全国首创,都面临无教材、无师资、无现成教学模式可供参考的困境;人事方面,老师们来自不同的院系,有不同的思想倾向、不同的个性;教学要经得起教育部的考核,也要经得住市场的考验……千头万绪,哪个都是重点,哪个都不能放下。

1997年1月,陈培爱走马上任,开始负责厦大新闻传播系的全盘工作。在许多人眼里,陈培爱是个没有个性的人:他身材瘦削,面庞清癯,话不多,而且总是轻声细语、不紧不慢的样子——用中国策划界"南张北叶"中的"南张"——张默闻的话来说,陈培爱"声音很低,低到如同一个少年第一次表白自己尚且幼稚的情话"。这样"柔弱"的书生,能掌控好新闻传播系这几十号性格迥异、互不服气的老师吗?

孰知"没有个性"的陈培爱却是个大有原则的人。作为厦大新闻传播系的创系元老之一,陈培爱深知该系的问题根源之所在,所以甫一上任,他就采取了以下措施:

一,他认为一个单位好不好,有没有矛盾,关键看第一把手。"第一把手办事不公,位置摆的不正,总想得利,贪,是一切矛盾的根源。"陈老师决定不管具体的人和事,而是制定了一套制度规矩,用制度来管人:无论评奖、评职称、教师考核、会议出差……采用标准全院统一。"从我做起","只要立好了规矩,把所有问题都放到桌面上,就没什么好闹的","工作方法对了,很多事都不是事,或不是大事"。

二,来去自由,凡是想离开的老师,"只要提出申请,我就认定你找到了更好的地方,恭喜你,马上批"。陈培爱这么一说,原来那些有情绪、闹着要走的人,反而偃旗息鼓了。

三,在对老师的评估标准上,他提出根据建设创新型国家的要求,今后对面向市场的应用研究和实验开发等创新活动,将以获得自主知识产权及对产业竞争力的贡献大小作为评价重点;对公益性科研活动,将以公众需求和产生的社会效益作为评价重点;而对于基础研究和前沿科学探索,将以科学意义和学术价值作为评价重点。

四,十个手指弹钢琴,必须分清轻重缓急,抓住主要矛盾,弹出效益来。领导要有全面、超前和辩证发展的思维,不能以个人的兴趣爱好来影响学院的发展。

陈培爱认为:北大、清华、复旦等校的新闻院系强,与院长的关系不大,与每个老师的关系很大;人们可能不知道那些高校的校长、院长是谁,却知道很多名教授——一个教授就是一个团队,再从教师团队扩展到学生团队——当学校的生源好、出路也好的时候,学校、学院想不强都难。

为此，当领导的必须足够"淡定"：首先是对权利淡定，不能有好处就自己沾。其次是对权力淡定——作为一把手，他居然把签字报销权和财务权交给副手，交给办公室。他自己只抓一个要害——就是学科建设。

由于思路清晰，抓住要害，十多年的领导职务（1997—2008，1999年新闻传播系与中文系合并为"人文学院"时，他又升为副院长兼新闻传播系主任）虽然工作繁忙，但他以淡定的态度对待之。他经常骑着那辆1980年购买的凤凰牌自行车在校内爬坡上坎，保持充沛的工作精力。不但自己的学术成果丰硕，老师们的福利好、满意度高，新闻传播系的成果也很丰硕：1997年，经国家权威部门评估，厦大广告学专业在中国广告界、广告教育界的知名度、美誉度评比中，一举揽获全部四项第一。1998年，广告学学科建设获得厦门大学最高奖"南强奖"一等奖。1999年，该学科被确定为福建省重点建设学科。2005年，他领衔的项目"中国广告学人才培养模式的创建与推广"荣获"2005年福建省高等教育优秀教学成果奖"一等奖，荣获"2005年国家高等教育优秀教学成果奖"二等奖。

陈培爱是个恋旧、长情的人。他把那辆古董级别、陪伴着他见证了厦大新闻传播系三十多年坎坷发展历史的自行车视若珍宝。对于自己一手哺育、呵护其成长的厦大新闻传播系广告学专业，他更是满怀深情、疼惜如父，虽已退休，仍时刻关注着它的起起落落，希望它能愈长愈健壮。

四

那么，陈培爱是怎么抓"学科建设"的呢？这里先来说说他自己是如何身体力行，献身广告的。

1983年，初转到新闻传播系，陈老师对广告学还一无所知，是个"小白"。1984—1987年，历时三年，"融合港台有限的广告书籍及自己对广告的初步认识"，陈老师出版《广告原理与方法》。此前，学界主要从市场学的角度研究广告学。但广告不仅有市场广告、经济广告，还有公益广告、文化广告、社会广告。陈培爱的《广告原理与方法》是国内第一本从传播学的角度研究广告学的著作——它改变了我国广告学研究的角度，奠定了我国从传播学原理研究广告学的理论框架，夯实了广告学的理论基础，是广告理论本土化的早期成果之一。该书1987年8月出版后，很快被国内众多高校选为专业教材，且成为中国广告人的案头必读书目。陈老师每隔几年就修订一次此书，在厦大出版社多次再版。

1993年，他主编了中国高校第一套广告教材"21世纪广告丛书"。这套书一共十本。这是我国学者出版的第一套高校广告学系列教材，比较完整地涵盖了广告的各个领域。三十多年来，厦大广告学专业以这套丛书为核心，建立一套比较完整的人才培养模式，为培养适应中国市场的广告人才做出贡献，得到业界和教育界的认可。

从1983年开始，陈培爱就有意识地收集广告史方面的资料，到1997年，他终于捧出《中外广告史》。这本磨砺了十四年的书，把广告史列入传播史的研究范畴，客观地展示了从原始社会以来，广告业发生、发展、变化的脉络。它使广告学科在理论、业务研究上注入史的内涵，填补了我国广告学研究的空白，"是我国第一本成形的广告史专著"，学术水准至今还无人超过。该书获得福建省社科优秀成果二等奖。

2004年，他主编了"十五"国家级规划高校广告教材（共十五本）。

陈培爱是一位公认的忠厚长者：他从不与人争执，他的眼神安详沉静，如羚羊般清纯友善。可就是这双安静、温暖的眼睛，却时刻盯着时代的大潮，敏锐地捕捉着潮流中的点滴信息。21世纪初，我国大力提倡发展文化创意产业，但是从政策制定到学者研究，人们主要将创意产业定义为动漫、影视、网游、会展、工业设计等，鲜少有人提及广告，甚至有学者提出，"中国目前还没有创意产业"。陈培爱没有在这种失语状态中保持沉默。2008年，他主编出版《创意产业发展与中国广告产业的升级》一书，振聋发聩地提出"广告业天生就是创意产业的骨干力量！正本清源……要把广告业纳入到创意产业的洪流中去"并前瞻性地指出，伴随着产业升级，未来广告业可能会更加专业、更加多元、更加丰富、更加具有妖娆的魅力。

其实，那时候的陈培爱早已是位各种荣誉加持、自带光环的人物，并且已近花甲之年，完全可以坐享"中国广告教育界元老"的红利。可是，他仍然在为、要为广告鼓与呼！

从创办中国第一个广告学专业，为中国广告教育设计教学模式和课程大纲，到最快时以每年一本的速度出版广告学教材；从为全国各地高校培训师资，让广告学专业迅速实现量的扩张，到不失时机地呼吁广告教育要由"高速"向"高质"发展转变；从提倡广告教育国际化，到把中国的广告教育与创意产业融合在一起——中国广告的脉搏似乎就是陈培爱的脉搏，陈培爱的血液似乎就是中国广告的血液——它们早已融为一体、不分彼此。

三十年来，陈培爱——这位中国广告教育教材最早的设计者和创作者共出版二十多本书，撰写近两百篇论文——其中绝大多数是独立完成的。他的著作哺育了一代又一代青年学子，说他"桃李满天下"一点都不为过。

此外，他还主持并完成三十多项国家级、省部级和各类社科研究课题，其中四次获得国家社科基金广告课题，是全国广告学教授中获得国家级课题最多的。他还是教育部"马工程"《广告学概论》编写组的首席专家之一。

然而，他在为人处世上仍是"毫无锋芒"，用张默闻的话说，是"笑也笑得温暖，恨也恨得很平静"，"三十五度五，正好春风来临的温度"。他总让我想起"静水流深"这个词，想起"没有私人敌人"的胡适，想起民国的那些"大家"和"先生"们。

优秀的学者不多，内行的领导难得，自己突出还能带领团队冲锋的干才少之又少，自己突出、还能带领团队开疆拓土、性格却温和无可挑剔的人，谓之凤毛麟角。陈培爱就是其中的一位：作为学者，他自身成果卓著；作为学科带头人，他带领团队摘下了全国高校广告学专业"第一品牌"的桂冠；作为新闻传播系的主任、人文学院的副院长，他用自己的以身作则，平息了人事纷扰，让大家都把精力放到教学和科研上。

五

如果说，创办新专业需要远见卓识的话，那么，把新专业办成全国同类专业的第一品牌，则不仅需要长期、踏实的研究和大量业内认可的学术成果，还要"会吆喝""会折腾"，能够打开局面、扩大影响力。在这方面，表面温文儒雅、低调腼腆的陈培爱却表现出他性格中的另一面……

早在1992年，他就开始"班门弄斧"，办培训班，把广告业界人士拉到厦大来接受培训。此举不仅促进我国广告界走上了规范发展的路子，而且扩大了厦大广告学专业在广告业界的影响力。2005年，全球知名广告机构——美国奥美（亚太区）选定厦大广告学专业作为其第一批合作对象，可以说就是对厦大"紧密联系业界"办学理念最好的肯定。

接下来，厦大大规模地为全国各高校培养师资，以致前期办广告学专业的高校老师，都成了厦大的"徒子徒孙"。据陈培爱统计，全国两百多个广告院系中，经厦大培训的有五六十所。厦大的影响力，由此波及内蒙古、广西、宁夏、云南、新疆、黑龙江、辽宁等地。

厦大的课程模式经常修订完善，然后毫无保留地提供给各高校。陈培爱有绝对的自信：就算我给你了，你也未必能做得比我好或跟我一样好，"就像我给你茅台酒配方，你也未必酿得出茅台酒"一样。但这些开创性的教材，和"一直被模仿、从未被超越"的课程模式，却树立起厦大广告学专业在业内的胸怀与格局。

1999年，陈培爱发起创立"中国广告教育研究会"并首任会长，同时创立"中国广告学院奖"，为中国广告教育的发展增添新的平台。

作为厦大学子，我"知道"陈培爱二十多年了。可是直到这一刻，我才真正"认识"陈培爱：他从来不争个人名利，哪怕是把厦大的广告学专业带成全国第一，他也没有到领导那里去谋求更高的职务或更多的好处。但他绝不是一个只顾埋头著述的书呆子，争什么、不争什么、怎么争，他都心明眼亮；那些峥嵘的岁月，在他眼里云淡风轻；仿佛他讲述的，不过是别人的故事。

"云山苍苍，江水泱泱，先生之风，山高水长"，看电视连续剧《先生》，缅怀民国那风起云涌、大师辈出的年代，我曾经与多少人一样，痛惜自己只能在荧幕上一睹"先生"的风采，身边却难觅"先生"的真容。然而当我听着陈培爱的真知灼见，看他如此淡定从容地对待名利和成就时，我突然有一种"众里寻他千百度。蓦然回首，那人却在，灯火阑珊处"的感觉：眼前这一位温润儒雅，端庄肃静的人，不就是一位真正的"先生"吗？

厦大、厦大新闻传播系何其幸运，得此干才，创建出中国广告教育的模式，令厦门大学的广告学专业被业界誉为中国广告的"黄埔军校"，不仅为中国广告界培养了大量的中坚力量和领军人物，而且为厦大培养了众多在广告领域顶呱呱的厦大校友、学子。

今年是厦大新闻传播系建系三十周年。三十五岁，正是年富力强的时候，我们盼望厦大新闻传播系今后的日子更加辉煌。

林 莹

《中国广告杂志》社记者。

在中国广告教育的荒原上探索前行

——对话厦门大学广告学专业创立者、
　　中国广告教育第一人陈培爱

舶来东方　抽芽鹭岛

  三十五年前，陈培爱参与创建中国内地高校第一个广告学专业，至今回忆起来，很多细节仍历历在目。实际上，厦门大学的广告学专业从1982年便开始筹办，除了校内老师的共同促进，还有外因的推动：世界传播学大师施拉姆的学生余也鲁教授，把新颖的西方传播学理论引入到香港中文大学后，生发了将其从弹丸之地传播到更广阔土壤的愿望。几经选择，最终落定厦门。作为传播学中非常重要的组成部分，广告学跟新闻学、广播电视学和编辑出版学同属一个范畴。厦门大学广告学专业的创立，极大填补了传播学理论在研究过程中的完整性。起初，在选择中国内地的广告学第一土壤时，学者们把目光更多投向北京和上海这样市场广阔、媒体丰富且影响力更大的城市，这些优势厦门并不具备。然而，1981年，中国宣布建立四大经济特区，彼时深圳只是个小渔村，珠海和汕头一片荒芜，只有厦门经济尚好，且拥有四大特区中唯一的重点大学——厦门大学，重任从此加之于肩。果然，这些超前的理论和概念与1922年便设立新闻学科的厦门大学很快交融。于是，在改革开放的浪尖上，新闻传播专业得以在厦门重新复苏，走向兴盛。

  另一个动因，要归于改革开放的大潮。1978年中国改革开放兴起，1979年广告业开始恢复。可以明显感受到市场上商品竞争的力度加剧，很多企业开始推广自己的产品，计划经济的运行模式日渐式微。产品在不断扩大销量的过程中，不断涌现的竞争使其进一步想要树立自身品牌，广告传播便成为企业塑造品牌的一种手段。在这一点上，中国和西方是类似的。

白纸作画　开疆拓土

"第一个吃螃蟹的人，当然从未吃过螃蟹，也不知蟹味，但什么都不能阻止我们去做这件事。"对陈培爱和他的团队来说，创建属于中国自己的广告学专业和思想体系，可谓白手起家，从零起步，点点滴滴都始于一砖一瓦的构想。自此，他们开始用心、专心打造中国高等教育的第一个广告学专业。1983年广告学专业创建后，为了一年后的招生，他们招募了海内外一系列讲师，开设了相应的广告学课程，而陈培爱本人，更为搜集资料马不停蹄跑遍中国的大型图书馆——从北京到上海，福州到广州再到杭州……本就是无米之炊，外加内地的资料少之又少，一圈跑下来，情况不太乐观，又从港台地区引进一些广告相关的资料内容。就这样，边上课边梳理出符合中国实际的教案，在一无师资、二无课程模式、三无教材的情境下白纸作画，开疆拓土。到上世纪90年代初，厦门大学广告学专业推出中国第一套广告学教材——"21世纪广告丛书"，为中国广告教育的大发展奠定扎实基础，储备了充足条件。前人栽树后人乘凉，厦大之后，1988年中国传媒大学也设立广告学专业，而大规模的广告学专业构建则是在1993年之后完成的。彼时，武汉大学、华中科技大学等很多高校开设了广告学专业，其中不少都前往厦门大学向陈培爱"取经"，对方亦毫无保留地分享自己投石问路的摸索经验，更可贵的是，为一些刚刚开设广告学专业的高校提供无偿的师资力量培育和思维滋养。随着广告专业学生数量剧增，广告教育进入蓬勃发展的繁盛期。

技术助阵　品牌强国

1992年，邓小平视察南方，发表讲话，成为影响历史进程的重要节点，对广告也不例外。陈培爱认为，"讲话"进一步促进了中国的改革开放，中国经济呈现蓬勃之势，市场规律愈发成熟，品牌竞争也愈发激烈。品牌开始显现出巨大的威力，而广告也得到越来越广泛的应用。适逢中国高校内部的体制改革，作为一门交叉学科，广告在社会实践中应用得愈发频繁，广告学得到了更多关注和更好推动。

如果按时间划分，中国的广告教育大致历经四个阶段：1983—1992年，广告学在中国生存立足阶段，筹备最基本的教学资源、教学模式和人才培养；1993—2005年，邓小平发表讲话后，中国市场经济日趋成熟，中国广告教育蓬勃发展，设立广告学专业的高校从一两所到上百所，先发展，再规范，实现了发展速度加快和数量扩大的广告学体系；2006—2011年，中国加入WTO，进入世界经济框架中，高校更加注重广告教育的质而非量，从量到质的提升体现了一种规律；2012年之后，中国广告业更加重视互联网数字技术的引入，广告教育在中国历经从站稳脚跟到逐步发展、逐步提升再到融入国家战略的漫漫路途。

品牌强国战略，是对广告业、广告教育提出的重要社会使命；公益广告的传播，则是社会主义精神文明的凝聚体现，为治国提供了很好的条件。此外，广告还与文创产业有所联动，不断助力更多其他行业进行创新创造。广告人的更大作用还有待发掘。品牌本身就是强国利器，而广告赋予品牌成长，所以本质上也是一件强国利器。广告从来就不只是信息传递的载体，而是肩负着更重要的社会历史使命。

（本文采访于2018年10月）

李 沁

《现代广告》杂志记者。

中国广告学科的五大战役

口述：陈培爱（厦门大学特聘教授、博导、中国广告教育的开创者之一、原中国广告协会学术委员会主任、中国广告教育研究会创会会长）

整理：李沁

业界无人不知陈培爱，素有"中国广告界泰斗"之称的他参与了中国大陆高校第一个广告学专业的创建；中文系出身，在接手广告教学后主导编写学科系列教材丛书并沿用至今；见证了中国广告的历史变迁……可以说，陈培爱的身上颇具传奇色彩。

中国大陆高校第一个广告学专业建立背后有着怎样的故事？陈培爱在其中扮演了怎样的角色？下一个中国广告四十年已开启，作为中国广告史"活化石"的他又有怎样的见解？

以下为陈培爱自述：

中国广告教育的四十年

我从厦门大学中文系毕业后留校做了老师。做出留校的选择实属无奈，因为当时高校教师的社会地位不是太高，加上受历史遗留问题的影响，很多同学都不愿意留校。应组织的要求，我留在了学校，教授现当代文学。

1983年6月30日，教育部正式批准设立厦门大学广告学系。下半年，我第一个调到正在组建的广告学专业，当时只有我一个光杆司令，压力比较大，因为当时确定了要在1984年9月招录第一批广告学的本科生。对我们来说，课程的模式、教材、师资都是空白，属于"三无"，也就是无米之炊。

为了应对解决这些问题，我从1983年底到1984年上半年一直在全国各地的图书馆跑，整理了一下发现没有多少广告资料资源。当然，20世纪30

年代有一些出版物与之相关，但这远远不能满足我们对教材的需求。不过，中国的广告业自1979年恢复后，陆续有一些实践应用，报纸上会刊登一些营销案例、广告案例、相关的新闻等，我们就把这些资料汇集起来，作为教材中的重要组成部分。在课程安排上面，我们为学生安排了新闻学、社会学、经济学、文学等学科作为基础积淀，在此基础上进行相关的营销技巧、广告运作方面的课程教授。

还记得1984年我代表厦门大学到广州去招生，第一届在全国共招了十五人，1988年有了第一批毕业生，其中有十四人坚持到毕业，留校两人转化为师资力量。就这样，中国大陆高等院校的广告学教育慢慢展开了。

我常把中国广告学的发展历程比作我们的"五大战役"：建立课程模式、撰写教材、完善师资培训、丰富学术研究、设立实践基地。中国广告业恢复后的第一个十年，我们打赢了第一场战役，即建立起广告学的课程模式。

第二个十年进入相对大发展时期，据悉，从1993年开始中国各个高校创办广告专业的比率非常高，经资料验证可能有几十所。伴随着中国更加开放，中国产品需要走向世界，这需要传播方面特别是广告方面的人才助力。后来我提出综合各位教师的上课资料，编写中国高校第一套系列广告教材，当时定名为"21世纪广告丛书"。除了教材，我们还开始培养中国广告教育的师资力量，1993年开始招收西部院校的教师来我们这里进修听课。培养各个高校的师资力量对中国广告教育意义非凡。至此，广告学的前三大战役已基本拉开。

第四个战役便是丰富学术研究。从1999年开始，我们就谋划要建立中国广告教育研究会，由中国人民大学、武汉大学、中国传媒大学、深圳大学、厦门大学五所院校共同发起。研究会的重要意义在于将中国广告学科学术研究带入到比较广阔的平台上，为来自一百多所院校的老师提供了共享平台、互通信息的机会，具有开创性意义。可以说，它的确为中国的广告教育贡献了很多的资源与智慧。

第五个战役便是建立实践基地。高校里更多的是关于广告理论的教学，但广告公司、媒体、企业所进行的广告运作也应融入教育中。同时，学生也需要一个实践的平台，这个平台应该面向世界、关注业界发展的变化与创新。

所以，同样在1999年11月，我们创办中国广告学院奖，两年评选一次，第一届（1999年）与第二届（2001年）便是在厦门大学举行。开设奖项的主要目的是提升学生的创意水平、策划水平及广告理念。说到底，我们评的是学生的飞机稿、创意稿，因为创意稿本身也是训练的过程，把刀打磨好，他们才能更好地上战场。

2003年，由于团队人手和资金问题，中国广告学院奖转至南京，后来又经过多次辗转，才有了今天大家所熟知的中国广告学院奖。

如果简单做一个概括，上述五大战役奠定了中国广告学科的根基，也彰显了厦大的学科地位：

1983年，摸索创立中国广告教育的培养模式，经过不断完善，经过二十多年努力，该模式于2005年获得国家本科教学优秀成果二等奖。

1993年，陆续出版"二十一世纪广告丛书"，成为20世纪90年代至21世纪初中国高校广告专业的必备教材。

1993年，当时筹集到一笔基金，免费培训中国高校广告专业教师，此项培训延续了近15年时间，厦大被誉为"中国广告教育的黄埔军校"。

1999年10月，中国广告教育研究会在厦门大学成立，厦大为会长单位。

1999年11月，中国广告学院奖在厦门大学拉开帷幕，开创了广告学子社会实践的平台。

这就是中国广告学科创立的过程，从不被认可到被认可，从步履维艰到如今的发展壮大，在中国广告历史的长河中留下浓墨重彩的一笔。

截至目前，中国广告教育在新闻传播学科中仍处于弱势地位，但是我们毕竟创建了一个新的学科，一个未来有希望的学科。未来中国在品牌研究方面有两个非常重要的思路：一个是树立品牌的影响力，各企业是主体，为提高人民群众的生活水平服务；第二个是中国品牌要走向世界，即品牌强国，而广告学科在其中可以发挥很大的作用。

下一个四十年

时光荏苒，转眼间，中国广告的下一个四十年已开启。在不断变化的时代背景下，我们的广告教育人才培养如何避免与世界脱节？

我的观点是中国广告教育应该是若即若离，既跟上时代，又不完全是时代的应声虫。意思是我们原有的学科体系与架构其实是不变的，这些是基础。变的部分是在传统的广告营销课程中加入互联网、大数据等课程，让学生能够与时俱进，适应当下社会经济转型所带来的变化，这一点非常关键。说到底，又回归我们的五大战役，对此我有几点思考。

首先，从教师的角度来看，其实他们最大的困惑就是知识水平跟不上。目前国内能够胜任大数据分析、挖掘教学的教师非常少，相关人才比较缺乏。其次是教材的更新问题。目前学界正在编写新时期的广告丛书，应对转型期广告教育的发展。在课程模式方面，我们需要调研社会的经济发展情况、企业的需求、媒体的人才需求等，在此基础上进行课程的适当改造，既非全部肯定，也非全盘否定。另外值得注意的是，在课程模式上，不要以一个院校的模式为主，各个学校可以同时拥有自己的渠道与特色，共同为广告教育事业贡献智慧。

我对学生的建议是：

第一，应该热爱你所在的行业，拥有坚韧不拔的意志。

第二，学好行业必备技巧，这样走出校门后能在企业中尽快上手。

第三，要有强大的创造力。任何一所大学教给你们的都是最基础的观察世界的知识，工作以后学习能力与创新能力必不可少。

第四，要有好的人品和道德。科技的变化带来了营销模式的转变，作为广告人应该保持最基本的初心与人品，坚守底线。

最后，希望我们的广告教育、广告行业，能够在前面四十年的基础上继续开拓，不断地走向前列。在中国，特别是在广告专业守护社会责任方面，发挥广告人的作用，这一点非常重要。

（原发表于《现代广告》2020年第21期）

贾丽军

传播学博士、国际广告协会会员、国际广告协会中国分会副秘书长、中广协学术委员会常委、高级工业设计师（高级职称），北京大学、中国传媒大学、南京大学等多所院校MBA、广告、设计等学科客座教授及研究员、硕士生导师。美国俄亥俄州立大学艺术设计院特邀研究员，2014年南京青年奥运会申办组委会特聘专家顾问，北京奥运会广告创意评审专家。开创中国商业创意先河，被誉为"走在产业创意和学术教育45度的职业广告人"，更被国家授予"优秀留学归国人员"称号。曾翻译出版中国第一本专业媒介企划教科书 *Advertising Media Planning*。2007年进入厦大攻读博士学位。

师生缘　广告情

我与陈培爱先生，相识于中国广告协会学术委员会的一次会议，会议间歇与他闲聊中，谈到广告理论与实务、学界与业界融合的问题，没想到由此引发一段师生情缘。当时在与先生只言片语的交谈中，便被他深厚的理论修养所折服，当下便言"如果哪天先生招广告学博士，我必定报考门下"，更没想到一句随兴之言，居然成真，若干年之后，我真的有幸成了陈培爱先生的弟子。而正是这段师生缘，让我深深地为陈培爱先生的人格魅力所折服。

目前广告界，称"专家""大师"的人不少，然而只有在先生的身上，我真正感受到大师的风范，这种景仰，似乎与专业建树、学术修养无关，而是来自于生活中的他。

生活中的他，用自己宽厚如父亲般的爱，体恤、关爱着自己的每个学生。每逢节假日，他必定邀请自己的弟子一起聚餐，而这也成了"培爱学术大家庭"的传统，学生们私下都亲昵地称他"爱爱"，亲近之情溢于言表。

相对于生活中对学生事无巨细的关心，在学业上，先生对学生的要求却是很严格。但是这种严格却从来没有距离，反而让人如沐春风、欣然地追求，去达到他给你设定的高标准。

这就是大师，不能说具体到哪件事情让你景仰，只是在与大师平常接触、耳濡目染中自心底油然而生的。他的宽厚、博大，会让每个人都觉得自己渺小。他总是很平静，然而这种平静之下，却总透着一种让人无法言语的力量。我想这种力量，就应该是爱吧，对学生的爱，对广告的爱，对教育的爱，对国家的爱。正是这份深沉的爱，让他在广告学术路上走得如此坚定。

陈培爱先生可以说是中国广告教育的先驱，并且率先将广告系统地分为历史广告学、理论广告学、实务广告学，构架起完整的广告学理论体系。而他的学术理想就是未来这三个体系，都能有拔尖的人才，将其发扬光大。因此，在招选学生上，他总是不拘一格，他的博士生构成也是多层次。不论是从年龄结构还是专业结构来看，当中有年近七旬的老者，也有二十出头的青年，有实务界出身的广告专业人员，也有政府人员……如此多样化的学生构成，也正是陈培爱先生开明思想、开放心态的表现。因为只有博采众长，才能集大成，成就学术高度。而如今的桃李满天下，则是先生先进教学理念和学术建树的最好佐证。

我有一个心愿，就是在我博士毕业的时候，能在美丽的厦大校园为陈培爱老师塑一座雕像，这绝不是我对先生个人崇拜的私心，纵观中国广告教育界，真正称得上"广告教育家"的，只有先生一人，他是中国广告教育的先驱，开创了中国自主广告教育的先河。因此，我想塑的这座雕塑，与其说是为先生个人，倒不如说是为中国的广告教育树立的一座丰碑，它不仅矗立在美丽的厦大校园，更伫立在我的心里。

一段师生缘，让我觉得成为先生的弟子，不仅是幸运，更是一种幸福，如沐春风，三生有幸；一份广告情，让我感动先生毕生努力的可贵，更看到中国广告教育的璀璨前途。

（此文写于2011年）

夏洪波

  1996级广告学研究生，师从陈培爱教授，原中央电视台广告部主任、凤凰卫视集团副总裁。现为香港广告业联会副主席，香港启德商学院创始人。2019年起在中国人民大学新闻学院开设"广告主研究"课程。

广告学永远年轻

2023年11月14日，中国人民大学新闻学院、中国人民大学新闻与社会发展研究中心和中国高等教育学会新闻学与传播学专业委员会共同举办"中国广告教育深研会"。以下内容根据夏洪波先生的会议发言整理。

今年是中国广告教育四十周年，也是厦门大学广告学专业创办四十周年。谨以此文献给我的母校厦门大学，祝福厦大广告再创辉煌！

今天在座的各位都是广告学界的前辈。下面我主要是从广告业界实践的角度，谈一点自己的理解，希望能带来一些新的视角和新的观察，请大家批评指正。

一、我的广告实践和教学经历

我于1996年在厦门大学跟随在座的陈培爱教授攻读广告学研究生，1999年毕业后进入中央电视台广告部工作。在之后二十多年的广告实践工作中，一直没有间断广告研究和广告教学工作，2001年，在座的倪宁老师安排我在人大新闻学院开设"广告媒体研究"课程，2002—2004年，陈刚老师邀请我在北大继续讲授这门课。之后我在母校厦门大学讲授了多个学期的"媒体广告经营实务""企业广告管理实务"等短学期课程。

在广告实践和广告教学的反复互动过程中，我深刻感受到广告实践中有很多现实问题需要广告学研究的支持，需要广告理论的不断创新。2006年，当我在担任央视广告部主任时，我们的专家顾问陈俊良老师提出能否把当时最紧俏的新闻联播后招标时段由5秒标版调整为7.5秒，当时我们请北师大心理学认知实验室做实验，发现大脑皮质在7到8秒的时候达到认知峰值，科学的研究论证进一步坚定了我们的信心,最终做了调整。直到今天,这一创造性的广告格式央视还在继续使用,我想这些年下来应该增加了上百亿的广告收入。类似的例子还有很多。在广告实践工作中会不断涌现新的问题,就需要去做广告研究,去寻求创新的广告理论来解决这些问题,来指导实践。

新问题、新研究、新办法、新理论,广告实践需要创新,广告研究也需要创新,广告永远年轻,广告学永远年轻。

2019年,我正式回归广告教育,但未全职进入高校,我不想脱离实践,希望自己能把业界最新的实践和思考带进课堂,促进广告实践和广告理论的深度融合。从2019年开始,我在人大新闻学院开设"广告主研究"课程,到今年已经讲到第五年了。

2020年,我创办广告主创新实验室和香港启德商学院。我们重点研究广告业界迫切需要解决的现实问题,比如这几年我们研究企业媒体效益管理问题,帮助企业实现媒体投入最大化以降本增效。我们组织了多方专家,突破性解决了跨媒体评价这一历史难题,独创了系列模型、工具,获得多项专利技术,研究成果发表在《哈佛商业评论》上。研究只是第一步,同时我们对这些研究成果进行产业转化,为不同行业的品牌提供相关咨询服务,进一步验证和持续完善我们的研究成果。目前我们在理论研究和咨询实践的基础上,正在开发标准化的媒体效益管理课程,以惠及更多的品牌主。启德商学院的模式简单一句话就是"研产学"联动,即针对业界实践领域的痛点问题开展研究,然后进行研究成果转化,再推出相关课程和教育服务,整个模式完全实现实践和理论的深度融合,互相促进,共同提升。

我发现,在广告实践中碰到的很多问题,归根结底都会触及广告学的本源问题,都需要广告学理论的创新突破,比如广告的作用到底是什么,广告对价格的敏感性影响到底如何,广告的长期效果和短期效果到底如何测量,从品牌营销的角度如何对媒体进行全新的分类,不同媒体在解决品牌问题上到底有哪些各自的能力专长和边界,等等。

理论来自实践,又反作用于实践,指导实践的发展。广告实践中遇到的新问题，急需广告学研究的突破，迫切呼唤创新的广告理论的指导。广告学还很年轻，广告学也不得不年轻。

二、"广告"定义需要与时俱进

现在不论广告学界还是广告业界都普遍认为广告太传统了，广告过时了，广告落伍了。我认为这些问题的出现，从最根本上讲，就是没有与时俱进地对广告下定义。

今天的广告已经不是昨天的广告。企业的大楼是不是广告，企业的员工是不是广告，他们的音容笑貌是不是就是品牌的表情，网上的"用户评论"是不是广告，亲朋好友之间的产品推荐是不是广告？这些或有声的或沉默的消费者与品牌的接触点，都会影响消费者对品牌的认知和购买决策，本质上都是广告。

今天的广告是"泛广告"。广告学应该是市场领域、商业领域中的基础性学科。只要有市场，只要有商业，都需要研究广告学，都需要广告学这门课。

其实不止于此，广告学还应该成为人人都需要的学问。

每年"广告主研究"的第一堂课我都会让大家做自我介绍。因为我们每个人都是广告主，自我介绍就是给自己做广告。开始很多同学都会说自己来自哪里，有什么兴趣爱好等等，我跟大家讲，自我介绍是有套路的、有规律的，还有工具，然后给大家介绍 FAB 价值分析法，做自我介绍重点说三个方面：你有什么特点，有什么优势，能给对方带来什么价值，要重点讲当时特定场景下你能给对方带来什么样的独特价值。然后请大家再来做一遍自我介绍，就不一样了，有个同学有设计特长，对服装设计有些研究，她说她愿意免费为大家做穿着打扮方面的咨询。有个同学来自云南，他说他父亲和云南白药的高管熟悉，他可以请云南白药的广告主管来我们"广告主研究"课堂为大家上一堂实践课。

FAB 等很多广告理论、方法、工具不仅应用在品牌营销过程中，一样可以应用在我们每个人的生活中。生活中处处是广告，处处需要广告学。这些年我越来越认为，我们应该树立大广告观，建立大广告学，这也许是广告教育未来的发展方向。国家广告、社会广告、商业广告、个人广告，从政府到任何组织再到一切个体，其实都需要广告，广告的范畴本该极其宽泛。我们应该为广告下一个新时代的定义，广告也许就是"沟通"，就是"传播"，就是"接触"，因为一切沟通都是广告，一切传播都是广告，一切接触都是广告。

我们的广告研究不能只围绕品牌营销，广告教育也不应只讲企业怎么做广告、怎么卖东西，而应该有更加宽阔的商业视角和宏大的生活视野，强调广告的底层概念和营销逻辑，注重培养学生广告的基本能力和基本素养。如应该具备哪些必要的广告思维，如何介绍自己的某件物品、某个想法，如何与人沟通，如何讲故事，等等。将来不论学生从事什么职业，做不做广告方面的工作，也不论是在工作还是生活中，广告的这些基本能力和素质都能用得上，能让他们终身受益。

生活中处处是广告，处处需要广告学。生活每天都是新的，广告学永远年轻。

三、让业界正在发生的案例进入课堂

在广告教学过程中，我的一个初步体会是一定要讲活案例，要把业界正在发生的现实案例带进课堂。我的案例教学方式是"一个现实案例讲到底"。我的"广告主研究"课从第一堂课到最后一堂课，在每一个大的知识点上，我都会拿同一个广告主的最新实践进行分析探讨，这样通过一个完整案例学生可以系统理解和掌握这门课的理论体系和知识架构。

要想把业界正在发生的案例真正带进课堂，需要广告学教师与业界保持紧密联系，要不间断地实时参与到广告实践中。"广告主研究"课堂上我使用的这个广告主案例，很多内容都是我自己亲身经历的。我持续参加企业的线上营销晨会，及时、全面了解企业的最新动态和营销举措，同时我和这家企业还保持着密切的业务合作。我的体会是，只有自己亲自参与的案例，才最清楚它的背景，才能真正总结出某一知识点适用的业务场景和限制条件，

学生才能真正学到在什么条件下使用什么策略，真正做到活学活用，否则学了一套通用理论、方法，一上手解决具体问题的时候就抓瞎。

毛泽东在《实践论》里指出："无论何人要认识什么事物，除了同那个事物接触，即生活于（实践于）那个事物的环境中，是没有法子解决的。"广告是一门实践性很强的学科，广告教学和广告研究一定是源于广告实践的土壤，一定要与业界实践同步，最好能亲自参与广告实践中。

另外，需要辩证看待业界专家授课。在我的"广告主研究"课上，我经常邀请广告主实战专家过来授课，海尔、中国平安、雪花啤酒、科大讯飞、华润三九等企业主管都来授过课，学生了解了这些领先品牌的最新广告实践，非常有收获。但我们也应该看到，业界专家在一次课上往往只能讲特定行业、自身特定品牌、在某一特定营销问题上的解决方案，是一个个具体的"点"，它们的作用是可以强化学生对某些关键知识点的深刻理解，但其前提是学生必须系统掌握这门课的体系架构，这还必须依靠广告学教师去教授。所以，在整个广告课堂教学中，业界专家授课应该是辅助性的，而且要根据课程关键知识点的需要针对性选择案例企业和业界授课专家。鲜活的广告案例，让广告教学和广告研究永远年轻。

四、广告是拯救者，不是附和者

上个月我去伦敦参加今年英国广告从业者协会（IPA）的年会，会上WPP全球总裁说，这几年全球经济普遍不景气，但他们业务还在增长。其实不光WPP，其他几个大的传播集团这几年营收也都在增长。不仅广告公司如此，宝洁、联合利华、欧莱雅等全球巨型广告主今年上半年也都加大广告投入，销售收入明显增长。广告业并不完全是一片哀鸿、一地鸡毛。

这几年，我们周围充斥着关于广告的负面信息——经济不景气、信心不足、广告落伍了、砍广告预算等等。其实广告业原本是先导产业，在任何时代，不论是市场上扬还是经济危机，广告都应该走在市场的前面，都应该用创新的手法、创意的智慧，积极主动地寻求市场突围的办法，引领企业超前走，引领经济向上增长。广告从来就是拯救者，不是附和者，不是随波逐流者。在经济不景气的大环境下，正是广告大显身手的时候，正是彰显我们广告人作为创新者、改变者、颠覆者、引领者角色的绝佳时机！

广告本来就是这样一个永远追求创新、永远向上、永远年轻的行业！

在这次 IPA 年会上，我还见到 The Long and the Short of It 的两位作者。这两位老先生一位曾经是物理学家，一位曾经是工程学家，后来转向研究广告的长期效果和短期效果，他们聚焦这一历史难题潜心研究多年，取得了令世人瞩目的成就。两位老先生聊起自己的研究成果时神采飞扬，说研究还在持续进展中，还在寻找更加精确的广告长效和短效的测量方法。当邀请他们来中国交流的时候，他们说档期已经排到明年五月了。

我当时就想，啊！广告研究原来可以让一个人这么年轻！这么有魅力！

林升栋

教授，博导。厦门大学新闻传播系1997级广告学硕士，师从陈培爱教授。曾在中山大学、中国人民大学执教。他的研究领域为跨文化传播、传播与社会、广告学。2024年2月任厦门大学新闻传播学院院长。

二十六年前的考研

厦门大学是我的母校。我本科在厦大会计系就读，研究生在新闻传播系。作为学生，我在厦大学习了整整七年。从十七岁到二十三岁，人生最青葱的岁月，从懵懂逐渐走向成熟。要感谢厦门大学的金字招牌，让我2000年硕士毕业的时候顺利入职广州中山大学，开启我的另一段人生之旅。后来我又从中大调回母校工作十一年多，直至三年前我到中国人民大学工作。此是后话，本篇不谈，或可等厦大广告专业创办五十周年时再谈。真正改变我人生轨迹的，是二十六年前的那场考研。

厦大会计也是王牌专业，那个年代跨专业考研还是比较新鲜的。高考填报志愿，完全是因为自己对职业与专业一无所知。农村的娃，高中的时候只知道读书，考分越高越好。按现在的术语来说，妥妥的"小镇做题家"。虽然进了一个王牌专业，但学习和实习的过程中，我又不断地问自己：愿意一辈子从事这个职业吗？还有什么样的职业是有趣的，并且足以谋生的？跑到图书馆翻阅各个不同专业的教材，厦大广告专业的系列教材让我眼前一亮。独具特色的封面设计，在那个时代充满着创意与活力。

于是在1996年的暑假，我决定考研，碰碰运气。在复习的过程中，我拜访了后来成为我师兄的夏洪波、李俊等人，也拜访了后来成为我硕士期间导师的陈培爱教授。经同学介绍，我到后来也成为我寝室的凌云三512向96级的硕士生请教考研成功的经验。当时夏洪波躺在床上，幽幽地问了一句："会计那么好的专业，干吗要考广告呢？"打电话给陈培爱老师，陈老师很随和，很热情，也很鼓励我报考。父亲也不太理解我转专业的事，从老家来厦门，我们在南普陀那边坐着谈心。我跟父亲说，厦大会计专业毕业肯定能找个不错的单位，后来我也确实很快就跟一家银行签了三方，跨专业考试更像是一场豪赌，跟那些在本专业学习了三四年的考生相比，胜算很小。所以，如果考上的话，那是天意，就去读读吧；没考上，就去工作。

经过几个月的复习，我没有什么负担地上了考场。记得第一天考场的人满满的，到最后一天，一个考场里可能不到一半。很多人在中间就放弃了。考研时间的安排是在寒假前，我记得走出南强二的考室，还觉得浑身发冷。不过总算考完了。成绩公布后，当年改得比较严，所以上国家线的考生刚好跟要招生的人数吻合。我考的分数就是国家线的分数，330分，一分不多，一分不少。面试的情况，据后来黄合水老师跟我说，我是表现最差的一个。陈培爱老师认为没有专业基础，能够考上线，可能还有些潜力，于是我就上了厦门大学新闻传播系的研究生。

三年的研究生生活是充实的，它基本上奠定了我二十多年职业生涯的基础。凌云三512，面朝大海，当我听着收音机里的"Special English"时，看着船只来来往往，还有不时传来的汽笛声。背面是山，晚上总有各种鸟鸣蛙鸣，海风徐徐。因为是新的专业，我去旁听本科的课程，有朱月昌老师的"广播广告"与"电视广告"，朱老师讲课声情并茂，那些经典的广播与电视广告几乎刻在我们的脑海中。也有纪华强老师的"市场营销"，那时我才真正开始阅读菲利浦·科特勒的营销管理教材。研究生的课程也极其丰富，陈培爱老师开放的教学态度，让学生阅读材料后自由辩论；许清茂老师严谨的治史态度，指导我一步一步深挖《申报》上的分类广告资料；黄合水老师让我们阅读美国广告研究的学术论文，这是我首次接触英文的学术论文；朱健强老师带着我们研究各个名校的 logo 设计；英健老师的课都是在她的家中，不仅有她从美国带来的最新"信息高速公路"的资料，还有各种美式糖果……学院三楼的资料室有很多期刊以及海外和港台书籍，在那个互联网络还不是很发达的年代，这些资料都非常珍贵。我也是在资料室中找到每隔一段时间会寄来的美国互联网广告署的报告，并且通过当时的网吧以及物理系一位朋友的电脑网络访问并下载相关资料，了解互联网广告的新进展。后来，我的硕士毕业论文也是做网络广告方面的研究。

总之，感谢厦门大学新闻传播系的各位老师，我现在在高校里从事自己喜欢的教学研究工作，而不是在业界工作，完全就是因为二十六年前那场考研，使我的人生轨迹发生了很大的改变。

祝贺厦大新传、厦大广告四十周年！祝愿我的老师们身体健康！

（此文收录于2023年《我爱你，厦大广告》）

黄思懿

厦门大学新闻传播学院研究生。

我与厦大广告的故事

【编者按】1983年6月,厦门大学率先创办广告学专业,开启中国大陆广告高等教育之先河。众多有识之士和专家学者筚路蓝缕,为广告学专业的诞生奉献了拳拳赤子心。2023年适逢中国广告学专业创办四十周年,厦门大学新闻传播学院采访了数位参与创办该专业的老教授,倾听他们讲述自己与厦大广告的故事。人物专访按照老教授入职厦门大学新闻传播学院的先后顺序陆续推出,让我们一起感念师恩,勇毅前行,推进中国广告教育事业蓬勃发展。

一、进入广告教育行业的契机

厦门大学的广告教育是从1983年开始的,我也从那时开始接触广告教育。我毕业于厦门大学中文系,留校教授现当代文学方面的课程,已经工作七八年时间。在毫无思想准备的情况下,有一天突然接到上级调令,让我来到新闻传播学系,帮助建立相关的专业和学科。过来之后我发现,当时新闻传播学系的两个新专业是国际新闻和广告学专业。广告学专业当时还没有老师在岗,我就自告奋勇地报名,这样误打误撞地开始了我的广告教育生涯。

当时知识分子的社会地位不高,由于"文化大革命"的影响,社会上整体对教师这个职业并不看好,特别是对高校的老师。我毕业的时候,如果留下来担任高校老师,必然就会被打上负面标签,但如果到社会上去工作,很容易就得到认可。由于在学生时代,我在导师的帮助下,在《厦门大学学报》上发表了一篇文章,可能是这个原因,毕业后上级就让我留校。从我个人来说,留校并不是最佳选择。但是当时有个不成文的规定,就是组织上叫我们干什么,我们就干什么,所以当我从中文系毕业后,就留校了。

二、广告教育培养模式建立与教师队伍培养

1983年我刚刚到广告学专业的时候,广告学专业相当于是从一张白纸开始,这也意味着在中国高等教育专业当中,没有可借鉴的培养模式,也没有教材可参考,这是当时比较大的一个困难。

首先是没有可借鉴的培养模式。我们参考了一些海外以及港台地区高校的培养模式,也获得了他们很多的资源帮助。许多相关领域的专家学者也对我们进行了扶持,比如当时香港中文大学余也鲁教授、上海《文汇报》主编徐铸成先生、香港《大公报》刘季伯先生等。我们还收集了海外资料,包括美国大众传播、传播教育方面的一些资料,也吸收了他们比较成熟的广告教育培养模式。在我们中国地区的话,主要是中国台湾、香港地区开展得比较早,我们也从他们那里得到一些启发。结合当时国内的具体情况,以及当时中国广告界的现实需求,形成了最初的广告专业培养模式。

教师队伍的培养是另一个比较大的困难。1983年,广告学教研室就我一个人,有点光杆司令的感觉。到1984年、1985年以后,陆续有一两位老师加入,如1983年从本校中文系调进纪华强,1988年引进设计教师朱健强,1988年赵洁从本系广告学专业毕业后留校,1990年黄合水从北京师范大学引进。应当说,包括我本人在内的这五位老师正式定位在广告学专业,是广告学专业建设的中坚力量。我们经常在一起研究广告学科发展的远景规划,如课程设计、教师组合、丛书编写和学院奖筹办等,而1993年我们推出的"21世纪广告丛书"就由这五位教师参与。我们从建系之初就非常注重培养教师队伍,经常邀请其他学校有经验的专家学者来学校讲课。在讲课的过程中,会派我们专业的老师在课堂旁听,听的过程中,把专家学者所讲的要点记录下来,就这样边听、边学习、边模仿、边整理,之后再开设自己的课程。

除了邀请外校老师来学校讲课,我们也派出一些老师去外校访学。从1985年、1986年开始,陆续派出一些老师到新加坡、美国等国家和香港等

地区的高校去学习传播学课程。比如1986年，我跟纪华强到香港中文大学，大概一个学期时间，主要学习传播学原理、广告与公共关系课程等。

除了交流和访学之外，我们还调查研究了国内广告业的基本情况。在国内跑了很多地方，去广告的一线单位学习，去有实力的广告公司或者广告做得比较好的媒体单位，了解他们的广告是如何运作的，我们把这些珍贵的资料都收集起来。

通过以上三个方面的逐渐积累，逐步地使我们一些老师由不懂，到比较懂，到懂得更多，到最后成长为中国第一批合格的广告学专业教师。我认为这是我们在开拓过程当中最重要的一个历程：培养我们自己的教师队伍。

在形成自己的教师队伍的同时，每个老师都积累了一些初步的教案，这些教案经过十年时间的磨炼，到了1993年以后，我们开始出版第一套中国广告教育的系列教材，取名"21世纪广告丛书"。

三、印象深刻的学生与故事

我有一些印象比较深刻的学生，除了本科生以外，还有硕士生和博士生。

本科阶段的学生有冯帼英。她是广告学专业第二届的本科生，于1989年毕业。她是中国品牌营销女杰，现任广州市天进品牌管理有限公司董事长，毕业后即从事品牌策划，1998年创办自己的公司广州天进品牌管理机构。

硕士里面比较突出的学生有夏洪波。1996年进入我的门下，1999年毕业后加入中央电视台广告部，2005年7月开始担任中央电视台广告部主任。他主政时经营业绩突出，2007年全年广告收入突破100亿元，这是中央电视台广告收入的历史性突破，也是中国单一媒体广告收入首次突破100亿元。

博士阶段的话，有几个学生都较有特色。首先是熊润珍博士，她来自我们的宝岛台湾。她68岁时以硕士身份进入厦门大学艺术学院美术系油画专业学习，2007年硕士毕业后，她还要继续入我门下攻读博士学位，当时她已71岁。望着年龄比我还大且有强烈求知欲的学生，我有些忐忑。最终在对台政策的支持下，2007年，她通过博士生入学考试，获得学校同意，攻读博士学位。在博士阶段的四年时间内，她免费举办"快乐画画"培训班、义卖学生的油画作品，所得善款捐给慈善基金会，得到各方好评。我们很多学生在学习的同时，很注重发挥自己的社会才能，承担起社会责任。熊润珍于2011年75岁时从厦大顺利毕业，引起当时媒体的竞相报道，成为中国年龄最大的博士毕业生。这也体现出厦门大学的整个办学理念较为开放。我们很注重两岸民间的沟通工作，看重学生的才华。

第二个有特色的博士生是贾丽军。他2007年入学在我门下攻读博士，当年他已45岁，达到厦大招收博士生的最高年龄限制。他原是上海交通大学船舶及海洋工程系的工科学生，后来到美国留学期间，看到中国的好商品都在美国的地摊上摆卖，他的爱国心受到猛烈的撞击。回国后独立创办广告传播公司，发誓要把中国的产品品牌传播到海外去。有一次我到他南京公司的办公室，看到他办公桌后面的墙上，挂着一面鲜红的五星红旗，我顷刻间读懂他的意思。他在多所院校设立"卓越奖学金"，积极培养广告新生代。

还有的博士、博士后，我在其他文章中都曾提到，像较有成就的林升栋教授、谢清果教授等。从本科生到硕士生，再到博士生，这些学生代表厦门大学在中国广告人才教育和培养上的顶尖水平。

我个人认为，一所学校的教育水平，其实很大程度不在教师身上反映出来，而是在学生的身上体现出来。学生是学校的产品，产品做得如何，最能够说明一所学校的办学水平。经常有人讲，这个学校师资水平多高，我认为教师水平的高，只是代表其中的一个方面，而且是小的方面。从大的方面来说，学生培养的水平如何？学生能不能成为社会的栋梁？这才是考量一所学校最重要的标准。

我举这些例子是想说明，我们的学生从本科到硕士到博士，通过学校和学院的锤炼、培养后，能够在社会上担起大任，他们有责任有担当。这是厦大家国情怀的表现，这是我们的办学底气与自信，回想起来，我依然为这些学生感到自豪和骄傲。

四、厦大广告面临的机遇和挑战

现在已经开始中国广告的下一个四十年，我们面临着更严峻的挑战。前四十年厦大广告有一个辉煌的牌子，即"厦大开创"。我们会经常顶着这个光环，说厦大广告有多牛。实际上在这四十年间，我们也是有起有落。很多兄弟院校不断赶上，甚至超越我们。这无疑促进了厦大广告的发展，这是好事。但是在中国这么多所院校当中，不论厦大广告排名如何，我们都应该打造厦大广告自己的特色。

如果讲到厦大广告的特色，我觉得我们跟其他学校既相同又有不同。中国广告院校分为两类，一类是本科以上学历人才培养，一类是高职、大专人才培养。高职、大专院校主要培养学生的动手能力；而本科以上学历的高校，既强调学生的理论水平，又保证一定的动手能力。厦大广告学专业培养学生的特色在于，首先我们非常注重整体素质的培养。综合性素质包括思维能力、创新能力、文字水平以及对各方面信息的组合利用能力，这是我们非常看重的。第二个是整体的营销策划能力。策划与创意是广告的生命。厦大的同学在总体上能够掌握广告界最重要的核心竞争力，有专业能力。第三个则是市场调研能力，这点对同学们未来的可持续发展会起到很大的作用。

整体上看，厦大学生在综合能力素养、策划创意能力、市场调研能力上是突出的，具有厦大特色，我们的发展就有厦大后劲。我们不强调学生出去以后，马上就可以上升到什么高度，但是在这四十年期间，我们培养的学生总体上发展得都非常好，他们的后劲比较足，也有创新能力。这点应该是厦大人才培养最重要的一个特色。

厦大广告所面临的第二个挑战是一流本科专业建设。现在国家的双一流建设进程中，厦大广告学专业是其中一部分。未来一流本科专业建设应该采取什么样的方式和举措？我们开过几次研讨会，反思这个问题，但是到现在还没有形成一个非常明确的目标。在一流本科专业建设当中，如何保持自己的学科地位？我觉得清楚地思考这点非常关键。

2023年7月4日陈培爱于厦门大学新闻传播学院接受研究生黄思懿采访

  总的来说，在新的挑战面前，我认为厦大广告有自己的底气，我们有嘉庚精神的指引，有厦大广告学科办学当中勇于开拓的精神。在过去的四十年里，我们培养了众多的高素质人才，他们都在各自岗位上发挥着重要作用。希望在未来的日子里，厦门大学的广告教育，能够保持在中国广告教育至少第一梯队的水平。祝愿厦大广告能够行稳致远。

（采访于2023年7月）

黄小乐、季子楦

厦门大学新闻传播学院研究生。

培时代东风，图南强大爱

——专访"中国广告教育第一人"陈培爱教授

教育部关工委"读懂中国"系列活动

"风之积也不厚，则其负大翼也无力。故九万里，则风斯在下矣，而后乃今培风；背负青天而莫之夭阏者，而后乃今将图南。"这是庄子《逍遥游》中的一段话，也是词语培风图南的出处，正是"中国广告教育第一人"陈培爱的写照。

乘改革开放之东风，陈培爱参与创立中国高校首个广告学专业，是我国广告教育的开拓者与先行者之一。

他躬耕半生，为中国广告学科的创立和发展付出了巨大心血，培养了一大批优秀的新闻媒体与广告品牌营销人才。

"作为先驱者，陈培爱披荆斩棘，从培养第一批学生、制定第一个教学方案，主编第一套广告学教材，到创办第一个中国学院类广告的奖项，他完成一个又一个从无到有的开创之举；作为育人者，陈培爱呕心沥血，专注于将教书育人与知识传播相结合，积累毕生学术为学生搭建进步的阶梯。"这是对获得中国新闻教育最高奖第八届"范静宜新闻教育良师奖"陈培爱的颁奖词。

2023年，是厦大及中国广告教育开创四十周年。在陈培爱的带领下：

四十年，厦大广告教育高举改革开放大旗，坚定不移地沿着正确的方向前进。

四十年，厦大广告教育"摸着石头过河"，为中国高等教育贡献出可复制的改革创新经验。

四十年，厦大广告教育发展成为广受学生欢迎的新文科建设的样板。

四十年，培时代东风，图南强大爱，他在中国广告教育的历史上熠熠生辉。

学科初创，启山林

1983年6月30日，中国第一个广告学专业在厦门大学新闻传播系创办，《文汇报》曾报道："厦门大学新闻传播系开设的广告学专业，是我国高等院校中首创的新专业。"彼时，中国尚存计划经济的年代烙印，并没有广告业的广泛市场需求，遑论广告教育。

陈培爱作为广告学专业的创办者、参与者、建设者，对往事记忆犹新。"（广告学专业的创办）在厦大学科建设乃至中国高等教育的历程上，都意义重大"，他动情道。

然而，广告学科初创的过程同所有具有划时代意义的事物一样，在开始阶段总是艰难的。陈培爱原是厦门大学中文系的学生，毕业后留校任教，在学校决定创办"新闻传播系"后被调任广告学专业。彼时没有前人经验可供借鉴，物质条件也十分有限，可谓"筚路蓝缕"，正待先行者们"启山林"。比方说，在教学重要依托的教材方面，这个专业便面临着空白的窘境。

1984年上半年，陈培爱为能在9月顺利给第一批新生开课，上杭州、转上海、赴北京、下广州，南征北伐，以搜寻关于广告的资料与原理知识。"在相关知识与经济都相对贫乏的年代，在没有电脑的条件下，我的武器就是纸笔。"此间，陈培爱在酷热中四处奔波，埋头于各地图书馆。他把散见于报刊中的各式广告见解，都不厌其烦地一一摘抄，无论身体如何疲累，考察都从未停止。除在书籍中习得经验，陈培爱还遍访较为知名的广告界人士及有关单位，由此获取大量第一手资料。1986年9月后的半年间，他与另一位老师前往香港中文大学，师从知名传播学者余也鲁教授学习《传播学概论》，学习运用传播学以搭建广告学的教材体系。

余也鲁译的《传媒信息与人》　　　　　　　　　　余也鲁在香港亲自授课

　　从零开始、三年奔波、四处搜寻、五地学习，中国第一本广告学教材《广告原理与方法》终于在1987年面世，以解学界燃眉之急。"当时刚刚改革开放，打响中国产品的名声很重要。"为了这本书，陈培爱一天伏案十几小时，一字一句誊写手稿，一处抄错便要重来；80年代，出版费用是一月工资的五十多倍，陈培爱便与广告公司反复协商，在书中增添两幅广告，才把出版费用凑齐。

1987年版《广告原理与方法》　　　　　　　　　　"21世纪广告丛书"

　　他的学生曾在文章中写道："对广告激情依旧，但是对很多书本已经麻木，几天前在图书馆看到我的文化偶像陈培爱教授1987年8月出版的《广告原理与方法》，还是觉得很亲切，就像当年迷途中的我找到广告一样的兴奋。我想这本教材很可能是大陆出版的第一本本土学者写作的广告学教科书，也应该是所有厦大广告人的广告原点。"

在有了第一本自己的教材之后，陈培爱又牵头主编"21世纪广告丛书"，一共十本，这是由全体专业教师共同推出的全国同类院校中第一套广告学系列教材，为全国百所以上高校所使用，至今成为国内为数极少的有影响的广告学丛书之一。该教材涵盖广告教育的较全面的知识，充分地指导了广告实践，奠定了厦大该专业在全国几百所院校中"第一"的学科地位，为培养适应中国市场的广告人才做出贡献。

他对学科建设的坚定，对广告教育的热爱，对国家责任的担当在一本本教材中尽数展现。忆及往昔峥嵘岁月，陈培爱的眼中溢满对广告学深厚的情怀之光："那时候年纪轻，不知道天高地厚，就想着闯一闯再说，相信这个专业的前景，对工作很有积极性。"在曾打退堂鼓的犹疑中，他被其他老师改变与影响，从而坚定了学科建设的信心与期望。他敢为人先，认识到在计划经济向市场经济的转变中，广告面对着产品竞争与品牌打造的社会需求，有着良好的市场环境；以社会信息传播为内核，中国广告定将在未来得到扩展，与世界同频共振。

时代风起，共潮汐

1992年，邓小平的南方谈话，正如改革开放的风向标，中国发展的时代东风更加强劲。有重点大学、文化氛围较强的厦门作为第一批经济特区，是对外开放的窗口，也是传播中国声音的关卡。商品经济兴盛起来了，广告专业成长起来了，讲好国内产品的"中国故事"，打造"中国品牌"成了社会亟待回答的命题，培养出一批优秀的广告人更是这一学科建设与时代共潮汐的需求。

要提高人才水平，首先需提高师资水平。积累起经验后，陈培爱率先担负起育才重任，为递出"中国名片"不懈努力。自1992年起，他坚持每年招收国内一些院校相关专业的教师赴厦门大学进修，为他们提供无偿的学科培训，有的院校老师跟班听课，有的专门集中起来进行授课。除坚持了十几年的经验传授外，陈培爱还利用自己的办学经验去各个院校进行讲学，传授人才培养的方法。到1999年，拥有广告专业的院校已经达到300多所。"我当时鼓励他们先办，勇于行动，在量的基础上作质的提升，最后向国际化拓展。"这套风格独特的人才培养方法归纳起来便是"量的发展—质的提升—国际接轨"。

面对老师，陈培爱倾囊栽培，以期传承；面对学生，陈培爱更是俯身教授，当一名细心育苗的"园丁"。课堂上，他还结合中国国情，将思政教育融入其中，"作为广告人，我们是有社会责任的，怎样把正能量的内容融入广告，促进社会进步是我们必须考虑的。"在专业学习的过程中，陈培爱作为专业先驱，帮助确立做好广告的标准规范。他明确广告创作的责任，鼓励同学们创造和分享体现中国国情的特色广告，以助中国广告在世界范围内独树一帜，传播好中国产品的精神。不仅如此，在切身的实践中，陈培爱还教导学生们从生活中发现细节，实现"洞察"。陈培爱一直强调，只有贴近群众和生活，广告才是有生命力的——这正体现他同时作为共产党员的担当与广告学科带头人的素养，始终把国家需求牢记心间，发挥专业所长以响应改革开放，为中国品牌创造了不竭动力。

从1983年首创中国第一个广告学专业开始，四十年来，厦大广告人筚路蓝缕，激流勇进，为中国广告教育培养出第一批学生，制定出第一个广告人才培养方案，编写出第一套广告教材，组建了第一个全国性的广告教育研究会，首创"中国广告学院奖"。厦门大学确立中国广告教育的基本模式，课程设置成为国内兄弟院校广告专业的参考模板。所编写的"21世纪广告丛书""现代广告学教程系列""普通高等教育'十五'国家级规划教材"等被国内广告院校广泛采用，同时还为兄弟院校培训了大量的广告专业教师。四十年来，厦大广告人沿着"量的发展—质的提升—国际接轨"的培养模式，对我国近百所高校的广告教育产生巨大影响，为几十年来的人才成长奠定坚实基础。该培养模式成果2005年10月获得"福建省本科教学优秀成果一等奖"及"国家本科教学优秀成果二等奖",这是迄今为止该学科获得的唯一的国家级奖项的最高奖,代表了厦大广告学科在同类学科中的最高地位。

目前,"厦大广告人"已经成了中国广告教育界的著名品牌,成为中国广告教育的摇篮。

品牌出海,爱无疆

行至当下,中国广告在四十载发展征途中已壮大了同行队伍,更明确了前路方向。"我们要知道我们从哪来,从而更好地了解到哪里去",回望广告学专业在中国自无到有、由有而兴,为的是展望其在新时代中从兴向好,昂扬前进。

四十年来,我们看到中国广告学科在发展中体现自身的价值。第一,广告学科地位有了极大的提升,开设院校从一所发展到六百多所,从试办专业到本科、硕士、博士到博士后流动站全覆盖,形成人才培养完整的链条。第二,对广告人才创新能力培养,体现了广告学科的核心竞争力。第三,极大地融入社会主流,在品牌强国与公益广告传播方面发挥了重要作用。第四,开拓国际化视野,为国家经济发展与品牌出海贡献广告人的智慧与力量。

党的二十大报告强调高质量发展,而品牌是经济高质量发展的重要象征,也是质量强国的内在支撑。在世界全球化的浪潮下,陈培爱表示,目前广告行业的竞争已经不仅限于本土市场,还涉及国际市场。广告能够推动中国品牌出海,让我们出色的民族企业走向世界,从更大的意义来讲,借助一个个属于人民、属于国家的强大品牌的打造,进一步塑造国家形象,使我们国家也同样成为世人眼中优秀的品牌名片,扬起中国旗帜。这是广告在中国经济发展战略中能够发挥的重要作用。

虽然已经退休了,但陈培爱始终在用自己的方式,为厦大广告做一些力所能及的事情。陈培爱工作的很大一部分是外出参加各个单位举办的学术研讨会，继续活跃在学术领域。为学习宣传贯彻党的二十大精神，陈培爱为厦大师生作了一场名为"数字经济时代中国广告业趋势"的专题报告。陈培爱认为，广告教育需要关注国际市场的发展动态和趋势，培养具备国际视野和跨文化传播能力的人才。随着大数据和人工智能技术的飞速发展，未来广告人需要数字化技能，包括数据分析、社交媒体、人工智能等领域的知识。要加强与行业企业的联系，提高教育教学实践与实际广告行业应用的能力，推动教学内容和方法的不断更新和改革。在人类命运共同体背景下，广告教育需要注重创新与文化传承的培养，培养具有创造力和跨文化素养的广告人才。

目前，"厦大广告人"已走向国内广告、营销、传媒、公关、新媒体等众多行业，许多毕业生成功地创办自己的广告公司，有的担任中央以及省、市级媒体广告部门的负责人，还有许多毕业生担任企业市场营销部门的主管。如果说四十年来有什么经验，陈培爱最大的体会是咬住本科教育不放松，咬住学科建设不放松，咬住学生成才不放松，以专业教育品牌的信誉度与影响力给学生较好的"饭碗"。

时代东风不止，广告之爱无疆。陈培爱并没有因为广告教育与行业已成的兴盛发展停下自己的步伐，而是继续探索着它的广袤前程，以春蚕般的奉献精神，致力于抒写广告的未来篇章。

（采访于2023年8月30日，指导教师为黄辉，徐爱平）

罗怡文

2021级本科广告。

黄婧玥

2022级专硕。

陈培爱：
奋斗点灯，培育中国广告百花园

【编者按】中共厦门大学第十二次党员代表大会将于近期召开。为喜迎大会召开，南强晚晴于近期推出"榜样老党员"系列文章，分享我校先进离退休教职工党员事迹，展现他们不忘初心、对党忠诚的政治品格，老有所为、再立新功的精神风貌，甘于奉献、默默耕耘的高尚情操。今天为大家展示陈培爱老师为广告学科发展繁荣所做的重要贡献。

2023年，厦大广告学专业创办四十周年

四十年前，陈培爱作为创办厦大广告学专业的重要成员之一，和同事们几乎是从零开始完成一个学科的建设。到2023年，我国开设有广告专业的院校已超过600所，可以说，广告学科的繁荣，离不开陈培爱的努力。

除了是广告学科的开创者以外，陈培爱还是一名老党员。他1969年9月入党，2021年获得"光荣在党五十年"纪念章，到今年为止，他已经跟随党一起走过五十四年。在他看来，党员就应该发挥领头羊的作用，在学科建设中也是如此。也恰恰是党员永不言败的精神，激励着他从一张白纸开始，投入广告学专业的建设，为厦大本科专业建设增添了一张自创的名片。

过去："既然定位了，就办得像样一点"

陈培爱十九岁时加入中国共产党。对于那个时代的青年来说，党是最先进的组织，"入党代表着对国家的热爱，能够入党是社会对你的肯定"，陈培爱笑着分享他入党的契机。于是，怀揣着只有党才能救中国的决心认知，他在1969年开启了作为中国共产党党员的人生。2021年，陈培爱获得"光荣

在党五十年"纪念章。在跟随党一同走过的五十多年时间里，陈培爱教授用实际行动表达着他对党、对国家、对厦大的热爱。

光荣在党五十年纪念章

2021年7月在颁奖大会上致辞

  1983年，作为一名留校任教的党员，陈培爱接到参与创建中国内地高校第一个广告学专业的任务。对于在中文系任教的他来说，建立一个全新的、完全陌生、没有任何经验参考的专业，不可避免地感到茫然，但他并不退缩或困顿，而是满怀信心地迎接挑战。他深知作为党员，这不仅仅是一种身份，是代表他肩负着更重要的责任，是代表着面对困难时要走在前面的担当，他将党的奋斗精神融入心中，将其转化为真正的工作动力。他明白，与其在茫茫专业建设海洋中彷徨，不如立即行动起来，主动寻找新专业的符号和规律，探索出一条破题之道。

  这个过程中，他不断磨砺自己，天南海北地学习新专业的核心理论和实践经验。他参加各类培训和学术研讨会，与业内相关专家深入交流，追寻专业的边界，不断丰富自己的专业视野。

  作为党员，他不仅要求自己扎实掌握新专业的知识技能，更重要的是要将党的优良传统与新专业相结合。他用党的核心价值观来引领自己的思想和行动,在实际工作中践行党的使命,将社会责任融入自己的职业生涯中。他曾获得"中国十大广告学人""中国广告三十年历史贡献奖""中国广告四十年学术发展终身贡献人物""改革开放四十年中国广告十大杰出贡献人物奖""广告学人代表人物"荣誉称号,入选"中国广告名人堂",2020年11月获得中国新闻教育最高奖"第八届范静宜新闻教育良师奖"……他还兼任吉林大学、西北大学、广西大学、安徽大学、河南大学、天津师范大学、澳门科技大学等三十余所高校兼职教授或客座教授。这些荣誉与奖项点缀着陈培爱为广告教育事业鞠躬尽瘁的光辉岁月。

获得范敬宜新闻教育良师奖

部分获奖证书

2020年11月在清华大学举行颁奖大会

党组织交予的任务，创造条件也要克服困难。他将党的精神转化为真正的工作动力。凭借党组织的力量和社会资源，通过协同合作，一步一个脚印地面对现实问题，积累经验。在坚定的信念下，他在第一个十年里实现了从0到1的突破，完成培养模式、教材以及师资队伍的建设，中国广告专业逐渐站稳脚跟。

壮大："从量的扩张，到质的发展"

陈培爱深谙"一花独放不是春，百花齐放春满园"的道理。他将创办第一个广告学专业的资源无私共享，毫无保留地向全国后续开设广告学专业的高校开放。随着高质量的发展，中国开设广告教育高校数量迅速增加。1999—2005年，每年新增二十所以上高校开设广告学专业。

广告教育行业蓬勃发展，但陈培爱始终保持谦虚的态度，保持头脑清醒，从不骄傲自满。他不畏艰险，锐意进取，提出中国广告教育的发展方向："应从量的扩张转向质的发展"。他致力于培养方案、教师队伍和教材编写三个方面，以使广告教育紧跟发展潮流，符合社会需求，并开拓国际化思路。通过厦大广告学科发展的"五大战役"，他为中国广告教育奠定了坚实的基础。厦门大学"21世纪广告丛书"出版以后，全国一百多所高校投入使用。

在广告学科建设过程中，陈培爱始终铭记党员的责任和担当。他深知高校人才培养的重大意义，坚持将政治立场作为学科发展的底线。在开拓探索的过程中，他深刻认识到广告作为国家品牌出海和对外传播的重要工具，必须胸怀"国之大者"。因此，将党和国家政策视为广告学科发展的立足点，是陈培爱不懈努力的方向。陈培爱还强调了对广告学科学生党员教育的重要性。他坚信，党员所具备的优秀品质和工作激情是他们在社会发展中取得成功的重要基石。因此，党员教育与学科整体教育不可割裂，应相互融合、贯通。陈培爱以身作则，注重培养学生的党性修养和道德品质，引导他们牢记党和国家的宗旨，发挥党员的骨干作用。任教期间，陈培爱在厦大亲自指导超过34名博士、100多名硕士，本科生更是比比皆是，这些人才输送到中国广告行业，在业内持续发光发热，创造成就。他们中有中央电视台广告部主任，有中国艾菲奖评审委员会主席，有国内年龄最大的博士毕业生（75岁博士毕业），有副部级政府官员，更有众多的业内翘楚，行业精英……

陈培爱通过党的理论武装自己，不断提高自身的教学素质和学术水平，以此为学生树立良好的榜样。在陈培爱的带领下，广告学科走在了党的教育事业前沿，凭借着党员们的责任与担当，为培养高素质的广告人才做出积极贡献。从构建学科底蕴到学生培养，陈培爱将党的思想与广告学科融为一体，使其具有鲜明的核心价值特色。他以自己的实际行动诠释了党员的先锋模范作用，树立了广告学科建设的优秀典范。

现在："年轻人就是我们今后的希望"

虽然已经退休了，但陈培爱始终在用自己的方式，为厦大广告做一些力所能及的事情。除了日常在办公室里整理书稿论文以外，陈培爱工作的很大一部分是外出参加各个单位举办的学术研讨会，继续活跃在学术领域。从一张白纸开始，陈培爱开疆拓土，和他的团队一起为中国广告教育的大发展奠定基础，厦大也从此成为中国广告教育的摇篮。2022年，在社科院《新闻与传播研究》和复旦大学《新闻大学》等新闻传播学科最高级别的刊物上，还与学生一起发表两篇重要学术论文，增强了学院学科的影响力。"我是厦大广告的一张名片"，陈培爱说，因此他总是身体力行，活跃在各个场合，打响厦大广告的招牌，提高厦大广告学的品牌影响力。

此外，他还积极参加学院各项活动。广告学系教工党支部每次一有会议，他就会从家里提前赶来参加。除了了解支部情况，他也借此机会关心学院年轻教师的成长。对于广告专业的新老师，陈培爱全都十分了解，他说"年轻人就是我们今后的希望"。

谈及广告的社会效益，陈培爱认为主要体现在品牌强国和社会治理两方面。广告能够推动我国商品品牌形象的提升，进而走向世界，实现品牌出海，这在中国经济发展战略中占据重要地位。此外，广告是传递信息的载体，更是文化的载体。非营利性的公益广告借助丰富多彩的符号和多种多样的表达方式，能够有效地将价值观具体化、传播主题具象化，弘扬优良传统，树立社会新风。在此基础上，公益广告响应时代命题，有助于实现对外传播，与国家整体战略高度契合。

今年是2023年，厦门这座城市对于中国广告业来说，有特殊的意义。除了是厦大广告教育首创四十年以外，也是厦门市广告协会创办四十年（厦门是中国城市广告协会的城市之一），陈培爱也积极参与筹办其纪念活动。今年年底，中国广告协会学术委员会将以"中国广告教育四十年"为主题在厦大举办纪念活动，届时将有众多专家学者莅临参加这一广告界具有重大意义的盛会。

在推动广告学科发展、广告行业发展的这条路上，他始终如一地怀着当初的那份热情！

［原发表于"南强晚晴"（网站）2023年8月15日］